全国优秀畅销书

21世纪会计专业主干课程教材

Management Accounting

管理会计

第八版

刘萍 于树彬 郑天白 主编

东北财经大学出版社
Dongbei University of Finance & Economics Press
大连

图书在版编目（CIP）数据

管理会计 / 刘萍，于树彬，郑天白主编．—8版．—大连：东北财经大学出版社，2022.11（2023.7重印）
（21世纪会计专业主干课程教材）
ISBN 978-7-5654-4661-0

Ⅰ.管… Ⅱ.①刘… ②于… ③郑… Ⅲ.管理会计-高等职业教育-教材
Ⅳ.F234.3

中国版本图书馆CIP数据核字（2022）第197912号

东北财经大学出版社出版
（大连市黑石礁尖山街217号 邮政编码 116025）
网 址：http：//www.dufep.cn
读者信箱：dufep@dufe.edu.cn

大连永盛印业有限公司印刷 东北财经大学出版社发行

幅面尺寸：185mm×260mm 字数：371千字 印张：15.25 插页：1
2022年11月第8版 2023年7月第2次印刷

责任编辑：包利华 责任校对：张晓鹏
封面设计：冀贵收 版式设计：钟福建

定价：38.00元

教学支持 售后服务 联系电话：（0411）84710309

如有印装质量问题，请联系营销部：（0411）84710711

第八版前言

20世纪初到20世纪50年代，随着科学技术的迅速发展和现代管理方法的逐步改进与应用，管理会计从传统的会计学科体系中分离出来，成为财会专业的主干课程。现代管理科学的发展对管理会计的形成和发展起到了促进作用，赋予了它现代化的管理方法和技术，从而使它可以比传统的会计履行更加广泛的职能，即它不仅能详细地分析过去、控制现在，更重要的是能科学地筹划未来，使之更好地发挥作用。管理会计广泛吸收了管理学、经济学、统计学等研究成果，形成了一个新的、相对独立的理论和方法体系。这个体系表现为多种学科的相互渗透和融合，使管理会计成为一门综合性的边缘学科。20世纪70年代以后，管理会计日趋成熟，并得到快速发展。

如今进入“互联网+”时代，企业面临全新的挑战，管理的理念、模式、工具和方法发生了革命性改变。党的二十大报告提出，“我们要坚持以推动高质量发展为主题，把实施扩大内需战略同深化供给侧结构性改革有机结合起来，增强国内大循环内生动力和可靠性，提升国际循环质量和水平，加快建设现代化经济体系”，对企业精细化管理提出了更高要求，相应的财会专业人才培养目标应由核算型转变为管理型，训练内容由实操型转变为实战型。管理会计作为专门为管理者预测、规划、控制企业生产经营活动提供服务的学科，不断完善理论方法体系，对于更好适应新形势发展需要具有非常重要的意义。

本书系统地介绍了当代管理会计的基本原理和方法，使读者对它的基本内容和主要特点有一个较全面的了解。同时，在编写过程中，本书尽量符合社会经济发展的现实，强化管理会计的应用价值。为便于读者阅读和学习，书中还运用了大量的图表和例解，使复杂的问题简单化，同时，根据财政部发布的管理会计应用指引及环境背景对相关内容进行了更新，并增加了作业成本法、绩效分析、管理会计报告等内容。本书的主要特色有：

（1）引入思政课堂，注重德技兼修。体现贯彻习近平总书记关于职业教育工作的指示，贯彻党的教育方针，落实立德树人根本任务。每章引入思政课堂——“德技兼修”，将思政元素有机融入专业知识，形成浑然一体的课程思政体系。

（2）坚持产教融合，校企“双元”互动。强化行业指导、企业参与，实施校企“双元”合作开发，行业企业专业技术人员、能工巧匠深度参与教材编写，实现产教融合。

（3）开发原创内容，知识系统凝炼。本书内容基于作者多年教学经验的积累，具有独特的讲解技巧和图解展示，逻辑清晰，重点突出，层次分明，便于学生学习。

（4）实操阶梯设计，激发实战能力。本书实现了理论方法与实践的有机结合，实操类型丰富，逐级扩展，难度有递进，有利于提高学生分析问题和解决问题的能力，适合高等职业教育教学使用。

（5）线上线下融合，丰富学习资源。本书引入微课，对重点和难点问题进行深入解析，通过链接视频等形象资料对知识点进行拓展延伸，通过数字化互动模块强化学生学习效果，在丰富学习资源的同时，拓宽了学生学习渠道，激发了学生学习兴趣。另外，本书配套了在线题库系统，任课教师以教师会员身份登录东北财经大学出版网站（www.dufep.cn）后，点击“会员中心”下的“在线组卷”功能，搜索本书后即可实时进行在线组卷。

为方便教学，与本书配套的辅导书《管理会计习题与解答》也进行了同步修订。同时，本书配有电子课件，任课教师可通过东北财经大学出版社网站下载使用。

本书由哈尔滨商业大学刘萍、于树彬和南方科技大学郑天白任主编，哈尔滨商业大学张忠华、廉永生、时丹丹任副主编，黑龙江省新产业投资集团有限公司李作家参与编写。具体分工如下：刘萍执笔第三、十章，于树彬执笔第一章，郑天白执笔第二、五章，张忠华执笔第六、十一章，廉永生执笔第四、七章，时丹丹执笔第八章，李作家执笔第九章。研究生李方琪、谭淞文、丁悦、王傲雪、赵芳源等参与了本书资料的收集、整理和计算工作，最后由刘萍对全书进行总纂。

本书参考和借鉴了国内外许多相关学者的研究成果，在此谨向各位学者表示深深的谢意。因作者水平有限，书中疏漏之处在所难免，望广大读者，特别是使用本书作为教材的师生，通过东北财经大学出版社反映本书的不足和缺陷或提出使用中遇到的疑问，具体联系方式如下：

电话：0411-84711800

邮件：dufep6@163.com

或者用手机QQ扫描下方二维码，与我们取得联系：

老师您好！　　同学您好！

编　者

2023年7月

目　录

会计人员职业道德规范

一、坚持诚信，守法奉公。牢固树立诚信理念，以诚立身、以信立业，严于律己、心存敬畏。学法知法守法，公私分明、克己奉公，树立良好职业形象，维护会计行业声誉。

二、坚持准则，守责敬业。严格执行准则制度，保证会计信息真实完整。勤勉尽责、爱岗敬业，忠于职守、敢于斗争，自觉抵制会计造假行为，维护国家财经纪律和经济秩序。

三、坚持学习，守正创新。始终秉持专业精神，勤于学习、锐意进取，持续提升会计专业能力。不断适应新形势新要求，与时俱进、开拓创新，努力推动会计事业高质量发展。

第一章 绪 论

内容提要及教学目标

管理会计是一门新兴学科，是以会计学和现代管理科学为基础，以加强企业内部管理为目的，对企业经营过程进行规划、控制和考评的决策支持系统。本章主要介绍管理会计的由来与发展，管理会计和财务会计的联系与区别以及管理会计的基本内容等。通过本章教学，实现学生掌握管理会计形成的知识目标，分析管理会计与财务会计关系的技能目标，以及投身管理事业的价值目标。

第一节 管理会计的形成过程

一、管理会计的形成过程

管理会计是社会化大生产和科学管理的必然产物，它的产生经历了一个由简单到复杂且不断完善的过程。

20世纪初，自由资本主义经济向垄断资本主义经济过渡，手工业作坊发展为较大的企业，生产规模不断扩大，生产过程越来越复杂，竞争愈演愈烈。在这种情况下，单凭业主个人的主观经验很难适应现代化企业发展，需要有一些专门的经理人员按照股东的意志采取科学的方法进行管理。科学管理的代表人物——美国的泰罗根据自己多年对劳动过程和作业成果的研究提出，在工厂（企业）管理中，单凭个人的直接经验和传统的管理方法不行，必须在对劳动过程进行具体记录、计算的基础上，科学地安排各道工序、制定严格的作业效率标准，确定标准工时定额，推行计件工资制，实行科学管理。这些内容集中体现在他的专著《科学管理原理》一书中。科学管理大大缩短了劳动过程，节约了劳动时间，增强了工作责任，提高了工作效率，促进了生产的发展。与此相适应，会计也要从价值方面进行记录、计算、分析、计划，科学地考核和评价经营成果、劳动效率和生产消耗，于是，“标准成本制度”、“预算控制制度”和“差异分析制度”等随之产生，这些内容后来成为管理会计体系中的重要部分。

第二次世界大战以后，资本主义经济进入战后发展阶段，生产规模越来越大，机械化程度越来越高，资本不断集中，市场竞争更加激烈，失业率提高，经济危机频繁发生。企业的兴衰，在很大程度上取决于企业应变能力的强弱。决策正确，企业就兴旺；对市场形势预测不准，不能及时适应市场，企业就会衰败。如果仍然恪守泰罗科学管理阶段只注重效率的办法，不注重对整个企业的未来进行规划，忽视调动人的能动性、积极性，就很难维持企业的生存与发展。这种形势迫使企业管理者逐渐把工作重心转向企业内部经营管理，广泛推行职能管理和行为管理，调动各方面的积极因素，充分发挥人力、物力、财力的作用，特别是注重对未来和经营目标的决策。因此，企业管理者采用各种数学和技术方法，对企业的未来进行预测分析，对各种方案进行比较筛选，并应用在会计领域，对决策目标进行科学筹划和全面预算，并通过责任预算、标准成本控制加以执行。许多成本、利润预测分析方法，如“成本-业务量-利润分析”“责任会计”就是在推行职能管理过程中形成和发展起来的。

20世纪50年代以后，科学技术发展突飞猛进，新兴产业大量涌现，资本高度集中，通货膨胀，银根紧缩，股份公司应运而生。在股份公司内部，股东和债权人一般不直接从事生产经营活动，而是委托专门的管理者进行管理，财产所有权与经营权逐渐分开。股东考虑的是股利，债权人考虑的是利息及本金的安全，因此，他们需要事前了解投资环境、资本回收和资本利润率的高低。而企业管理者不仅需要对企业的生产经营活动进行科学的决策和控制，而且需要充分利用投资，加速资金周转，以便获得更多的利润，并向与外部发生利害关系的部门报告。企业管理者的这些活动，使得会计的职能向两个方向发展：一是正确、及时地核算资本运营情况，并按照一定的准则提供可靠的会计信息资料，以满足企业外部有关部门的需要；二是进行预测、决策活动，准确地预测未来，科学地规划现在，严格地控制目标执行。

为了科学地预测和决策，各种数学的、技术的数理统计方法逐渐与会计科学结合起来，使会计的管理职能不断扩大和延伸，逐渐形成侧重于企业内部管理的会计方法体系。这就是管理会计从会计中分离出来的经济基础和历史原因。1922年，美国学者魁因斯坦所著的《管理会计：财务管理入门》一书，首先提出“管理会计”这个名词，以后管理会计专著相继问世，内容不断丰富。1952年，世界会计年会正式通过了“管理会计”这个专有名词，传统的会计部分被称为财务会计。20世纪70年代以后，管理会计师协会在美国成立，出版了专门的管理会计刊物，教科书开始走上讲台，管理会计与财务会计的区别开始明朗化、规范化。1980年，在巴黎召开了世界各国管理会计人员联会，专门研究管理会计的应用和推广问题。此时，管理会计得到广泛发展并传入我国。首先将“管理会计”引入我国的是厦门大学余绪缨教授，他使“管理会计”在我国广泛传播，如今已正式成为财务会计专业的核心课程。

二、管理会计的概念

关于管理会计的概念，正如美国人约瑟夫·G.路德巴克等人所说：“管理会计可以从很多方面来下定义，但是没有一个合理、简明的表述可以概括它所有的方面。”

1980年，美国管理会计师协会提出：管理会计为管理人员提供用于企业内部计划、评价、控制，以及确保企业资源的合理使用和经营责任的履行所需的财务信息，是一个确认、计量、归集、分析、编报、解释和传递的过程。管理会计还包括编报非管理层（如股东、债权人、管理机构及税务机关等）使用的财务报告。

1982年，英国成本与管理会计师协会认为：除审计之外，会计的其他各个组成部分，包括财务会计、预算和成本会计均属于管理会计。

1988年，国际会计师联合会所属的财务与管理会计委员会将管理会计定义为：管理会计是指在企业内部将管理层用于规划、评价、控制的经济信息进行确认、计量、积累、编报、解释和传输的过程，以确保其资源的利用并对它们承担经济管理责任。

李天民教授认为，管理会计主要是通过一系列专门方法，对财务会计提供的资料进行整理、计算、对比、分析，使企业各级管理人员能据以对日常发生的一切经济活动进行规划和控制，并帮助企业领导做出各种决策的一整套信息处理系统。

余绪缨教授提出了由微观管理会计、宏观管理会计和国际管理会计三部分组成的广义管理会计的新观点。其中，微观管理会计又包括微观投资决策会计和微观经营会计两部分，主要从微观上研究如何为提高企业资源的配置效率提供有用的信息；宏观管理会计从宏观上研究如何在整个国民经济范围内为提高经济资源的配置效率和使用效率提供有用的信息；国际管理会计研究如何在跨国经济活动中为最大限度地提高经济资源的配置效率和使用效率提供有用的信息。

随堂测

结合管理会计的形成过程，综合各种观点，我们认为：管理会计是以现代管理科学和会计学为基础，以加强企业内部管理为目的，运用科学的方法，通过对企业经营活动过程进行规划、决策、控制和考核评价，为企业内部管理人员提供有用信息的一种决策支持系统。

微课

管理会计的形成与发展

通过上述概念描述，我们可以清楚地认识到，管理会计是企业管理的一个子系统，既是会计信息系统，又是决策支持系统。可以说，管理会计是比较年轻的学科，还有发展的潜力，对管理会计的定义，也会随着管理会计的进一步发展而有所发展和完善。

第二节 管理会计的特点

管理会计适应科学管理理论的发展，从传统会计学科体系中分离出来，主要为企业内部管理人员服务，并形成了与财务会计不同的方法体系，但它与财务会计还有一定的联系。本节主要介绍管理会计与财务会计的联系与区别，并从与财务会计的区别中，反映出管理会计的主要特点。

一、管理会计与财务会计的联系

1.管理会计与财务会计信息同源

管理会计与财务会计都是以生产经营活动过程或资金运动过程为核算对象。财务会计以资产、权益变动为原始资料，按照经济业务发生的先后顺序，进行全面的记录、计算、记账和报账，形成比较系统的核算资料。管理会计则直接对这些核算资料进行加工、改制、调整并延伸，一般不需要单独编制记账凭证。管理会计依据对这些资料的分析，预测发展趋势；依据这些资料进行决策分析、确定目标、编制预算，并进行成本控制。

2.管理会计和财务会计报表内容相互渗透

管理会计工作和财务会计工作双方都需要向企业内部管理部门报告情况，一般都是采取报表的形式，只是一个侧重于管理方面，一个侧重于财务方面。管理会计的内部报表有时也列入对外报告的内容；财务会计又时常将实际成本、实际利润和标准成本、目标利润进行比较，并列入对外报表说明财务状况。

综上所述，管理会计与财务会计依据的资料是同源的，而核算和控制的内容、方法又是从两个不同渠道进行的。从最终反映的结果来看，二者又是合流的，形成有机的结合体。

二、管理会计与财务会计的区别

1.目的不同

财务会计是对外报告会计，其目的是提供信息，反映情况；管理会计则是内部会计，其目的是加强管理，参与决策。

2.主体不同

财务会计着重于整体，以整个经济核算制企业或财务收支单位等作为主体；管理会计则着重于部分，个别产品、个别部门、个别责任中心均可作为会计主体。

3.计算依据不同

财务会计的计算，必须依据公认的会计准则和法定的会计制度；管理会计的计算依据，则是经济决策理论和管理的需要。

4.资料时效不同

财务会计反映已发生的经济活动；管理会计则评价预计将要发生或者应当发生的经济活动。

5.计量单位不同

财务会计以货币为主要计量单位；管理会计使用的计量单位除了货币外，还包括实物量、比例数、指数等。

6.信息特征不同

财务会计提供的经济信息是全面的、系统的、连续的和综合的；管理会计提供的经济信息则是特定的、部分的和有选择性的。

7.数据特征不同

财务会计的报表数据是实际的资金运用的结果；管理会计的报告内容则往往是可供选择的多种可能的预测、若干决策方案或弹性计划。

8.精确程度不同

财务会计的各项指标都要力求精确；管理会计只需计算近似的数值。

9.核算程序不同

财务会计的核算程序固定，带有强制性，它所使用的账、证、表都有规定的格式；管理会计的核算程序不固定，可自由选择，它所使用的账、证、表均可根据需要自行设计。

10.方法体系不同

财务会计具有填制凭证、货币计价、会计科目、复式记账、成本计算、登记账簿、财产清查、编制报表等一整套处理经济信息的方法体系；管理会计则大量采用数学方法（如连环替代法、回归分析法、线性规划法、函数极值、矩阵代数、决策分析和网络计划技术等）进行预测、决策。

11.编表时间不同

财务会计的报表一般都是定期编制的；而管理会计的报表是视管理需要不定期编制的。

12.成本结构和计算方法不同

财务会计根据生产费用计入产品成本的程序不同，将其划分为直接成本和间接成本，采用全部成本法计算产品成本；管理会计根据成本与产量的关系，将生产费用划分为固定成本和变动成本，并采用变动成本法计算产品成本。在决策控制过程中也采用作业成本法和标准成本法计算成本。

三、管理会计的主要特点

通过管理会计与财务会计的对比，我们可以总结出管理会计的如下特点：

第一，侧重于为企业内部的经营管理服务；

第二，方式、方法更为灵活多样；

第三，同时兼顾企业生产经营的全局与局部两个方面；

第四，面向未来；

第五，广泛应用数学方法。

四、管理会计的目标

管理会计的目标是指管理会计活动应达到的境地或标准，它是管理会计职能的具体化。在确立管理会计目标的研究过程中，必须解决三个问题：第一，管理会计为谁提供信息；第二，管理会计提供何种信息；第三，管理会计如何提供信息。

管理会计的目标在管理会计理论与方法体系中处于最高层次，它是管理会计的本质、对象、假设、原则、要素和方法的基础。管理会计的目标可以分为两个层次：第一层次为管理会计的基本目标，即提高企业的经营管理水平和经济效益；第二层次为管理会计的具体目标，即采用各种专门方法向企业内部各级管理人员提供有利于实现管理会计基本目标的各种有用信息，并参与企业的经营管理过程。

管理会计的具体目标主要包括以下几个方面：

1.正确规划未来

在科学的经营预测基础上进行正确决策，并通过方案优选来实现企业资源的合理配置。将选定的最优方案进行分工落实，形成企业的全面预算；全面预算的落实和具体化又形成了责任预算，从而使各部门明确各自的目标和任务，共同努力，保证企业总目标和任务的实现和完成。

2.有效控制现在

根据企业总体目标制定各责任中心的控制目标和标准，记录各责任中心的执行情况，并将实际执行情况与具体目标相对比，分析产生差异的原因，通过信息反馈及时纠正偏差或防止偏差的发生，这是实现基本目标的重要保障。

3.合理考核、评价业绩

依据责、权、利相统一的原则，合理划分各部门的责任，形成不同的责任中心，并给予相应的权利，正确制定各中心考核指标，定期考核各责任中心的业绩与效果，进行合理的奖惩，以使各部门挖掘潜力，不断改善经营管理，促进企业整体效益的提高。

第三节 管理会计的基本内容

现代管理会计从20世纪初到50年代正式产生以来，内容上变化比较大，具有不确定性和不断发展变化的特征。这是因为：第一，作为一门学科，它总是随着科学技术和科学管理方法的不断变化而有所变化。第二，外界或企业内部管理人员对企业内部有关信息状况的了解和要求不断变化。第三，管理会计作为一种方法，也有其自身需要完善的一面。但到目前，管理会计的基本内容主要包括如下几个方面：

第一是在成本方面，着重介绍标准成本制度，这是管理会计最基本的方法。它既是计划目标，又是成本控制、分析的依据。其他各种管理会计方法几乎都跟成本有关。成本性态、变动成本法和作业成本法也是管理会计的基本内容之一。

第二是在决策方面，主要介绍预测方法、经营决策方法以及投资决策方法。决策也是管理会计的重要内容，主要包括决策基本因素预测、短期经营决策和长期投资决策等。

第三预算控制方面，主要介绍经过决策确定目标的全面预算和存货控制。

第四是在责任会计方面，主要介绍绩效分析、责任中心、内部转移价格、管理会计报告。

总之，本书所研究的内容是在借鉴西方管理会计内容的基础上，结合我国具体情况而定的，主要安排了下列章节：

第一章绪论，主要介绍管理会计的产生与发展、主要特点、目标和基本内容。

第二章成本性态分析与成本计算，主要介绍管理会计对成本的特殊认识——成本性态问题以及结合成本性态而产生的成本计算方法——变动成本计算法、作业成本法。

第三章成本—业务量—利润依存关系分析，主要介绍成本、业务量、利润三者间的变量关系以及结合三者间变量关系而产生的有关指标和分析方法。

第四章预测分析，主要介绍预测分析的原理、原则、基本方法、基本内容及一般程序。

第五章到第七章为决策分析，主要介绍决策分析的相关指标、短期经营决策和长期投资决策的基本原理及应用。

第八章全面预算，主要介绍根据决策所确定目标的具体实施计划及各项目计划之间的关系。

第九章标准成本法，主要介绍标准成本的制定以及实际成本与标准成本的差异分析和处理。

第十章绩效分析，主要介绍关键绩效指标评价法、经济增加值评价法和平衡计分卡评价法。

第十一章责任会计与管理会计报告，主要介绍责任中心的建立，内部转移价格的种类及应用以及管理会计报告的内容和形式。

德技兼修

中国会计先驱——潘序伦

“会计”这一词语的真正出现始于西周时期。在此期间，“司会”作为会计职务，主要工作是对会计核算工作进行管理与监督。近代以来，西方国家陆续进入资本主义社会，其会计学科的飞速发展，致使中国的会计发展处于落后阶段。同时，受西方列强侵略的影响，中国会计发展的脚步也停滞不前。

20世纪初，中国会计事业在“教育救国”与“实业救国”的积极推动下得到了前所未有的积极发展。随着洋务运动的兴起，逐渐将新式管理方法引入到中国的会计工作中，自此，新式会计人才的培养成为了中国会计业发展的主要任务与目标，业内也随之出现了一批立志于推进中国会计发展的先锋人才，其中，潘序伦则是最具代表性的人物之一。

潘序伦作为民国时期我国会计业发展的代表性人物，为中国近现代会计职业教育做出了不可磨灭的贡献。潘序伦早年受中国著名实业家、教育家黄炎培先生的引荐，进入上海圣约翰大学进行学业攻读。而后，又在南洋兄弟烟草公司招考留学生的考试中获得留美深造的机会。归国后，深受“教育救国”与“实业救国”思潮影响，潘序伦意识到中国会计事业发展理念较为陈旧，于是将自身所学的西方先进的会计理论及制度与中国会计融会贯通，创立了以信誉为重的“立信会计师事务所”。1927年，为加强新式会计人才培养，潘序伦建立“立信会计补习学校”，教授各类会计课程，并随着分校的不断建立，成为了当时中国最大的成人会计教育学校。1937年，为提升会计从业者的专业工作能力，突出会计工作的实用性，潘序伦再次建立“立信会计专科学校”，将“信以立志，信以守身，信以处事，信以待人，毋忘立信，当必有成”作为校训，时刻提醒学生在立志、守身、处事、待人四个方面自勉自省。

时至今日，潘序伦先生倡导的中国会计事业发展理念以及立信精神仍然对中国会计事业的发展起着举足轻重的作用。立信精神所包含的爱国主义精神、无私奉献精神、大胆革新精神、艰苦创业精神、实事求是精神以及敬业守信精神也无时无刻不提醒着新时代我国会计从业者要成为社会所需的全面发展的专门人才。

资料来源 陆军. 潘序伦——中国现代会计之父［J］. 中国档案，2019（1）：84-85.

第二章　成本性态分析与成本计算

内容提要及教学目标

企业为了实现其经营目标，在预测、决策、规划和控制等各个环节，都必须对成本进行认真分析和研究。财务会计认为，成本是在一定条件下企业为生产一定产品所发生的各种耗费的货币表现。现代管理会计则认为，成本是指企业在生产经营过程中对象化的、以货币表现的、为达到一定目的而应当或可能发生的各种经济资源的价值牺牲或代价。显然，在管理会计中，将对成本进行更广泛的研究，以发挥管理会计的预测、决策、规划、控制和责任考核评价等职能。本章主要介绍成本分类、成本性态分析及应用、变动成本法及其与全部成本法的区别及作业成本法、作业成本法。通过本章教学，实现学生掌握成本分类、成本性态分析知识目标，正确运用变动成本法、作业成本法的技能目标，以及积极履行社会责任的价值目标。

第一节　成本性态分析

在实际工作中，为了适应经营管理上的不同需要，成本可从不同的角度按不同的标准进行分类，如按核算的目标分类、按实际发生的时态分类、按可控性分类、按经济用途分类、按成本性态分类等。下面介绍两种主要的成本分类并进行成本性态分析。

一、成本的分类

（一）成本按其经济用途分类

在会计学的传统分类方法中，通常把产品总成本按其经济用途划分为两大类：制造成本和非制造成本。

1.制造成本

制造成本是在产品制造过程中发生的，主要由四种基本要素所组成，即直接材料、燃料和动力、直接人工和制造费用。

（1）直接材料，是指构成产品实体的原材料以及有助于产品形成的主要材料和辅助材料。

（2）燃料和动力，是指直接用于产品生产的燃料和动力。

（3）直接人工，是指直接从事产品生产的工人的职工薪酬。

（4）制造费用（又称间接费用），是指企业为生产产品和提供劳务而发生的各项间接费用，包括企业生产部门（如生产车间）发生的水电费、固定资产折旧、无形资产摊销、管理人员的职工薪酬、劳动保护费、国家规定的有关环保费用、季节性和修理期间的停工损失等。

对制造成本中的上述四个主要项目，若再按照不同的方式进行组合，可以得到如下不同的成本概念：将直接材料和直接人工两者合在一起，称为主要成本；将直接人工、燃料和动力、制造费用加在一起，则称为加工成本。

2.非制造成本

非制造成本（又称期间成本或期间费用）是指制造成本以外的成本。在西方会计学中将其进一步划分为销售成本、行政管理成本两类。

销售成本，是指企业在产品销售过程中发生的费用，具体包括广告费、展销费、保险费，以及为销售本企业产品而专设的销售机构的职工工资、福利费、业务费等经常性费用。

行政管理成本，是指企业行政管理部门为组织和管理生产经营活动而发生的各项费用支出，具体包括工资和福利费、折旧费、办公费、邮电费和保险费等。

在我国财务会计学中，非制造成本通常包括销售费用、管理费用和财务费用三类。

（二）成本按其性态分类

成本性态是指成本总额与特定业务量之间的依存关系。这种关系是客观存在的，又称成本习性。成本按其性态分类，可以避免成本按其经济用途分类的缺陷，将成本同企业的生产能力联系起来，便于事前控制成本并进一步挖掘企业的内部潜力，以达到增产节约、增收节支的目的。因此，在管理会计中，企业为实行优化管理、提高经济效益，对成本进行的最重要的分类就是将其按性态进行分类。这也是管理会计其他内容的重要前提。

成本按其性态分类可分为固定成本、变动成本和混合成本三大类。

1.固定成本

固定成本是指在一定时期、一定业务量范围内，其总额保持不变的有关成本，如厂房、建筑物按直线法计提的折旧，机器设备租金，管理人员工资等。其主要特点是：

（1）在一定时期、一定业务量范围内，固定成本总额不受业务量变动的影响，固定不变。

（2）在一定时期、一定业务量范围内，随着业务量的变动，单位固定成本成反比例变动。

【例2-1】某企业生产过程中所用的A设备是租用的，其月租金为1 000元，该设备每月的最大生产能力为500件。当该企业每月的产量在500件以内时，其租金总成本不随产量的变动而变动，固定为1 000元。但当企业每月的产量分别为100件、200件、500件时，其单位固定成本将随产量的增加而反比例下降，分别为10元、5元、2元。

固定成本的特点如图2-1所示。

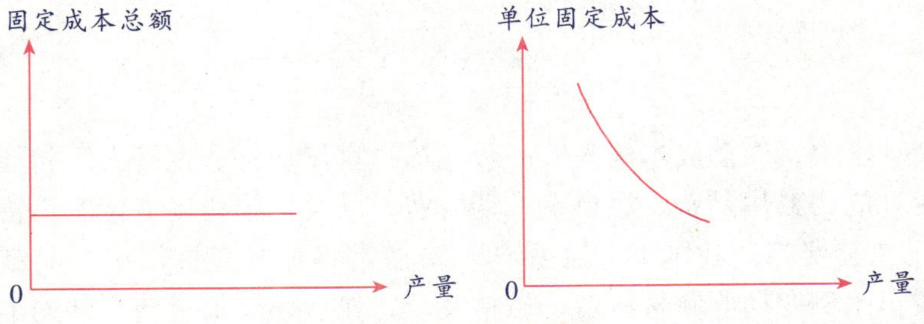

图2-1　固定成本性态

在西方会计学中，固定成本一般包括以下内容：房屋设备租赁费、保险费、广告费、不动产税、管理人员薪金、按使用年限法计提的固定资产折旧费等。在我国财务会计学中，企业制造成本中的固定成本则主要指制造费用中不随产量变动的办公费、折旧费等；销售费用中不受产量影响的销售人员工资、广告费和折旧费等；管理费用中不受产量或销量影响的企业管理人员工资、折旧费、租赁费、财产保险费、城镇土地使用税等。

固定成本还可进一步划分为约束性固定成本和酌量性固定成本。❶约束性固定成本也称经营能力成本，是指企业根据生产能力确定的一定期间的固定成本总额，一般不受管理当局短期决策的影响。由于企业的经营能力一旦形成，短期内一般不轻易改变，由此确定的固定成本也具有很大的约束性，在管理中往往不能采取降低这部分成本总额的措施，因为降低这类固定成本总额等于降低生产能力，所以对这类固定成本只能通过充分利用生产能力，提高产品的产量，降低其单位固定成本。例如，厂房、机器设备的折旧费，不动产税，财产保险费，管理人员工资等就属于约束性固定成本。❷酌量性固定成本也称可调整固定成本，是指受管理当局短期决策行为影响，可以在不同时期改变其数额的那部分固定成本。这类成本是企业管理当局根据经营方针确定的固定成本预算额，在预算额编制时可根据实际需要和财务负担能力进行调整。对这类固定成本，在不影响生产经营的前提下，可以酌量减少其预算总额。例如，广告费、职工培训费、新产品开发费和经营性租赁费等就属于酌量性固定成本。

2.变动成本

变动成本是指在一定时期、一定业务量范围内，随着业务量的变动，其总额成正比例变动的有关成本，如直接材料成本、直接人工成本等。其主要特点是：

（1）变动成本总额随产量变动成正比例变动。

（2）单位变动成本不受产量变动影响，固定不变。

【例2-2】**某企业生产甲产品，单位产品直接材料为10元，当产量分别为100件、200件、500件时，直接材料总成本分别为1 000元、2 000元、5 000元，与产量成正比例变动，而单位变动成本保持10元不变。**

变动成本的特点如图2-2所示。

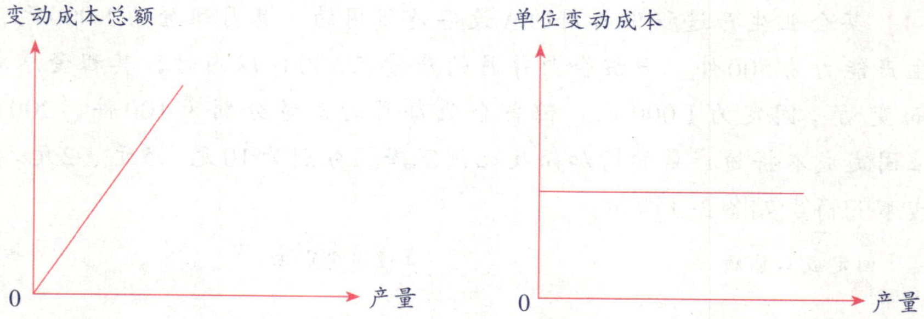

图2-2　变动成本性态

在西方会计学中，变动成本的内容一般包括：直接材料、直接人工和随产量成正比例变动的物料用品费、燃料费、动力费，以及按销售量支付的销售佣金、装运费、包装费等。我国财务会计学中，通常将那些直接用于产品制造的、与产量成正比例变动的原材料费、燃料及动力费、外部加工费、外购半成品费用、按产量法计提的折旧费和计件工资形式下的生产工人工资以及与销售量成正比例

视频
计件工资制

变动的销售费用等列入变动成本。

变动成本可进一步划分为技术性变动成本和酌量性变动成本。❶技术性变动成本是指单位成本由客观因素决定、数额由技术因素决定的那部分变动成本。例如，生产某种数控机床必须配套用外购的某种自动控制系统，在外购价格一定的情况下，其成本就是由设计技术决定的、与机床产量成正比例变动的技术性变动成本。这类成本只能通过技术革新或提高劳动生产率等来降低。❷酌量性变动成本是指单位成本不由客观因素决定、企业管理者可以改变其数额的那部分变动成本。例如，在达到质量要求的情况下，企业可以采购价格水平不同的原材料，其原材料成本就属于酌量性变动成本。降低这类成本可以通过合理决策、控制开支、降低材料采购成本、优化劳动组合等来实现。

3.混合成本

混合成本是指随业务量的变动而变动，但又不成正比例变动的那部分成本，如设备维修费、机械动力费、检验人员工资、行政管理费等。

混合成本可以进一步划分为半固定成本、半变动成本、延期变动成本和曲线式成本四类。

（1）半固定成本。半固定成本是指在一定业务量范围内，其发生额是固定的，当业务量增长到一定程度时，其发生额跳跃式增加，并在新的业务量范围内保持不变，如设备修理费、化验员及检验人员的工资等。半固定成本的特点如图2-3所示。

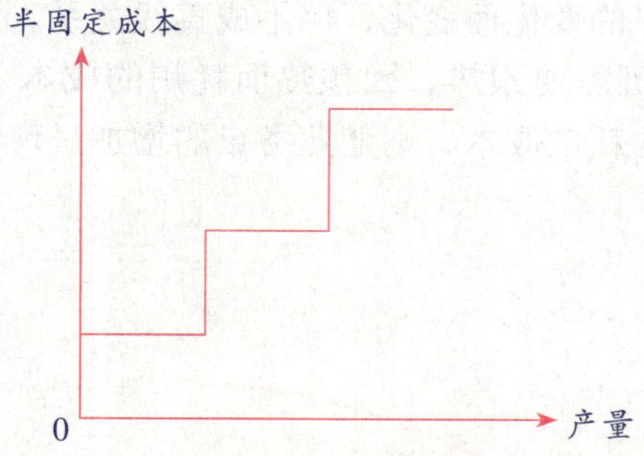

图2-3 半固定成本性态

（2）半变动成本。半变动成本是指在没有业务量的情况下仍发生一定的初始量，当有业务量发生时，其发生额随业务量成正比例变化，如电费、水费、煤气费、电话费等公共事业费用。半变动成本的特点如图2-4所示。

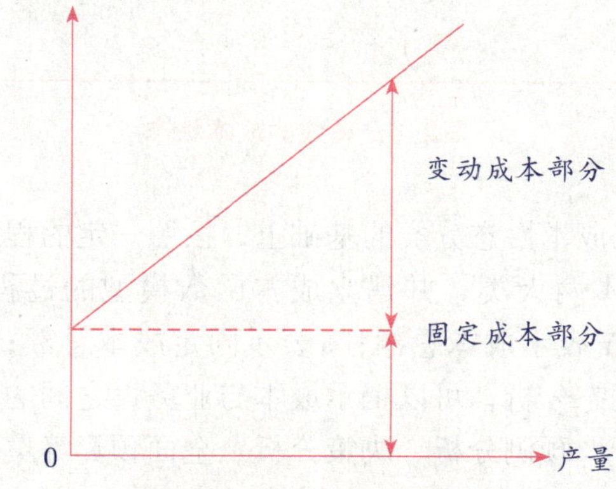

图2-4 半变动成本性态

知识拓展

生活中的成本习性

（3）延期变动成本。延期变动成本是指在一定业务量范围内，其总额保持固定不变，但若突破该业务量限度，其超额部分则随业务量的增加而成正比例增加的成本。例如，在超定额计奖的工资制度下，职工在完成正常工作定额之前，只能取得基础工资，若超过定额，则除领取基础工资之外，还可取得按超产数额计算的超额工资。延期变动成本的特点如图2-5所示。

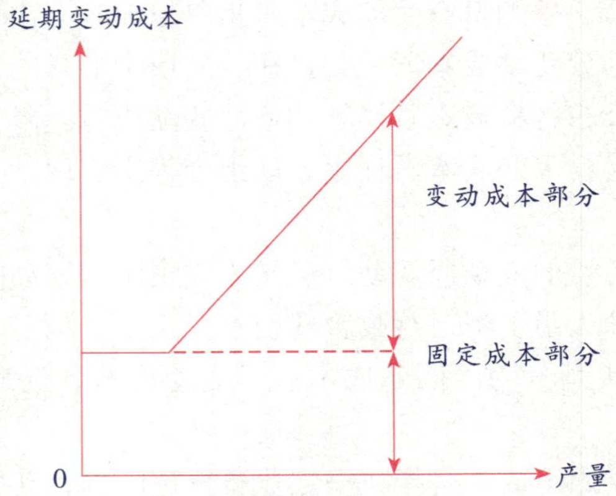

图2-5 延期变动成本性态

（4）曲线式成本。曲线式成本是指在没有业务量的情况下有一个初始量，当有业务量发生时，成本总额随业务量的变化而变化，但不成直线关系，而是成曲线关系。例如，热处理使用的电炉设备，每班需要预热，因预热而耗用的成本（初始量）属于固定成本性质；而预热后进行热处理的耗电成本，则随业务量的增加呈现出抛物线上升的趋势。曲线式成本的特点如图2-6所示。

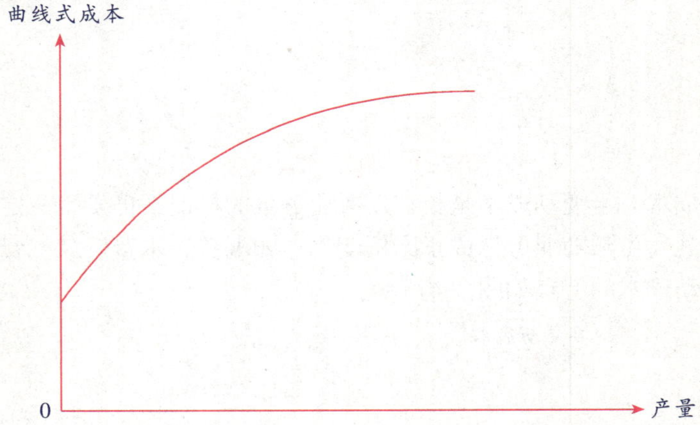

图2-6 曲线式成本性态

二、成本性态分析

成本性态分析是指在成本性态分类的基础上，按照一定的程序和方法，将全部成本区分为固定成本和变动成本两大类，并建立成本函数模型的过程。成本函数模型通常用Y=a+bX来模拟，其中：Y表示成本总额；a表示固定成本总额；b表示单位变动成本；X表示业务量。通过成本性态分析，可以揭示成本与业务量之间的依存关系，从而为应用变动成本法进行本量利分析、预测分析、决策分析、全面预算等奠定基础。成本性态分析的方法主要有高低点法、散布图法和直线回归法。

（一）高低点法

高低点法是根据过去一定期间的成本与相应业务量资料，通过最高点业务量和最低点业务量资料，推算出成本中固定成本和变动成本的一种简便方法。由于成本性态可用直线方程 Y=a+bX 来模拟总成本，所以通过业务量高点、低点两组资料，就可以求出直线方程，从而将成本分解成固定成本部分和变动成本两部分。这种方法主要适用于生产经营活动比较正常，混合成本增减变动趋势平缓的企业。

高低点法的具体步骤如下：

第一，在各期业务量与相关成本坐标点中，以业务量为准，找出最高点和最低点，即（$X_{高}$，$Y_{高}$）和（$X_{低}$，$Y_{低}$）。

第二，计算单位变动成本 b：

$$b=\frac{Y_{高}-Y_{低}}{X_{高}-X_{低}}$$

第三，将高点或低点坐标值和 b 值代入直线方程 Y=a+bX，计算固定成本 a：

$$a=Y_{高}-bX_{高}$$

或　$a=Y_{低}-bX_{低}$

第四，将求得的 a、b 代入直线方程 Y=a+bX，便得到成本性态分析模型。

【例 2-3】已知某企业 2022 年上半年某项混合成本资料见表 2-1，要求用高低点法进行成本性态分析。

表 2-1　　某企业2022年上半年某项混合成本资料表

月　份	业务量X（件）	混合成本Y（元）
1	6	110
2	8	115
3	4	85
4	7	105
5	9	120
6	5	100

（1）根据已知资料找出最高点（$X_{高}$，$Y_{高}$）和最低点（$X_{低}$，$Y_{低}$），即高点（9，120）和低点（4，85）。

（2）单位变动成本 $b=\frac{Y_{高}-Y_{低}}{X_{高}-X_{低}}=\frac{120-85}{9-4}=7$（元）

（3）固定成本 $a=Y_{高}-bX_{高}=120-7\times9=57$（元）

或　固定成本 $a=Y_{低}-bX_{低}=85-7\times4=57$（元）

（4）该项混合成本性态模型为：

$$Y=57+7X$$

（二）散布图法

散布图法是在坐标图上分别标明一定期间内业务量（X）以及与之相应的混合成本（Y）的坐标点，通过目测画出一条尽可能反映所有坐标点的直线，据此推算出固定成本和单位变动成本的一种方法。该种方法能够考虑所提供的全部资料，比较形象直观，但由于靠目测画直线，容易造成误差，运用时可根据需要与其他方法结合使用。

散布图法的具体步骤如下：

第一，将各期业务量与相应混合成本的历史资料作为点的坐标标注在平面直角坐标图上。

第二，目测画一条直线，使其尽可能通过或接近所有坐标点。

第三，在纵坐标上读出该直线的截距值，即固定成本总额a。

第四，在直线上任取一点P，假设其坐标值为（X，Y），将它们代入下式计算单位变动成本b：

$$b=\frac{Y-a}{X}$$

第五，将a、b值代入下式，便得出一般成本性态模型：

$$Y=a+bX$$

【例2-4】依【例2-3】所示资料，要求用散布图法进行成本性态分析。

（1）将6期资料的相应坐标点分别标在坐标图上，形成散布图如图2-7所示。

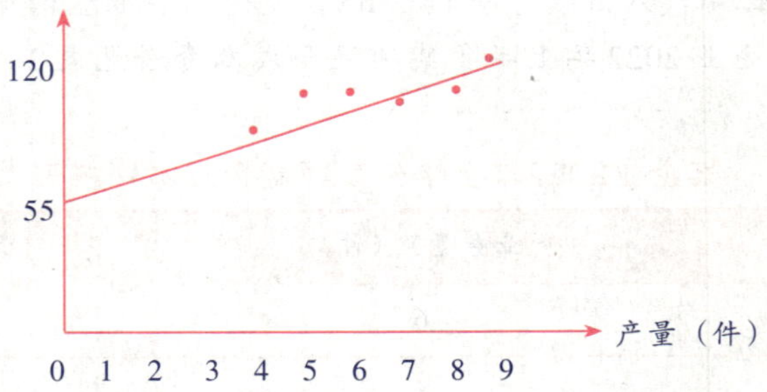

图2-7 散布图

（2）通过目测画一条直线，尽可能反映各坐标点。

（3）读出直线截距固定成本总额a为55元。

（4）在直线上任取一点（7，105），则：

$$单位变动成本b=\frac{105-55}{7}=7.14（元）$$

（5）该项混合成本性态模型为：

$$Y=55+7.14X$$

（三）直线回归法

直线回归法是根据一定期间业务量与相应混合成本之间的历史资料，利用微分极值原理计算出最能反映业务量与成本之间关系的回归直线，从而确定成本性态的一种方法。它是在反映业务量与成本之间关系的直线中，确定一条所有已知观测点到直线距离平方和最小的直线——回归线，故又称最小平方法。直线回归法较为精确，可适用于成本增减变动较大的企业。

直线回归法的具体步骤如下：

第一，对已知资料进行加工，计算$\sum X$、$\sum Y$、$\sum XY$、$\sum X^2$、$\sum Y^2$。

第二，计算相关系数r，判断业务量X与成本Y之间的线性关系。

相关系数r的取值范围一般在-1至+1之间。当r=-1时，说明X与Y之间完全负相关；当r=0时，说明X与Y之间不存在线性关系；当r=+1时，说明X与Y之间完全正相关。一般来说，只要r接近1，就说明X与Y基本正相关，可以运用直线回归法。

$$r=\frac{n\sum XY-\sum X\sum Y}{\sqrt{[n\sum X^2-(\sum X)^2][n\sum Y^2-(\sum Y)^2]}}$$

第三，通过微分极值法（过程略），得出回归直线方程中的a、b值公式：

$$b=\frac{n\sum XY-\sum X\sum Y}{n\sum X^2-(\sum X)^2}$$

$$a=\frac{\sum Y-b\sum X}{n}$$

或运用简算方法得出a、b值，即解线性方程组：

$$\sum Y=na+b\sum X$$

$$\sum XY=a\sum X+b\sum X^2$$

得出a、b值同上。

第四，将a、b值代入下式，得到成本性态分析模型：

$Y=a+bX$

【例2-5】依【例2-3】所示资料，要求用直线回归法进行成本性态分析。

（1）对已知资料进行加工，计算列表见表2-2。

表2-2　计算表

月份	业务量X（件）	混合成本Y（元）	XY	X^2	Y^2
1	6	110	660	36	12 100
2	8	115	920	64	13 225
3	4	85	340	16	7 225
4	7	105	735	49	11 025
5	9	120	1 080	81	14 400
6	5	100	500	25	10 000
n=6	$\sum X=39$	$\sum Y=635$	$\sum XY=4\,235$	$\sum X^2=271$	$\sum Y^2=67\,975$

（2）相关系数 $r=\frac{6\times4\,235-39\times635}{\sqrt{(6\times271-39^2)\times(6\times67\,975-635^2)}}=\frac{25\,410-24\,765}{\sqrt{105\times4\,625}}=0.93$

r接近于1，X、Y具有线性关系。

（3）将加工的资料代入公式得：

$b=\frac{6\times4\,235-39\times635}{6\times271-39^2}=\frac{645}{105}=6.14$（元）

$a=\frac{635-6.14\times39}{6}=65.92$（元）

（4）得到成本性态分析模型：

$$Y=65.92+6.14X$$

以上是在已知历史资料基础上常采用的成本性态分析方法。除此以外，还有技术测定法和个别确认法等。技术测定法又称工程技术法，是指利用经济工程项目技术资料测定的企业正常生产过程中投入与产出的关系，确定在实际业务量基础上其固定成本和变动成本的水平，揭示其变动规律的一种方法。个别确认法是指在成本发生的当时，对每项成本的具体内容进行直接分析，使其分别归属于固定成本或变动成本部分的一种方法，如公用事业费——煤气费、电话费等，人为地直接确定某一期间固定成本和变动成本的数额。这些方法的优点是在缺乏历史资料的情况下也可采用。总之，在实际运用中，可根据具体情况和需要，灵活采用各种成本性态分析方法。

三、成本性态分析的应用

（一）成本性态的相关范围

运用成本性态分析，我们最终把成本分为固定成本、变动成本。在固定成本、变动成本定义前都强调“在一定时期、一定业务量范围内”这样一个条件，这个条件就是指成本性态的“相关范围”。在管理会计中，把不会改变固定成本和变动成本性态的有关期间、业务量的特定变动范围称为相关范围。在相关范围内，固定成本总额的不变性和变动成本总额的正比例变动性不变；超过相关范围，成本的性态将会发生变化。也就是说，原本是固定成本项目，成本总额改变了；原本是变动成本项目，成本总额随业务量变动不再成正比例了。

1.固定成本的相关范围

如【例2-1】，该企业为生产甲产品租入A设备，月租金为1 000元，最大生产能力是500件。在一个月内，产量在0~500件这个相关范围内，不管如何变化，这一个月的租金成本是固定不变的，租金这一成本便是固定成本。但超过相关范围一个月或500件业务量，租金就不再固定不变了。比如，该企业拟增加甲产品的产量，计划生产1 000件，则企业必须租入2台A设备，租金提高到2 000元。再比如，一个月租期满后，由于某些因素，需要再续租，租金可能提高或降低，不再是1 000元。固定成本的相关范围如图2-8所示。

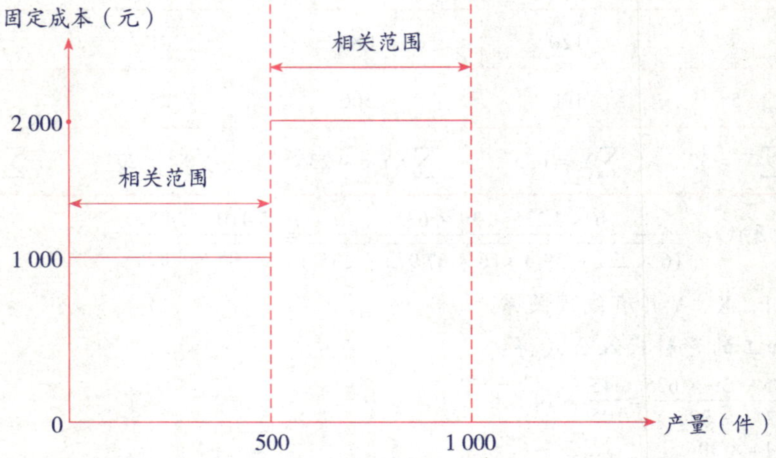

图2-8 固定成本的相关范围

2.变动成本的相关范围

变动成本与固定成本一样也存在相关范围问题。例如，某企业生产甲产品，在生产的最初阶段，由于工人技术不够熟练，单位直接人工成本较高；随着时间推移，直接人工成本降低至正常水平；若产量继续增加，可能需要工人加班加点，这时直接人工成本又随产量的增加而增加。这样，在不同时期、不同业务量下，变动成本与业务量之间有时成正比例变动，有时成非正比例变动。变动成本的相关范围就是指成本总额与业务量之间成正比例关系的时间和业务量范围。变动成本的相关范围如图2-9所示。

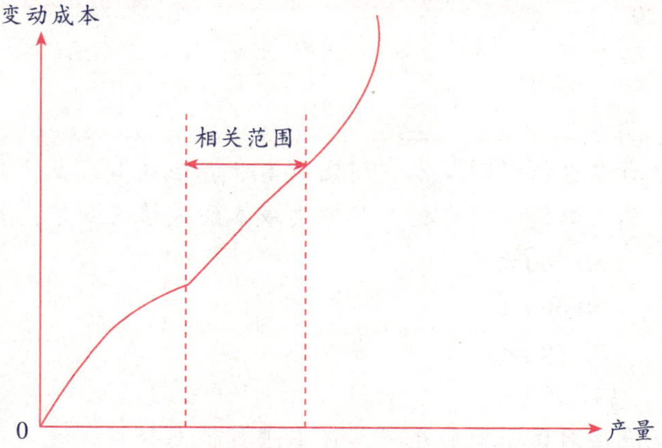

图2-9　变动成本的相关范围

总之，成本性态存在相关范围。变动成本和固定成本不是绝对的、一成不变的，在实际进行成本性态分析时应予以注意。

（二）成本性态分析的程序

成本性态分析的程序是指进行成本性态分析的步骤，通常有两种程序：一是单步骤分析程序；二是多步骤分析程序。高低点法、散布图法、直线回归法等成本性态分析的方法分别适用于单步骤分析程序和多步骤分析程序。

1.单步骤分析程序

单步骤分析程序是指在进行成本性态分析时，将总成本一次直接分解为固定成本部分和变动成本部分，建立成本模型。在单步骤分析程序下，无须将总成本按成本性态分为固定成本、变动成本和混合成本，而是将总成本视为混合成本，直接进行分解。另外，在实际工作中，如果企业某项混合成本数额较少，可以将其视为固定成本，这样就简化了成本性态分析程序。第一节中的成本性态分析方法的举例都采用了单步骤分析程序。

2.多步骤分析程序

多步骤分析程序是指将总成本按成本性态分为固定成本、变动成本和混合成本，然后再将混合成本分解为固定成本、变动成本，分别汇集于原固定成本和变动成本，建立总成本性态模型。

多步骤分析程序大致经过以下几个步骤：

（1）将总成本分为固定成本、变动成本和混合成本三个部分，分别用a、bX、Y_1表示。

（2）对总成本中的混合成本进行分解，建立混合成本性态模型：

$Y_1=a_1+b_1X$

（3）将混合成本分解出来的固定成本、变动成本汇集于原固定成本部分和变动成本部分，建立总成本性态模型：

$Y=(a+a_1)+(b+b_1)X=A+BX$

【例2-6】某企业2022年12个月中最高产量与最低产量的生产总成本资料见表2-3。

表2-3　某企业2022年最高产量和最低产量的生产总成本资料表

项　目	最高点（10月份）	最低点（3月份）
产量（件）	75 000	50 000
生产总成本（元）	176 250	142 500

该企业的生产总成本包括变动成本、固定成本和混合成本三类，会计部门对最低点产量为50 000件的生产总成本进行了分析，其各类成本组成情况如下：

变动成本总额　50 000元

固定成本总额　60 000元

混合成本总额　32 500元

生产总成本　142 500元

要求：采用高低点法对该企业的生产总成本进行性态分析。

采用多步骤分析程序进行成本性态分析如下：

（1）根据3月份生产总成本的构成，计算10月份生产总成本的构成。

依据固定成本、变动成本的性质，计算如下：

$$10月份变动成本总额=bX=\frac{3月份变动成本总额}{3月份业务量}\times 10月份业务量$$

$$=\frac{50\,000}{50\,000}\times 75\,000=75\,000（元）$$

10月份固定成本总额=a=3月份固定成本总额=60 000元

则：10月份混合成本总额=176 250−75 000−60 000=41 250（元）

由此得到相关资料见表2-4。

表2-4　相关资料表　金额单位：元

	最高点（10月份）	最低点（3月份）
产量（件）	75 000	50 000
生产总成本	176 250	142 500
其中：变动成本总额	75 000	50 000
固定成本总额	60 000	60 000
混合成本总额	41 250	32 500

（2）运用高低点法对生产总成本中的混合成本进行性态分析。

$$b_1=\frac{41\,250-32\,500}{75\,000-50\,000}=0.35（元）$$

代入低点：

a_1=32 500−0.35×50 000=15 000（元）

则：Y_1=15 000+0.35X

（3）建立生产总成本性态模型Y=A+BX。

A=60 000+15 000=75 000（元）

B=1+0.35=1.35（元）

则：Y=75 000+1.35X

成本性态分析的其他方法同样适用于多步骤分析程序，即按单步骤分析程序将总成本中的混合成本分解，将其中的固定成本和变动成本再分别与原固定成本和变动成本汇集，建立总成本性态模型。其他方法同理，故举例略。总之，在实际进行成本性态分析时，可根据总体需要采用单步骤分析程序或多步骤分析程序。

（三）成本性态分析的应用

成本性态分析是管理会计实现预测、决策、规划、控制职能的一个基础，在实践中得到广泛的运用。

1.通过成本性态分析对计划期总成本进行预测

【例2−7】依【例2−6】相关资料，若该企业2023年1月份的产量为65 000件，请预测其混合成本及生产总成本。

根据【例2−6】计算所得的生产总成本性态分析模型，将X=65 000代入得：

混合成本=a_1+b_1X=15 000+0.35×65 000=37 750（元）

生产总成本=A+BX=75 000+1.35×65 000=162 750（元）

即当2023年1月份产量达到65 000件时，生产总成本将达到162 750元，其中，混合成本将达到37 750元。

2.成本性态分析是运用变动成本法的基础

变动成本法是区别于传统会计中全部成本法的一种成本计算方法，在此方法下，产品成本只包含变动生产成本。运用变动成本法，同样也必须对成本进行性态分析，有关变动成本法的相关内容将在第二节中详细介绍。

3.成本性态分析是本量利分析的前提

本量利分析即总成本、业务量、利润三者之间的关系分析，它的基本公式是：

利润=总收入−总成本

　　=总收入−变动成本总额−固定成本总额

　　=业务量×单价−业务量×单位变动成本−固定成本总额

要进行本量利分析，必须对成本进行性态分析。本量利分析的内容将在第三章中介绍。

4.成本性态分析能够简化预算编制

管理会计的规划职能主要是通过全面预算来完成的，实施预算的方法如弹性预算法，是以成本性态分类列示，按照预算期内可能发生的各种业务量水平编制的预算系列。由于固定成本不变，变动成本与业务量成正比例变动，这就使弹性预算编制工作简化成为可能，有关预算内容将在第八章中介绍。

5.通过成本性态分析进行成本控制

成本性态分析可用于对某项混合成本预算的实际情况进行考核分析。

【例2-8】根据某企业一项混合成本的历史资料确定出该项混合成本中的固定成本 a_1 为500元，单位变动成本 b_1 为0.6元。若计划期预计耗用5 000人工小时，则该项混合成本预算数应为3 500元（500+0.6×5 000）。若实际该项成本耗用了4 000元、5 200人工小时，按照预计混合成本中固定成本和变动成本所占比例，可以确定混合成本实际发生额中的固定部分和变动部分，计算如下：

$$固定成本=实际混合成本\times\frac{预计固定成本}{预计混合成本}=4\ 000\times\frac{500}{500+0.6\times5\ 200}\approx552（元）$$

$$变动成本=实际混合成本\times\frac{预计变动成本}{预计混合成本}=4\ 000\times\frac{0.6\times5\ 200}{500+0.6\times5\ 200}\approx3\ 448（元）$$

从而得知该项混合成本中固定成本约超支52元（552−500），变动成本约超支328元（3 448−0.6×5 200），实际数比预算数共超支380元（52+328），即4 000−（500+0.6×5 200）=380（元）。进行混合成本的分解，便于落实成本控制的责任。一般来说，固定成本应由管理部门负责，变动成本应由生产部门负责。在此基础上可进一步进行差异分析。

第二节 变动成本法

一、变动成本法的意义及其理论根据

变动成本法（也称变动成本计算法）在20世纪30年代起源于美国，第二次世界大战以后，随着资本主义经济矛盾的日趋尖锐，市场竞争的日益激化，企业管理者要求会计能提供更广泛、更有用的管理信息，以便对经济活动加强事前的规划和日常的控制。于是，变动成本法就不胫而走，广泛应用于美国、日本、加拿大、澳大利亚和西欧各国的企业内部管理中，并成为管理会计的一项重要内容。

变动成本法就是在计算产品的生产成本和存货成本时，只包括产品在生产过程中所消耗的直接材料、燃料和动力、直接人工和变动制造费用，而把固定制造费用全数一笔列入利润表内，并用“期间费用”的名称表述，作为边际贡献销售收入总额扣除变动成本总额的减除项目。

变动成本法的理论根据是，固定制造费用是为企业提供一定的生产经营条件，以便保持生产能力，并使其处于准备状态而发生的成本。它们同产品的实际产量没有直接联系，既不会由于产量的提高而增加，也不会因产量的下降而减少。它们实质上是与会计期间相联系所发生的费用，并随着时间的消逝而逐渐丧失，故其效益不应递延到下一个会计期间，而应在费用发生的当期全额列入利润表内，作为本期边际贡献销售收入总额扣除变动成本总额的减除项目。

正因为变动成本法不包括固定制造费用，故亦称“直接成本计算法”，在英国则习惯称为“边际成本计算法”。

变动成本法产生以后，人们就把财务会计中的传统做法，即在计算产品成本和存货成本时，把一定期间所发生的直接材料、直接人工、变动制造费用和固定制造费用的全部成本都包括在内的方法，称为“全部成本法”或“全部成本计算法”（在我国称为“制造成本法”）。正因为它的特点是把变动成本和固定成本都归纳到产品的生产成本和存货成本

中去，故亦称“归纳（或吸收）成本计算法”。

二、变动成本法的特点

“变动成本计算法”的特点可以通过与“全部成本计算法”的对比充分体现出来。我们从以下三个方面进行比较：

（一）从成本划分的标准与类别，以及产品成本所包含的内容来看

变动成本法是根据成本习性把企业全部成本划分为变动成本与固定成本两大类，其产品成本的内容只包括变动生产成本中的直接材料、燃料和动力、直接人工与变动制造费用四大成本项目。至于全部成本法则根据成本的经济职能把企业的全部成本划分为生产领域的成本、销售领域的成本和管理领域的成本三大类，其产品成本的内容则是指生产领域的直接材料、燃料和动力、直接人工和全部制造费用四大项目。两种成本计算法在成本划分的标准、成本划分的类别及产品成本包括的内容等方面的区别见表2-5。

表2-5 两种成本计算法的区别

区别的标志	变动成本法	全部成本法
成本划分的标准	按成本性态划分	按经济职能划分
成本划分的类别	变动成本： 变动生产成本（直接材料、燃料和动力、直接人工、变动制造费用） 变动销售费用 变动管理费用 固定成本： 固定制造费用、固定销售费用、固定管理费用（期间成本）	生产领域成本：直接材料、燃料和动力、直接人工、全部制造费用 销售领域成本——销售费用 管理领域成本——管理费用 （销售费用、管理费用为期间成本）
产品成本包含的内容	变动生产成本：直接材料、燃料和动力、直接人工、变动制造费用	全部生产成本：直接材料、燃料和动力、直接人工、全部制造费用

【例2-9】假定某公司2022年全年只产销一种产品，其销售量及有关成本资料如下：

基本资料	全年产量	2 000件		
	期初存货	0件		
	本期销售量	1 800件		
	期末存货	200件		
	销售单价	100元/件		
成本资料	直接材料	70 000元		
	直接人工	40 000元		
	制造费用	40 000元	变动制造费用	10 000元
			固定制造费用	30 000元
	销售费用	30 000元	变动销售费用	10 000元
			固定销售费用	20 000元
	管理费用	10 000元	变动管理费用	1 000元
			固定管理费用	9 000元

要求：根据上述资料，分别计算两种成本计算法下的产品成本。

按照上述资料分别进行产品成本计算，见表2-6。

表2-6　　两种成本法下的产品成本计算表　　金额单位：元

成本项目	变动成本法		全部成本法	
	总成本	单位成本（元/件）	总成本	单位成本（元/件）
直接材料	70 000	35	70 000	35
直接人工	40 000	20	40 000	20
变动制造费用	10 000	5	10 000	5
变动生产成本	120 000	60	120 000	—
固定制造费用	—	—	30 000	15
全部生产成本	—	—	150 000	75

从表2-6的计算结果可以看出，该公司如采用变动成本法，单位产品成本为60元；若采用全部成本法，单位产品成本则为75元。

（二）从期末产成品和在产品的存货计价来看

采用变动成本法，期末产成品和在产品的存货计价只应包括变动生产成本，而不包括固定制造费用；若采用全部成本法，则由于在已销售的产成品、库存的产成品和在产品之间都分配了全部生产成本，因此，它的期末产成品和在产品的存货计价，也应以全部生产成本为准，其金额必然大于采用变动成本法的计价。

【例2-10】依【例2-9】所列数据资料，要求按两种成本计算法分别对期末产成品存货进行计价。

（1）变动成本法下：

期末存货成本=单位产品成本×期末存货量=60×200=12 000（元）

（2）全部成本法下：

期末存货成本=单位产品成本×期末存货量=75× 200=15 000（元）

（三）从计算盈亏的公式来看

由于采用变动成本法计算盈亏时，需要确定和取得边际贡献数据，因此，它的计算公式与全部成本法的程序不同，现分述如下：

1.变动成本法

（1）销售收入总额-变动成本总额=边际贡献总额

公式中的变动成本总额包括变动生产成本和变动销售及管理费用。变动生产成本的计算只需以单位变动生产成本乘以销售量，无须考虑期初、期末存货的增减变动。

（2）边际贡献总额-期间成本总额=税前利润

公式中的期间成本总额包括全部固定成本，即固定制造费用和固定销售及管理费用。

2.全部成本法

（1）销售收入总额-已销售的生产成本总额=销售毛利总额

已销售的生产成本总额=期初存货成本+本期生产成本-期末存货成本

（2）销售毛利总额-营业费用总额=税前利润

公式中的营业费用总额包括全部销售及管理费用。

【例2-11】依【例2-9】所列数据资料，要求分别按变动成本法与全部成本法计算该公司的税前利润。

（1）变动成本法下：

❶边际贡献总额=销售收入总额-变动成本总额

=100×1 800-（60×1 800+10 000+1 000）=61 000（元）

❷税前利润=边际贡献总额-期间成本总额

=61 000-（30 000+20 000+9 000）=2 000（元）

（2）全部成本法下：

❶销售毛利总额=销售收入总额-已销售的生产成本总额

=100×1 800-（0+75 × 2 000-75×200）=45 000（元）

❷税前利润=销售毛利总额-营业费用总额

=45 000-（30 000+10 000）=5 000（元）

从以上计算结果可以看出，两种成本计算法下的税前利润不同，其原因就是这两种方法对期末存货的计价不同。

三、两种成本计算法在编制利润表方面的差别

为了说明问题，我们可以通过下列实例来进行比较。

【例2-12】依【例2-9】所列数据资料，要求分别按变动成本法与全部成本法编制利润表，见表2-7。

表2-7　利润表　单位：元

按全部成本法（职能式）			按变动成本法（贡献式）		
摘　要	金　额		摘　要	金　额	
销售收入（100×1 800）		180 000	销售收入（100×1 800）		180 000
已销售的生产成本：			变动成本：		
期初存货成本	0		变动生产成本（60×1 800）	108 000	
本期生产成本（75×2 000）	150 000		变动销售成本	10 000	
可供销售的生产成本	150 000		变动管理成本	1 000	
减：期末存货成本（75×200）	15 000		变动成本总额		119 000
已销售的生产成本总额		135 000	边际贡献总额		61 000
销售毛利总额		45 000	减：期间费用		
减：财务费用	0		固定制造费用	30 000	
销售费用	30 000		固定销售费用	20 000	
管理费用	10 000		固定管理费用	9 000	
营业费用总额		40 000	期间成本总额		59 000
税前利润		5 000	税前利润		2 000

通过表2-7进行的对比分析，可以看出两种成本计算法在编制利润表方面有以下三个显著差别：

（一）排列的方式不同

按全部成本法编制的利润表是把所有成本项目按生产、销售、管理等经济职能进行排列，主要是适应企业外部有经济利益关系的团体或个人的需要而编制的，故亦称“职能式”利润表。而按变动成本法编制的利润表则是把所有成本项目按成本性态排列，主要是为了便于取得边际贡献信息，是适应企业内部管理者规划与控制经济活动的需要而编制的，故亦称“贡献式”利润表。

（二）对固定成本的处理不同

全部成本计算法把固定制造费用视为产品成本的一部分，即把它全部吸收到产品的生产成本中去，每售出一批产品（本例是1 800件），其固定制造费用就构成销售成本；至于尚未售出的期末存货（本例是200件），与产品生产成本一样，每件存货成本内也包含固定制造费用（本例是15元），它们必须结转至下一个会计年度，在本例中需结转至下一年度的是3 000元（15×200）。而变动成本法把本期所发生的所有固定成本，全部作为期间成本在边际贡献总额项下减除。这样一来，它的销售成本只要根据单位变动生产成本总额，再加上变动的销售及管理费用后乘以实际销售量，即构成全部变动成本总额。这里必须注意，由于固定生产成本与期末存货的有无或多少毫无关系，因而也就无须转入下一个会计年度。

（三）计算出来的税前利润不同

在本例中，全部成本法求得的税前利润，比变动成本法算出的结果要多3 000元（5 000–2 000）。这是因为全部成本法把期末存货200件中每件所包含的固定制造费用15元，从销售成本内转至下一个会计年度，共计转出3 000元（15×200）。正是由于销售成本少了3 000元，于是销售毛利多了3 000元。而变动成本法因为已把全部固定成本列入了期间成本，作为当期的费用开支了，故其期末存货只包含变动生产成本，不存在固定制造费用转入下一会计年度的问题。两者对比，变动成本法算出的税前利润当然就比全部成本法少3 000元。总之，两种成本计算法所算出的税前利润之所以有差别，是因为它们从销售收入中所扣除的固定成本的金额不同。变动成本法不管产销量怎样，总是把本期的固定成本总额全部扣除；而全部成本法所扣除的固定成本，则是“期初存货中的固定成本+本期固定成本总额–期末存货中的固定成本”。

应该注意的是，前面所举的实例是假定期初存货为0的情况，如果在实际工作中，期初、期末均有存货，那么这两种方法计算税前利润的差别又将如何呢？我们认为，可根据期初与期末存货中所包含的固定成本的金额变动及其对比关系，归纳为如下三条规律：

第一，若期末存货中的固定成本等于期初存货中的固定成本，则两种方法所扣除的固定成本总额相等，因此，它们算出的税前利润也必然相等。

第二，若期末存货中的固定成本大于期初存货中的固定成本，则计算当期损益时，全部成本法所扣除的固定成本总额小于变动成本法所扣除的固定成本总额，因此，按全部成本法算出的税前利润大于按变动成本法算出的税前利润。其差额为：期末存货的单位固定生产成本×期末存货量–期初存货的单位固定生产成本×期初存货量。

第三，若期末存货中的固定成本小于期初存货中的固定成本，则计算当期损益时，全部成本法所扣除的固定成本总额大于变动成本法所扣除的固定成本总额，因此，全部成本法算出的税前利润小于变动成本法算出的税前利润。其差额为：期初存货的单位固定生产成本×期初存货量-期末存货的单位固定生产成本×期末存货量。

四、变动成本法的优点及局限性

微课

全部成本法与变动成本法的特点

（一）变动成本法的优点

变动成本法的诞生，突破了传统的、狭隘的成本观念，为强化企业内部的经营管理、提高经济效益开创了新的路径。这种方法的优点，可扼要归纳为如下五点：

1. 从理论上来说，这种方法最符合“费用与收益相配比”这一公认会计原则的要求

所谓“费用与收益相配比”的原则就是要求会计所记录的在一定期间内发生的收益和费用，必须属于这一会计期间，也就是在一定的会计期间，应当以产生的收益为根据，把有关的费用同所产生的收益配比起来。这项原则与我国的“权责发生制”记账基础的要求是完全吻合的。变动成本法的基本原理就是把转作本期费用的成本，按照成本性态分为两大部分：（1）直接与产品制造有联系的成本，即变动成本，如直接材料、直接人工以及随着产量变动的那部分制造费用。它们需要按产品销售量的比例，将其中已销售的部分转作销售成本（当期费用），同销售收入（当期收益）相配比，另外将未销售的产品成本转作存货，以便与未来预期获得的收益相配比。（2）同产品制造没有直接联系的成本，即固定成本，它们是为了保持生产能力并使其处于准备状态而发生的各种费用。这类成本与生产能力的利用程度无关，既不会因产量的提高而增加，也不会因产量的下降而减少。它们只与期间有关，并随着时间的流逝而逐渐消失，故应当全部列作期间成本，同本期的收益相配比，由当期的净利来负担。

2. 能提供最有用的管理信息，为预测前景、参与决策和规划未来服务

利用变动成本法求得的单位变动成本、边际贡献总额及其有关的信息（如变动成本率、边际贡献率、经营杠杆系数等，将在第三章中介绍），对管理者最为有用，因为它们揭示了业务量与成本变动的内在规律，找出了生产、销售、成本和利润之间的依存关系，提供了各种产品的盈利能力等重要信息。所有这些都能帮助管理者深入地进行本量利分析和边际贡献分析，用来预测前景、规划未来（如预测保本点，规划目标利润、目标销售量或销售额、目标成本，编制弹性预算等），有利于正确地进行短期经营决策（如接受追加订货的决策、最优生产批量的决策、产品最优组合的决策等）。

3. 便于分清各部门的责任，有利于进行成本控制与业绩评价

一般来说，变动生产成本的高低最能反映生产部门和供应部门的工作实绩。例如，在直接材料、直接人工和变动制造费用方面如有所节约或超支，就会立即从产品的变动生产成本指标上反映出来，它们可以通过事前制定标准成本和建立弹性预算进行日常控制。至于固定生产成本的高低，责任一般不在生产部门，通常应由管理部门负责，可以通过制定费用预算的办法进行控制。另外，变动成本法所提供的信息还能把由于产量变动所引起的成本超降同由于成本控制工作的好坏而造成的成本超降，清楚地区别开来。这不仅有利于我们在事后进行科学的成本分析以及采用正确的方法进行成本控制，还能对各责任单位的工作实绩做出恰当的、实事求是的评价与考核。

4.促进管理当局重视销售环节，防止盲目生产

采用变动成本法后，产量的高低与存货的增减对净利都没有影响。在销售单价、单位变动成本、销售组合不变的情况下，净利将随销售量同方向变动（尽管不成比例）。这样一来，就会促进管理者十分重视销售环节，加强促销工作，并把注意力集中在研究市场动态、搞好销售预测和以销定产方面，力求做到薄利多销，适销对路，防止盲目生产。否则，如采用全部成本计算法，就可能出现一方面销售量下降，另一方面生产量大幅度增长，反而造成净利增加的虚假现象，其结果必然是盲目生产，库存积压。

5.简化成本计算，便于加强日常管理

采用变动成本法，把固定制造费用列作期间成本，从边际贡献总额中一笔减除，可以省掉许多间接费用分摊的手续。这不仅大大简化了产品成本的计算工作，避免了间接费用分摊中的主观随意性（特别是在生产多品种商品的企业内），而且可以使会计人员从繁重的核算工作中解脱出来，集中精力加强日常管理的深度和广度。

正是由于变动成本法具有上述种种优点，因而美国会计学会、全美会计人员联合会等组织的许多会员，以及一些大中型企业的经理和会计人员都认为变动成本法不仅适用于企业的内部管理，也适用于对外报告。

（二）变动成本法的局限性

1.不符合传统成本概念的要求

美国会计学会的成本概念和准则委员会认为："成本是为了达到一个特定目的而已经发生或可能发生的、以货币计量的代价。"按照这种传统观念，产品成本就应该既包括变动成本，也包括固定成本，而根据变动成本法计算出的产品成本，显然不能满足这个要求。何况变动成本与固定成本的划分，在很大程度上是假设的结果，不是一种非常精确的计算。

2.不能适应长期决策和定价决策的需要

尽管变动成本法能为短期经营决策提供最优方案的有关根据，但不能解决诸如增加或减少生产能力以及扩大和缩小经营规模的长期经济决策问题。因为从长期来看，由于技术进步和通货膨胀等因素的影响，单位变动成本和固定成本总额很难固定不变。另外，在定价决策中，变动成本和固定成本都应得到补偿。而变动成本法所提供的产品成本资料，一般不能适应这两方面的需要。

3.改用变动成本法计算时，会影响有关方面的利益

在实际工作中，如由原来的全部成本法过渡到变动成本法，一般要降低期末存货的计价（存货成本中要去掉固定成本），因而就会减少企业的当期税前利润，从而暂时影响税务机关的所得税收入和投资者的股利收益。

第三节 作业成本法

一、作业成本法概述

（一）作业成本法的产生与发展

20世纪70年代以来，由于科学技术的迅猛发展，社会政治经济环境的急剧变革，企业生存环境发生了巨大变化，同时也给现代管理理论、管理观念、管理方法和管理技术带来了巨大的影响。作业成本（activity-based costing，ABC）法和作业成本管理（activity-based management，ABM）就是在这种背景下产生的。

最早提出“作业会计”并且从理论和实践上探讨作业会计的是美国杰出会计大师埃里克·科勒教授。作业会计是科勒在1938—1941年担任美国田纳西河谷管理局的主审计长和内部审计师时，根据水力发电行业成本的特点提出的。科勒在1952年编制的《会计师词典》中，首次提出作业、作业账户、作业会计等概念。

第二位研究“作业会计”的是乔治·斯托布斯（George J. Staubus）教授。他最大的特点是坚持会计是一个信息系统，“作业会计”是一种和决策有用性目标相联系的会计。按照他的观点，研究作业会计应首先明确三个概念：第一是“作业”，第二是“成本”，第三是“会计目标—决策有用性”。1971年，乔治·斯托布斯又出版了具有重要影响的《作业成本计算和投入产出会计》（Activity Costing and Input-Output Accounting）一书，书中对“作业”、“成本”、“作业会计”、“作业投入产出系统”（Activity Input-Output Costing System）等概念进行了全面讨论，这是从理论和学术上探讨“作业会计”的最宝贵的著作之一。1988年，集乔治·斯托布斯全部观点于一体的新著《服务于决策的作业成本计算——决策有用性框架中的成本会计》（Activity Costing for Decisions：Cost Accounting in the Decision Usefulness）问世，引起学术界广泛关注。学者们评价该书是成本理论的经典文献之一。

20世纪80年代中期，罗宾·库伯和罗伯特·卡普兰两位教授对作业成本计算进行了系统、深入的理论和应用研究之后，作业成本法（也称作业成本计算法，下同）才受到西方会计界的普遍重视。1988年，罗宾·库伯在杂志《成本管理》夏季号发表了《一论作业基础成本计算的兴起：什么是作业基础成本系统》，又在该杂志秋季号和冬季号上分别发表了《二论ABC的兴起：何时需要ABC系统》和《三论ABC的兴起：需要多少成本动因并如何选择之》。罗宾·库伯在三论ABC的同时，又与罗伯特·卡普兰联手在《哈佛商业评论》九、十月号发表《计量成本的正确性：制定正确的决策》。1989年春，罗宾·库伯又写了《四论ABC的兴起》。

自罗宾·库伯和罗伯特·卡普兰之后，英、美等国的《管理会计》、《成本管理》、《哈佛商业评论》、《会计地平线》、《会计评论》以及加拿大的《注册管理会计师》等期刊上，共发表了数百篇研究ABC法的文章，ABC已成为人们广泛接受的一个概念或术语，ABC理论也日趋完善。

作业成本法由美国、加拿大、英国迅速地向大洋洲、亚洲、美洲以及其他国家扩展。其应用领域，也由最初的制造行业扩展到商品批发、零售行业，金融、保险机构，医疗卫生等公用品部门，以及会计师事务所、咨询类社会中介机构等。ABC法应用最重要的决策领域是在确认公司发展机会、产品管理决策和作业过程改进决策等方面，应用最多的业务领域包括生产加工、产品定价、零部件设计和确立战略重点等方面。

（二）作业成本法的相关概念

1.作业

作业是指企业生产经营过程中各项独立并相互联系的活动。作业贯穿于生产经营的全过程，从产品设计开始，经过物料供应、生产工艺等各个环节，直至产品的发运销售。在这一过程中，每个环节、每道工序都可以视为一项作业，如产品设计、订单处理、采购、储存等。

根据我国《管理会计应用指引第304号——作业成本法》，企业可按照受益对象、层次和重要性，将作业分为以下五类，并分别设计相应的作业中心：

（1）产量级作业，是指明确地为个别产品（或服务）实施的、使单个产品（或服务）受益的作业。该类作业的数量与产品（或服务）的数量成正比例变动，包括产品加工、检验等。

（2）批别级作业，是指为一组（或一批）产品（或服务）实施的、使该组（或批）产品（或服务）受益的作业。该类作业的发生是由生产的批量数而不是单个产品（或服务）引起的，其数量与产品（或服务）的批量数成正比变动，包括设备调试、生产准备等。

（3）品种级作业，是指为生产和销售某种产品（或服务）实施的、使该种产品（或服务）的每个单位都受益的作业。该类作业用于产品（或服务）的生产或销售，但独立于实际产量或批量，其数量与品种的多少成正比例变动，包括新产品设计、现有产品质量与功能改进、生产流程监控、工艺变换需要的流程设计、产品广告等。

（4）客户级作业，是指为服务特定客户所实施的作业。该类作业保证企业将产品（或服务）销售给个别客户，但作业本身与产品（或服务）数量独立，包括向个别客户提供的技术支持活动、咨询活动、独特包装等。

（5）设施级作业，是指为提供生产产品（或服务）的基本能力而实施的作业。该类作业是开展业务的基本条件，其使所有产品（或服务）都受益，但与产量或销量无关，包括管理作业、针对企业整体的广告活动等。

2.成本动因

成本动因又称为成本推动因素，是对导致成本发生及增加的具有相同性质的某一类重要事项进行的度量，是对作业的量化表现。成本动因通常选择作业活动耗用资源的计算标准来进行度量。例如，研究开发费的支出与研究计划的数量、研究计划所费的工时或者研究计划的技术复杂性相关，则这三者就是研究开发费的成本动因。一个企业成本动因数量的多少与企业生产经营过程的复杂程度密切相关。企业生产经营过程越复杂，其成本动因就越多。

成本动因按其在作业成本中体现的分配性质不同，可以分为资源动因和作业动因两类。资源动因是指资源消耗量与作业量之间的因果关系，即作业消耗资源。它反映了成本库对资源的耗费情况，是分配作业所耗资源的依据，是将资源成本分配到成本库的标准。作业量的多少决定着资源的耗用量，而资源耗用量的高低与最终产品没有直接关系。作业动因是指作业消耗量与最终产出之间的因果关系，即产品消耗作业。它是将成本库的成本分配到最终成本对象的标准。成本对象是成本分配的终点，它既可以是产品，也可以是顾客或服务。分配到最终产品、顾客或服务的成本反映了成本对象消耗的作业成本。

成本库亦称作业中心，是指将同一成本动因导致的费用项目归集在一起的成本类别，即相同成本动因的作业成本集合。成本库的建立把间接费用的分配与产生这些费用的成本动因联系起来，不同的成本库选择不同的成本动因作为分配标准。这样，成本库所汇集的成本可以以相同的成本动因为标准，分配给各产品或服务。

3.作业成本法

作业成本法指以作业为间接费用归集对象，通过资源动因的确认、计量，归集资源费用到作业上，再通过作业动因的确认、计量，归集作业成本到产品或顾客上去的间接费用分配方法。由于生产成本中直接材料成本和直接人工成本属于直接成本，因而，作业成本法对直接材料成本和直接人工成本的核算方法与传统的成本计算方法并无不同，其特点体现在制造费用的分配上。作业成本法可以克服单纯以直接人工成本等标准分配制造费用的局限性，缩小制造费用的分配范围，增加制造费用的分配标准，即按引起制造费用发生的成本动因进行分配，从而将间接费用和辅助成本更准确地分配到作业、生产过程、产品、服务及顾客。

作业成本法与传统成本计算法的区别如图2-10所示。

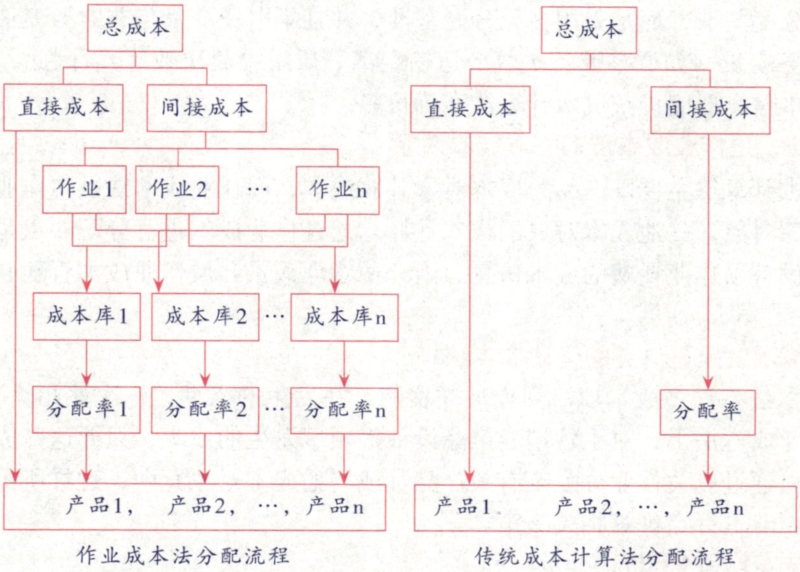

图2-10　作业成本法与传统成本计算法的区别

作业成本法不仅在核算程序上与传统成本计算法有区别，更重要的是作业成本法从思想上改变了传统的成本计算基础。传统成本制度将成本分为直接材料、直接人工、制造费用，凡是能够直接计入产品中的都作为直接成本计入，而对于制造费用则采用统一的标准分配到产品中；能够予以对象化的成本费用是与产品制造过程相关的制造成本；对于期间费用，则冲减当期损益，不计入产品成本中。在作业成本制度下，直接材料和直接人工直接计入产品成本中，这与传统成本制度并无太大区别，但对于制造费用，则按引起制造费用发生的多种作业来进行分配，同质的作业引起的成本构成一个成本库，然后按成本对象所消耗的作业量将制造费用分配到产品中。在作业成本制度下，制造费用这一概念在外延上比传统成本制度下的制造费用范围更广、划分更细。此外，作业成本法认为企业一切作业活动都是为特定的产出而进行的，与产品成本的形成存在着必然的联系，其费用应该作为产品成本分配到产品中。这样，就使得在传统成本计算法下无法直接归集和分配的成本费用，在作业成本法下却可以按照作业活动的不同分类列入某种作业，并按各种产品所消耗的该种作业的作业量分配计入产品成本中。例如，在传统成本制度下，产品订货成本是作为管理费用计入当期损益的；但在作业成本制度下，产品订货成本却可以作为一项作业，其作业成本可按各产品采购订单的次数比例分配给各产品。又如，在传统成本制度下，储存保管费用作为期间费用处理，计入当期损益；但采用作业成本法后，储存保管费用则可以作为直接成本，按照所消耗的储存保管作业量将其分配到各种产品中。因此，作业成本法是从另一个角度对产品成本进行的计算，无论在内涵还是外延上都有别于传统成本计算法。

（三）作业成本法的特点

作业成本法是一种全新的成本计算方法。与传统的全部成本法和变动成本法相比，作业成本法主要有以下一些特点：

1.对产品间接成本的分配更为合理

与传统成本计算方法相比，作业成本法的分配基础（成本动因）发生了质变。它不再采用单一的分配基准，而是采用多元分配基准，并且集财务变量与非财务变量于一体，特别强调非财务变量（如调整准备次数、运输距离、质量检验次数等）。因此，作业成本法所提供的成本信息要比传统成本计算法准确得多。

2.“作业”是作业成本法的基本成本对象

传统成本计算法主要以产品为成本对象计算成本，而作业成本法以“作业”作为最基本的成本计算对象。其他成本对象的成本计算均通过作业成本进行分配。正是由于作业成本法可以提供各项作业耗费的成本信息，因此使管理人员开展作业成本管理并改善作业链成为可能。

3.作业成本法是更广泛的变动成本法

变动成本法将许多成本项目列作期间费用，在发生的当期“一次性扣除”，而不加以分配。在作业成本法下，对于营销、产品设计等领域发生的成本，只要这些成本与特定产品相关，则可通过有关作业分配至有关产品（或其他成本对象）中，这样所提供的成本信息更有利于企业进行定价等相关决策。

4.所有成本均是变动的

在变动成本法下，成本因其在一定范围内不随产量的变化而变化，被划为固定成本。从作业成本法的观点看，这部分成本虽然不随产量变化而变化，却会随其他因素的变化而改变。这些因素包括产品批次、产品线的调整、企业生产能力的增减等。作业成本法将所有成本均视为变动的，这有利于企业分析成本产生的动因，进而降低成本。

虽然作业成本法有前述许多优点，但是该方法并非完美无缺。例如，它需要更多的簿记工作，从而会产生更多的成本。

二、作业成本法的应用

（一）作业成本法的步骤

1.确认主要作业，建立成本库

作业作为企业内与产品形成相关或对产品有影响的活动，是产品生产程序的组成部分。通常生产一个产品所需的作业是很多的，而80%的成本是由20%的作业引起的。企业不必对所有作业一一进行分析，只需识别主要的作业，将各类细小的、同质的作业加以确认并归入成本库。在确认作业时，要特别注意具有以下特征的作业：资源昂贵，金额重大的作业；产品之间的使用程度差异极大的作业；需求形态与众不同的作业。这里，成本库是指可以用同一成本动因来解释的同质成本的集合体。例如，某生产车间所发生的动力费用、检验费用等受不同的成本驱动因素影响，应分别设置不同的成本库进行归集。

2.将所归集的可追溯投入成本或资源分配到每一个成本库

每个成本库所归集的是由该成本库的作业所引起的成本。为简化计算，可设置同质成本库。同质成本库是指可以用一项共同的成本动因解释其成本变动的成本。同质作业引发的成本可以合并分配以减少计算工作。

这一步骤的分配工作反映了作业成本法的基本前提：作业消耗资源，作业量的多少决定着资源的耗用量，而资源的耗用量的高低与最终产品没有直接的关系。

3.将各个成本库的成本分配到最终产品（服务或顾客）

这一步骤将成本库的费用按各产品消耗的作业量的比例分配到各产品中去。这样，企业才可以获得作业成本中的某一项重要成本值。例如，整理作业的成本动因是整理小时或整理次数；抽样检验作业的成本动因是生产的批次；钢板打眼作业的成本动因是打出的眼数；组装作业的成本动因是直接人工小时等。这一步骤的分配反映了作业成本法的另一个基本前提：产品消耗作业，产品产出量的多少决定着作业的耗用量。

（二）作业成本法举例

【例2-13】蓝天公司某年生产甲、乙、丙三种产品。产品实际的产量和成本资料见表2-8。

表2-8　蓝天公司某年三类产品的产量、成本资料　金额单位：元

产品名称	甲产品	乙产品	丙产品	合计
年产量（件）	100	500	200	800
单位直接材料	10	5	20	—
单位直接人工	2	3	4	—
制造费用	—	—	—	16 500
单位机器工时（小时）	4	1.5	2.5	—

该公司准备以成本为基准进行产品定价。以往制造费用的分配都以机器工时为分配标准，见表2-9。

表2-9　三种产品的机器工时

产品名称	甲产品	乙产品	丙产品	合计
年产量（件）	100	500	200	800
单位机器工时（小时）	4	1.5	2.5	—
总工时（小时）	400	750	500	1 650

由此：制造费用分配率=16 500÷1 650=10（元/工时）

各产品成本计算如下：

甲产品直接成本总额=（10+2）×100=1 200（元）

甲产品制造费用总额=10×400=4 000（元）

甲产品总成本=1 200+4 000=5 200（元）

甲产品单位成本=5 200÷100=52（元/件）

乙产品直接成本总额=（5+3）×500=4 000（元）

乙产品制造费用总额=10×750=7 500（元）

乙产品总成本=4 000+7 500=11 500（元）

乙产品单位成本=11 500÷500=23（元/件）

丙产品直接成本总额=（20+4）×200=4 800（元）

丙产品制造费用总额=10×500=5 000（元）

丙产品总成本=4 800+5 000=9 800（元）

丙产品单位成本=9 800÷200=49（元/件）

根据以上计算，甲、乙、丙三种产品中，甲产品的单位成本最高，因而它的价格处于高位；乙产品的单位成本最低，它的价格处于低位。根据市场信息反馈，乙产品的盈利性基本符合预计情况；然而丙产品盈利性比预计要差，甲产品的价格高于市场的平均水平，影响了产品的竞争力。为此，公司的管理人员经过研究，决定采用作业成本法重新计算每种产品的单位成本。

按照作业成本法，该公司将材料准备，设备调试，折旧、维修，动力，质量检验五个作业归集于成本库，每个作业的成本动因见表2-10。

表2-10　五个作业的成本动因

1. 材料准备	成本动因：准备次数
	每单位金额：400元
2. 设备调试	成本动因：调试次数
	每单位金额：175元
3. 折旧、维修	成本动因：机器工时
	每单位金额：5元
4. 动力	成本动因：机器工时
	每单位金额：0.8元
5. 质量检验	成本动因：检验数量
	每单位金额：15元

按照作业成本法，各产品的总成本与单位成本的计算见表2-11。

表2-11　按作业成本法计算的各产品总成本与单位成本　金额单位：元

产品名称		甲产品	乙产品	丙产品
年产量（件）		100	500	200
单位直接材料		10	5	20
单位直接人工		2	3	4
1. 材料准备	准备次数（次）	1	2	5
	金额	400	800	2 000
2. 设备调试	调试次数（次）	1	3	12
	金额	175	525	2 100
3. 折旧、维修	机器工时（小时）	400	750	500
	金额	2 000	3 750	2 500

续表

产品名称		甲产品	乙产品	丙产品
4.动力	机器工时（小时）	400	750	500
	金额	320	600	400
5.质量检验	检验数量（件）	6	4	52
	金额	90	60	780
制造费用合计		2 985	5 735	7 780
总成本		4 185	9 735	12 580
单位成本		41.85	19.47	62.90

根据以上成本计算可知，甲、乙、丙三种产品中，丙产品的成本最高，并且大大高于甲产品，可见，传统成本计算法提供的成本信息发生扭曲，势必造成定价失误。

三、作业成本管理

（一）作业成本管理的含义及方法途径

1.作业成本管理的概念

所谓作业成本管理（Activity-Based Cost Management，ABCM）是指企业以客户需要为出发点，以作业分析为核心，以不断降低成本、提高企业价值为目的，通过对作业链的不断改进和优化，从而获得竞争优势的一种先进的成本管理方式。

作业成本管理是随着作业成本法的产生而产生的。作业成本管理的出发点是将企业看作由顾客需求驱动的一系列作业组合而成的集合体，在管理中以努力提高增值作业、减少乃至消除不增值作业为方向。

管理者在进行作业分析、了解产品成本之后，就会采取许多可行的策略来增加产品的获利能力。

2.作业成本管理的方法途径

（1）改善作业链。

❶ 作业消除，就是消除不增值的作业，即先确定不增值的作业，进而采取有效措施予以消除。增值作业与非增值作业的判断标准是：如果去掉某项作业，仍然不会影响参评为客户服务的潜能，则该项作业为非增值作业，否则为增值作业。如将原材料从集中保管的仓库搬运至生产部门，将某部门生产的零部件搬运到下一个生产部门等都是非增值作业。如果条件许可，将材料供应的交货方式改为直接送达至原材料使用部门，改善工厂布局，缩短运输距离，这些均会削减甚至消除非增值作业。

❷ 作业选择，就是尽可能列举各项可行的作业，并从中选择最佳的作业。不同的策略经常产生不同的作业。例如，不同的产品销售策略会产生不同的销售作业，而作业引发成本，因此不同的产品销售策略，会引发不同的作业及成本。在其他条件不变的情况下，选择作业成本最低的销售策略，可以降低成本。

❸ 作业减少，就是改善必要作业的效率或者改善在短期内无法消除的不增值的作业。例如减少整理次数，就可以减少整理准备作业及其成本。

❹ 作业共享，就是利用规模经济效应提高必要作业的效率，即增加成本动因的数量，但不增加作业成本，这样可以降低单位作业成本及分摊于产品的成本。例如，新产品在设计时如果考虑充分利用现有其他产品使用的零部件，就可以免除新产品零部件的设计作业，从而降低新产品的生产成本。

（2）优化作业。

优化作业的目的在于降低作业单位产出成本、缩短作业时间和提高作业质量。实现作业优化可按以下步骤进行：

❶ 选择优化潜力大的作业。无法彻底消除的非增值作业、成本较高的增值作业、作业时间较长的增值作业和对其他作业影响较大的作业都是优化作业的重点关注对象。

❷ 缩短作业周期，降低作业成本。作业周期的缩短有利于增加顾客的满意度，同时提高作业的产出能力，有利于降低作业成本，可以通过提高作业人员的熟练程度、改善作业方式、更新设备技术等方式来进行。

❸ 提高作业质量水平。作业质量水平直接关系到产品价值，这就要求企业加强对作业人员的培训，提高他们的业务能力，或者通过设备的维修和改良来提高作业质量水平。

（3）合理配置资源。

成本的高低除了与作业量大小有关之外，还与每种作业上耗费资源的多少有关。无论资源利用处于接近饱和还是闲置状态，资源成本依然归属于某作业。所以，减少作业量并不能自动减少进行该项作业的设备和人数。为此，单纯减少作业并不一定能降低企业成本，企业还需对资源进行分析，明确各项作业利用率，才能从根本上改善资源总体利用效果。对于过于饱和或闲置的资源，企业必须进行重新配置和利用。对资源配置进行分析要区分两个概念，即实际使用资源成本和总资源成本。实际使用资源成本是指实际耗费的成本。总资源成本是指企业实际花费或支付的资源成本，而不论是否被作业所耗费。两者不一定总相等，二者的关系可以用下列公式描述，即：

总资源成本=实际使用资源成本+未使用资源成本

资源的使用应当以“适当”为标准。过于饱和或闲置的资源配置对企业都是不利的。如果资源使用过于饱和，企业要考虑增加资源的数量、减少作业量或提高效率。管理人员必须调整闲置或过于饱和状态的资源，或者兼并企业，将未使用的资源投入这些企业，或者从组织中剔除这些资源。

（二）作业分析

所谓作业分析是指以客户的需求为出发点，对作业形成的原因、作业的确认与计量以及作业成本形成的动因展开全面的分析，是消除非增值作业、提高作业有效性的前提。作业分析的具体内容包括资源动因分析、作业动因分析、作业链的连接关系分析和增值作业的确认四个方面。

1. 资源动因分析

作业耗用资源，资源动因可以反映作业量与资源耗费之间的因果关系。资源动因分析是通过对作业的识别和计量及对资源耗费的确认和归集，分析和评估各项作业的有效性。资源动因分析的程序有：

（1）调查生产活动的全过程，包括采集、入库、存储、加工、检验、运输等。

（2）在熟悉生产流程的基础上，对多作业进行识别和计量，并将作业进行适当的合并或分解，建立作业中心。

（3）将资源费用归集到相应的作业中。

（4）分析各作业消耗资源的情况，确定作业的有效性。

2.作业动因分析

产品消耗作业，所以作业动因可以反映产品产量与作业成本之间的因果关系。作业动因分析是指通过产出对作业消耗的确认、计量，以及作业成本费用的分配和产出成本的归集，分析和评价各项作业的增值性。作业动因分析的程序有：

（1）从作业成本库的各项作业中选择代表作业，计算成本动因分配率。

（2）确认并计量各产出消耗的代表作业。

（3）计算并归集各产出的作业成本。

（4）分析各项作业对产出的贡献，确认其增值性。

3.作业链的连接关系分析

开展资源动因分析与作业动因分析，重在分析各项作业存在的必然性、成本动因的合理性以及利用的效率性。进行作业分析，仅对单项作业分析是不够的，还应对各项工作的协调状况进行分析，即对作业链的连接关系进行分析。在实际工作中，即使所有单项作业的利用效率都较高，也不意味着作业之间的相互协调一定就好，因为各项作业彼此独立，独立的范畴往往具有人为因素，作业链的连接不如意也是常常发生的。在企业现实的生产经营中，作业与作业之间有时存在重叠现象（即某一独立作业的内容与另一相连的作业内容部分重复），作业与作业之间的断开也时常发生。

4.增值作业的确认

以上的资源动因分析、作业动因分析、作业链的连接关系分析，都旨在区分增值作业和非增值作业，以及判定增值作业的效用性。

（1）增值作业是指满足客户需求所必需的作业。它的基本特点在于能增加传递给客户的价值，企业如果消除了这类作业，就会影响到客户愿意支付的价格。增值作业主要有两种类型：一是能给客户带来价值的作业，比如包装、及时送货等；二是保证企业的正常运转而必不可少的作业，比如付给职工的工资，虽然不能直接为客户带去价值，但却是企业必需的作业。

（2）非增值作业是指客户不需要的作业。它的基本特点是对增加客户的价值没有贡献，客户不会因为企业消除此类作业而降低愿意支付的价格。企业在经营活动中有许多非增值作业，比如存货的整理和搬运、产品因质量问题而进行的检测和返修、等待工作等。对于非增值作业，企业应尽量消除，从而达到降低成本、提高经济效益的目标。

德技兼修

以二十大精神为指引推进企业高质量发展

党的二十大吹响了全面建成社会主义现代化强国、实现第二个百年奋斗目标，以中国式现代化全面推进中华民族伟大复兴的号角，我们在为生逢这个伟大时代感到无比幸福的同时，也深感责任重大，使命光荣。我们要以二十大精神为指引，不忘初心、牢记使命，在社会主义建设浪潮中建功立业，发挥国有企业的责任担当，为推进中国特色现代企业改革，建设世界一流企业团结奋斗。

全面深化改革，增强企业活力

二十大报告强调，前进道路上，必须牢牢把握坚持和加强党的全面领导，坚持中国特色社会主义道路，坚持以人民为中心的发展思想，坚持深化改革开放，坚持发扬斗争精神。对我们电力企业来说，全面深化改革，完善中国特色现代企业制度，弘扬企业家精神，加快建设世界一流企业是我们国有企业的责任。

按照二十大要求，对标世界一流企业，我们国企改革的关键就是要完善中国特色现代企业制度，做好党委“把方向、管大局、促落实”、董事会“定战略、作决策、防风险”、经理层“谋经营、抓落实、强管理”三个体系科学有效运转。要着力提高全要素生产率，开展数字智慧电厂建设，建立高效的生产组织体系。进一步修订完善经济责任制考核管理办法，使项目及其目标设定合理，考核办法制定合理，发挥好目标导向作用，实现收入靠贡献的管理目标。以科学合理的激励机制，调动职工积极性、创造性，促使各项工作高质量完成。

全面加强依法治企、规范经营工作，做好制度建设、内控管理和风险控制，按制度按程序按规范开展业务，降低经营风险，提高工作效率。坚持党建引领工作，党建融入中心工作，理论指导实践，推动各项工作，为全面完成国企改革三年行动高质量收官，为集团公司建设“绿色低碳、多能互补、高效协同、数字智慧”的世界一流供应商作出新的贡献。

全面提质增效，推动企业高质量发展

二十大报告中强调，建设现代化产业体系，坚持把发展经济的着力点放在实体经济上。要加快发展方式绿色转型，实施全面节约战略，这些要求非常切合我们的企业实际。我们作为实体经济能源企业的火力发电职工倍感责任重大，使命光荣，工作任重道远、大有作为。

对我们企业来说，就是要对标一流、全面攻坚，扎实做好提质增效精细化管理工作，确定合理目标，制定有效措施，严抓过程管控，及时纠正偏差，精准兑现考核。积极发展绿色低碳产业新能源发电项目，有序开发光伏、风力发电项目。制订年度提质增效行动计划和攻坚项目计划，扎实做好安全生产，确保电力、热力可靠供应。守正创新，开展好增发有效益电量、燃料“三率”攻坚、降低供电煤耗、降低燃料成本等劳动竞赛。严格预算刚性控制，做好挖潜降耗、增收节支、对外创收等工作，确保各项费用不超预算，节约可控费用。扎实做好节能减排工作，认真开展优化运行工作，提高机组负荷率，降低机组能耗水平，确保机组安全经济运行。积极提高全员劳动生产率，对内加强成本管控，压减外包外委项目和费用，对外积极承揽运维服务项目实现增收。

时代是出题人，我们是答卷人。我们定不负历史重托，肩负起央企责任担当，不断提高企业核心竞争力，建设世界一流能源供应商，在新时代为全面建成社会主义现代化强国、实现第二个百年奋斗目标，全面推进中华民族伟大复兴作出新的更大的贡献。

资料来源　张国平．以二十大精神为指引推进企业高质量发展［EB/OL］．［2022-12-21］．http：//news.sohu.com/a/619566543_121073185.

第三章　成本-业务量-利润依存关系分析

内容提要及教学目标

本量利分析是研究企业在一定期间内的成本、业务量和利润三者之间关系的一种分析方法。本量利分析可以用于企业的预测、决策、利润规划和成本控制等。本量利分析涉及保本点、安全边际、安全边际率、经营杠杆系数等用于预测和决策的重要概念。本章主要介绍本量利分析的基本模式、具体应用及影响因素。通过本章教学，实现学生掌握本量利依存关系的知识目标，本量利分析应用的技能目标，以及管理会计中国化的价值目标。

第一节　本量利依存关系分析的基本模式

本量利依存关系的分析也称CVP分析，是在变动成本计算法的基础上发展起来的，所研究的内容是产品的成本、销售量、价格和利润之间的依存关系。成本、业务量和利润的关系可以用以下几种数学模型来表示：

一、损益方程式

（一）基本的损益方程式

用损益方程式计算利润，就是确定一定期间的收入，然后计算与这些收入相匹配的成本，两者之差即为当期利润。

利润=销售收入-总成本

其中：

总成本=变动成本+固定成本=单位变动成本×销售量+固定成本

销售收入=单价×销售量

假设产量和销售量相同，则有：

利润=单价×销售量-单位变动成本×销售量-固定成本

该方程式明确表达了本量利之间的数量关系。它含有相互联系的5个变量，给定其中4个变量便可求出另一个变量的值。

【例3-1】某企业生产一种产品，单价18元，单位变动成本12元，本月计划销售1 000件，每月固定成本3 000元，预期利润是多少？

利润=单价×销售量-单位变动成本×销售量-固定成本

　　=18×1 000-12×1 000-3 000=3 000（元）

（二）损益方程式的变换形式

根据基本的损益方程式进行恒等变换，可得出四个损益方程式的变换形式。

1.计算销售量的方程式

$$销售量=\frac{固定成本+利润}{单价-单位变动成本}$$

假设前例企业拟实现目标利润3 600元，则应销售多少产品？

$$销售量=\frac{3\ 000+3\ 600}{18-12}=1\ 100（件）$$

2.计算单价的方程式

$$单价=\frac{固定成本+利润}{销售量}+单位变动成本$$

假设前例企业计划销售1 200件，欲实现利润3 600元，则单价应定为多少？

$$单价=\frac{3\ 000+3\ 600}{1\ 200}+12=17.5（元/件）$$

3.计算单位变动成本的方程式

$$单位变动成本=单价-\frac{固定成本+利润}{销售量}$$

假设前例企业每月固定成本3 000元，单价18元，计划销售1 200件，欲实现利润3 600元，则单位变动成本应控制在什么水平？

$$单位变动成本=18-\frac{3\ 000+3\ 600}{1\ 200}=12.5（元）$$

4.计算固定成本的方程式

固定成本=单价×销售量-单位变动成本×销售量-利润

假设前例企业单位变动成本12元，单价18元，计划销售1 200件，欲实现利润4 000元，固定成本应控制在什么水平？

固定成本=18×1 200-12×1 200-4 000=3 200（元）

（三）计算净利的损益方程式

损益方程式实际上是数学模型化的利润表。由于经营范围不同，企业利润表的项目也不尽相同，由此形成的损益方程式也有区别。

利润表的格式可分为单步式和多步式两种。

1.单步式利润表

单步式利润表的基本格式是：

销售收入

减：成本

利润

这种利润表将全部成本一次性从销售收入中扣减，只经过一个运算步骤即可计算出利润，可简明地反映出收入、成本和利润的关系。可见，本量利关系的基本损益方程式，就是单步式损益表的模型化，两者的区别仅在于本量利模型要求成本分为变动成本和固定成本两部分。在会计实务中，服务性企业和业务量较小的企业采用这种格式，多数企业不使用这种格式。

2.多步式利润表

多步式利润表可分为两种情况，即在全部成本法下的多步式利润表和在变动成本法下的多步式利润表。

（1）全部成本法下多步式利润表的基本格式为：

销售收入

减：已销产品成本

　　毛利

减：期间成本

　　税前利润

减：所得税

　　税后利润

这种格式的利润表的特点是，从销售收入中分步减去已销产品成本、期间成本和所得税，依次得出毛利、税前利润和税后利润。这种格式的利润表在实际工作中应用广泛。

根据多步式利润表：

税前利润=销售收入-已销产品成本-期间成本

为使模型能反映本量利的关系，不仅要分解产品成本，而且要分解销售费用、管理费用等期间成本。分解后，上述方程式为：

税前利润=销售收入-（变动生产成本+固定生产成本）-（变动销售和管理费用+固定销售和管理费用）

$$=\text{单价}\times\text{销售量}-\left(\frac{\text{单位变动}}{\text{生产成本}}+\frac{\text{单位变动销售}}{\text{和管理费用}}\right)\times\text{销售量}-\left(\frac{\text{固定生}}{\text{产成本}}+\frac{\text{固定销售}}{\text{和管理费用}}\right)$$

【例3-2】某企业每月固定制造成本1 500元，固定销售费用200元，固定管理费用150元；单位变动制造成本10元，单位变动销售费用1元，单位变动管理费用0.5元。该企业产销一种产品，单价15元；本月计划销售1 000件产品，预期利润是多少？

税前利润=15×1 000-（10+1+0.5）×1 000-（1 500+200+150）

　　　　=15 000-11 500-1 850=1 650（元）

（2）变动成本法下多步式利润表的基本格式为：

销售收入

减：变动成本

　　边际贡献

减：固定成本

　　税前利润

减：所得税

　　税后利润

根据多步式利润表：

销售收入-变动成本=边际贡献

边际贡献-固定成本=税前利润

税前利润-所得税=税后利润

【例3-3】某企业只生产一种产品，单价20元，单位变动成本12元，固定成本总额5 000元。该企业所得税税率为25%。计划销售2 000件时，税后利润是多少？当税后目标利润为7 500元时，销售量应为多少？

税后利润=［2 000×20-2 000×12-5 000］×（1-25%）

　　　　=11 000×75%

　　　　=8 250（元）

$$\text{实现目标利润销售量}=\frac{5\,000+\dfrac{7\,500}{1-25\%}}{20-12}=1\,875\text{（件）}$$

上述公式适用于只生产一种产品的企业。

（四）多种产品的损益方程式

为使生产多种产品的企业能够使用上述本量利损益方程式，人们创造出了“联合单位”这一概念。

所谓联合单位，是指按一定实物量比例构成一组产品，可以用它来统一计量多品种企业的业务量。

【例3-4】某企业生产A、B、C三种产品，其销售量分别为100件、300件、500件，三种产品的实物量比例为1∶3∶5。我们把1件A产品、3件B产品和5件C产品构成一组产品，称为1个联合单位。企业的总销售量为100组，即100联合单位，它是各种产品实物量的最大公约数。

每个联合单位包含的产品数量为各种产品数量与联合单位数量的比值：

A产品=100÷100=1

B产品=300÷100=3

C产品=500÷100=5

利用联合单位这个概念，就可以使用损益方程式表达多品种企业的本量利关系：

税前利润=联合单位单价×联合单位销售量-联合单位变动成本×联合单位销售量-固定成本

根据该企业资料（见表3-1），可以求出该企业的预期利润。

表3-1 某企业资料表 金额单位：元

产　品	单　价	单位变动成本	固定成本	销售量（件）
A	20	15		100
B	15	12		300
C	10	8		500
合　计			1 000	

联合单位销售量=100联合单位

每联合单位构成=$\frac{100}{100}$∶$\frac{300}{100}$∶$\frac{500}{100}$=1∶3∶5

每联合单位单价=20×1+15×3+10×5=115（元）

每联合单位变动成本=15×1+12×3+8×5=91（元）

税前利润=115×100-91×100-1 000=1 400（元）

损益方程式的其他变换形式，也可以使用联合单位作为销售量的单位，应用于多品种企业。

二、边际贡献方程式

（一）边际贡献

边际贡献又称贡献毛益、边际利润，是指销售收入减去变动成本以后的差额，用公式表示为：

边际贡献=销售收入-变动成本

如果用单位产品表示，计算公式如下：

单位边际贡献=销售单价-单位变动成本

【例3-5】某企业生产甲产品，单价25元，单位变动成本15元，销售量800件，边际贡献和单位边际贡献各是多少？

边际贡献=800×25-800×15=8 000（元）

单位边际贡献=25-15=10（元）

边际贡献首先用于补偿企业的固定成本，如补偿有余额，则形成企业的利润；如果不足以补偿固定成本，则企业发生亏损。边际贡献代表一种产品为企业创利的能力。

由于变动成本既包括生产制造过程的变动成本，即变动生产成本，又包括销售、管理费用中的变动成本，即变动非生产成本，所以，边际贡献也可具体分为制造边际贡献（生产边际贡献）和产品边际贡献（总营业边际贡献）。其用公式表示为：

制造边际贡献=销售收入-变动生产成本

产品边际贡献=制造边际贡献-变动销售和管理费用

通常，“边际贡献”是指“产品边际贡献”。

【例3-6】某企业只生产一种产品，单价10元，单位变动生产成本4元，单位变动销售费用0.5元，单位变动管理费用1元，销售量1 000件，则：

制造边际贡献=10×1 000-4×1 000=6 000（元）

产品边际贡献=6 000-（0.5+1）×1 000=4 500（元）

（二）边际贡献率

边际贡献率是指边际贡献在销售收入中所占的百分比，反映了产品为企业创利的能力。

$$边际贡献率=\frac{边际贡献}{销售收入}\times 100\%$$

$$=\frac{单位边际贡献\times 销售量}{单价\times 销售量}\times 100\%$$

$$=\frac{单位边际贡献}{单价}\times 100\%$$

依【例3-6】相关资料：

$$制造边际贡献率=\frac{10-4}{10}\times 100\%=60\%$$

$$产品边际贡献率=\frac{10-5.5}{10}\times 100\%=45\%$$

边际贡献率可以理解为每1元销售收入中边际贡献所占的比重。通常，‘边际贡献率”是指“产品边际贡献率”。

对于生产多种产品的企业，由于各种产品的边际贡献率各不相同，因此需要计算多种产品的加权平均边际贡献率。其计算公式如下：

$$加权平均边际贡献率=\frac{\sum 各产品边际贡献}{\sum 各产品销售收入}\times 100\%$$

或

$$=\sum(某产品边际贡献率\times 该产品占销售收入的比重)$$

（三）变动成本率

变动成本率是指变动成本在销售收入中所占的百分比。其计算公式如下：

$$变动成本率=\frac{变动成本}{销售收入}\times100\%$$

$$=\frac{单位变动成本}{销售单价}\times100\%$$

依【例3-6】相关资料：

$$制造变动成本率=\frac{4}{10}\times100\%=40\%$$

$$产品变动成本率=\frac{4+1.5}{10}\times100\%=55\%$$

通常，“变动成本率”是指“产品变动成本率”。

由于销售收入被分为变动成本和边际贡献两部分，前者是产品自身的耗费，后者是对企业的贡献，两者在销售收入中所占百分比之和应当为1，即：

变动成本率+边际贡献率=1

依【例3-6】相关资料：

变动成本率+边际贡献率=55%+45%=1

（四）基本的边际贡献方程式

由于创造了“边际贡献”这个新的概念，可把基本的损益方程式改写成新的形式：

利润=销售收入-变动成本-固定成本

=边际贡献-固定成本

=销售量×单位边际贡献-固定成本

这个方程式也可以明确表达本量利之间的数量关系。

【例3-7】某企业只生产甲产品，单价18元，单位变动成本9元，销售量500件，固定成本1 500元，则：

利润=（18-9）×500-1 500=3 000（元）

以上方程式，根据需要可变换成其他形式：

$$销售量=\frac{固定成本+利润}{单位边际贡献}$$

$$单位边际贡献=\frac{固定成本+利润}{销售量}$$

固定成本=销售量×单位边际贡献-利润

边际贡献方程式也可以使用“联合单位”作为销售量的计算单位，使之适用于多品种企业。

【例3-8】某企业生产三种产品A、B、C，固定成本1 500元，有关明细资料见表3-2，计算该企业的预期利润。

表3-2　A、B、C三种产品明细资料表　金额单位：元

产　品	单　价	单位变动成本	单位边际贡献	销售量（件）
A	20	15	5	100
B	15	12	3	300
C	10	8	2	500

联合单位销售量=100联合单位

每联合单位构成=$\frac{100}{100}:\frac{300}{100}:\frac{500}{100}$=1：3：5

每联合单位单价=20×1+15×3+10×5=115（元）

每联合单位变动成本=15×1+12×3+8×5=91（元）

每联合单位边际贡献=115-91=24（元）

利润=销售量×单位边际贡献-固定成本

=100×24-1 500=900（元）

（五）边际贡献率方程式

上述边际贡献方程式可以利用“边际贡献率”改写成下列形式：

∵ 边际贡献率=$\frac{边际贡献}{销售收入}\times 100\%$

边际贡献=销售收入×边际贡献率

利润=边际贡献-固定成本

∴ 利润=销售收入×边际贡献率-固定成本

依【例3-7】相关资料：

边际贡献率=$\frac{18-9}{18}\times 100\%=50\%$

利润=18×500×50%-1 500=3 000（元）

上述方程式还可以根据需要改写成下列变换形式：

销售收入=$\frac{固定成本+利润}{边际贡献率}$

边际贡献率=$\frac{固定成本+利润}{销售收入}\times 100\%$

固定成本=销售收入×边际贡献率-利润

这个方程式也可以用于多品种企业。由于多种产品的销售收入可以直接相加，所以，问题的关键是计算多种产品的加权平均边际贡献率。

加权平均边际贡献率=$\frac{\sum 各种产品边际贡献}{各种产品销售收入}\times 100\%$

或 加权平均边际贡献率=$\sum$(某产品边际贡献率 × 该产品销售收入比重)

根据表3-2的资料：

加权平均边际贡献率=$\frac{5\times 100+3\times 300+2\times 500}{20\times 100+15\times 300+10\times 500}\times 100\%=20.87\%$

根据表3-2的资料，可整理成表3-3。

表3-3 A、B、C三种产品结构比重表 金额单位：元

产品	单价	单位边际贡献	销售量（件）	边际贡献	销售收入	边际贡献率	占总销售收入的比重
A	20	5	100	500	2 000	25%	17.39%
B	15	3	300	900	4 500	20%	39.13%
C	10	2	500	1 000	5 000	20%	43.48%
合计				2 400	11 500		100%

加权平均边际贡献率=25%×17.39%+20%×39.13%+20%×43.48%=20.87%

利润=销售收入×边际贡献率-固定成本=11 500×20.87%-1 500≈900（元）

三、本量利图

将成本、销售量、利润的关系反映在直角坐标系中所构成的图示，称为本量利图。因其能清晰地显示企业不盈不亏时应达到的产销量，故又称为盈亏临界图或损益平衡图。用图示表达本量利的相互关系，不仅形象直观、一目了然，而且容易理解。

根据资料的多少和目的的不同，本量利图有多种形式。

（一）基本的本量利图

【例3-9】假设某企业只生产一种产品，单价10元，单位变动成本5元，每月固定成本1 000元。根据所给资料绘制本量利图，如图3-1所示。

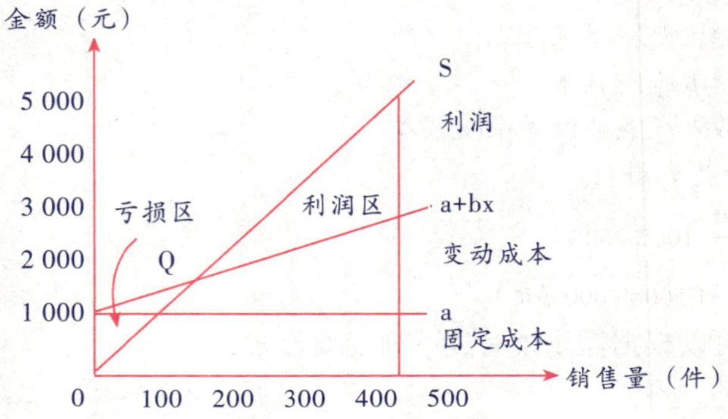

图3-1 基本的本量利图之一

绘制基本的本量利图应按下述步骤进行：

（1）选定直角坐标系，横轴表示销售量，纵轴表示成本和销售收入金额。

（2）在纵轴上找出固定成本数值，以此点（0，固定成本）为起点，绘制一条与横轴平行的固定成本线a。

（3）以点（0，固定成本）为起点，以单位变动成本为斜率，绘制总成本线a+bx。

（4）以坐标原点（0，0）为起点，以单价为斜率，绘制销售收入线S。

基本的本量利图表达的意义如下：

（1）固定成本线与横轴之间的距离为固定成本值，它不随产量增减而变动。

（2）总成本线与固定成本线之间的距离为变动成本，它随产量变动成正比例变化。

（3）总成本线与横轴之间的距离为总成本，它是固定成本与变动成本之和。

（4）销售收入线与总成本线的交点（Q）在横轴上对应的销售量是保本点，表明企业在此销售量下总收入与总成本相等，既没有利润，也不发生亏损。在此基础上，增加销售量，销售收入超过总成本，S和a+bx的距离为利润值，形成利润区；反之，形成亏损区。

图中的横轴不仅可以使用实物量，也可以使用金额来表示，其绘制方法与上面介绍的大体相同。通常，这种图画成正方形。在绘制时，销售收入线S为从原点出发的对角线，斜率为1；总成本线a+bx从点（0，固定成本）出发，斜率为变动成本率。这种图不仅用于单一产品的情况，还可用于多种产品的情况，只不过需要计算加权平均变动成本率，如图3-2所示。

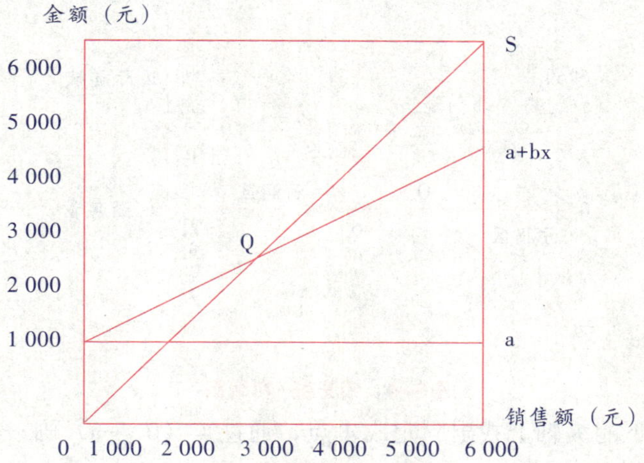

图3-2　基本的本量利图之二

（二）边际贡献式的本量利图

根据【例3-9】所给的有关资料绘制边际贡献式的本量利图，如图3-3所示。

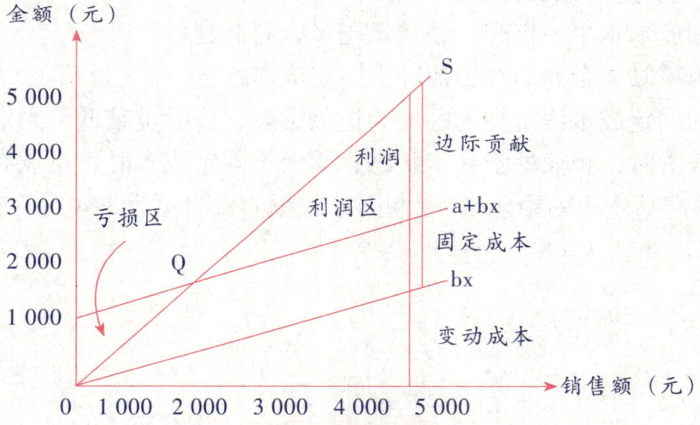

图3-3　边际贡献式的本量利图

这种图绘制的特点是先画变动成本线bx，然后在此基础上以（0，固定成本）为起点画一条与变动成本线bx平行的总成本线a+bx。其他部分的绘制方法与基本的本量利图相同。

这种图的主要优点是：可以表示边际贡献的数值。企业的销售收入随销售量成正比例增长，这些销售收入首先用于弥补产品自身的变动成本，剩余的是边际贡献，即S线与bx线所夹的区域。边际贡献随销售量增加而扩大，当其达到固定成本值时（到达Q点），企业处于保本状态；当边际贡献超过固定成本后，企业进入盈利状态。

（三）销售量-利润图

图3-4是本量利图的另一种形式。它表现了利润与销售量的直接关系，简明扼要，更易于为企业管理人员所理解。

这种图的绘制方法是：

（1）确定直角坐标系，横轴表示销售量（可用金额，也可用实物量），纵轴表示利润；原点以上部分为正值，原点以下部分是负值，即亏损数额。

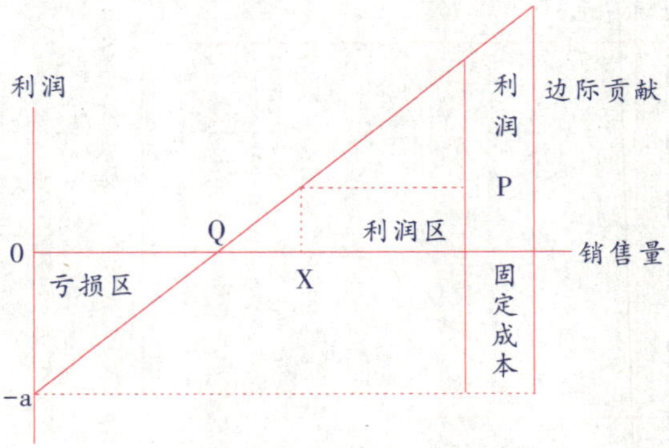

图3-4 销售量-利润图

(2) 在原点以下的纵轴上找出固定成本点，通过点（0，-a）画一条与横轴平行的固定成本线。

(3) 任取一个销售量（X），计算其相应的利润（P），通过点（X，P）和（0，-a）画一直线，即为利润线，它与横轴的交点（Q）为保本点。

销售量-利润图表达的意义如下：

(1) 当单价和成本水平一定时，销售量越多，利润越多。

(2) 销售量为零时，企业的亏损额等于固定成本。

(3) 利润线和固定成本线所夹的区域为边际贡献，边际贡献低于固定成本时，企业亏损；其等于固定成本时，企业处于保本状态；其大于固定成本时，企业有盈利。

图3-5是多种产品企业的销售量-利润图，依据的资料见表3-4。

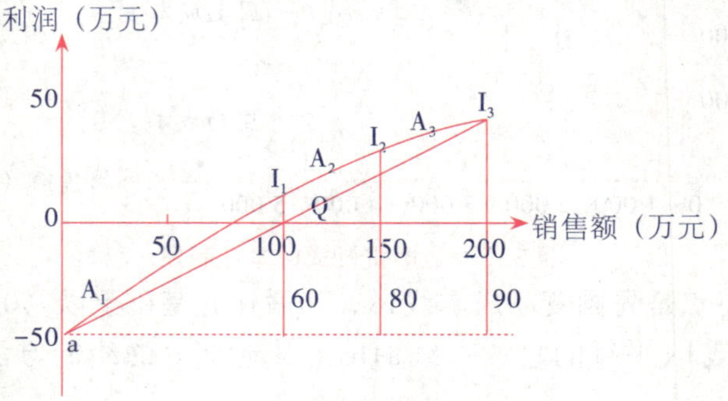

图3-5 销售量-利润图

表3-4 销售量-利润图数据表

产品	销售量（件）	单价（元/件）	销售收入（万元）	单位变动成本（元）	单位边际贡献（元）	边际贡献（万元）	固定成本（万元）
A_1	20 000	50	100	20	30	60	
A_2	10 000	50	50	30	20	20	
A_3	10 000	50	50	40	10	10	
合计			200			90	50

图3-5的绘制方法如下：

（1）确定直角坐标系，横轴表示销售量（或销售额），纵轴表示利润。

（2）在原点以下的纵轴上找出固定成本点a，通过该点画一条与横轴平行的固定成本线。

（3）假设企业只销售产品A_1，销售额应为100万元，边际贡献为60万元，据此确定此时企业利润点I_1，并通过a和I_1两点画出产品A_1的总利润线。假设企业又销售了产品A_2，累计销售额为150万元，累计边际贡献为80万元，据此确定此时企业利润点I_2，并通过I_1和I_2两点画出产品A_2的总利润线。再假设企业又继续销售了产品A_3，累计销售额为200万元，累计边际贡献为90万元，据此确定此时企业利润点I_3，并通过I_2和I_3两点画出产品A_3的总利润线。如果产品品种更多，画法依此类推。

（4）通过a和I_3两点画一条直线，即为企业的总利润线。它表示品种结构不变时，不同销售量下企业的利润。它与横轴的交点Q为保本点。这条利润线是唯一的，与绘图时各产品的先后顺序无关，其起点是固定成本点a，其终点在累计边际贡献（90万元）和累计销售额（200万元）的位置上。每个产品的利润线与横轴的夹角越大，表示其边际贡献率越大。在本例中，A_1的边际贡献率最大，A_2次之，A_3最小。

第二节　本量利依存关系分析的应用

本量利分析的一项重要内容就是保本点的分析，亦称“盈亏平衡”分析，它主要研究如何确定保本点、有关因素变动对保本点的影响等问题，为企业经营管理提供在何种业务量下能够盈利、在何种业务量下会导致亏损等有用信息。

一、保本点的确定与分析

保本点是指企业收入和成本相等的经营状态，即边际贡献等于固定成本时，企业所处的既不盈利又不亏损的状态。通常，用一定的业务量来表示这种状态。

（一）保本销售量

对单一产品企业来说，保本点的计算很简单。因为：

利润=单价×销售量-单位变动成本×销售量-固定成本

利润等于零时的产品销售量就是保本销售量，即：

0=单价×保本销售量-单位变动成本×保本销售量-固定成本

则有：

$$\text{保本销售量}=\frac{\text{固定成本}}{\text{单价}-\text{单位变动成本}}$$

又因为：

单价-单位变动成本=单位边际贡献

上式又可写成：

$$\text{保本销售量}=\frac{\text{固定成本}}{\text{单位边际贡献}}$$

【例3-10】**某企业生产一种产品，单价18元，单位变动成本10元，固定成本总额10 000元，计算其保本销售量。**

$$\text{保本销售量}=\frac{10\ 000}{18-10}=1\ 250\text{（件）}$$

如果在生产多品种产品的企业使用上述公式，可用“联合单位”来表示其销售量。

【例3-11】某企业固定成本6 300元，其他有关资料见表3-5。

表3-5 某企业有关资料表 金额单位：元

产品品种	A_1	A_2	A_3
单价	18	20	50
单位变动成本	8	12	34
单位边际贡献	10	8	16
计划销售量（件）	500	300	100
计划销售收入	9 000	6 000	5 000

$$每联合单位构成=\frac{500}{100}:\frac{300}{100}:\frac{100}{100}=5:3:1$$

每联合单位单价=5×18+3×20+1×50=200（元）

每联合单位变动成本=5×8+3×12+1×34=110（元）

每联合单位边际贡献=5×10+3×8+1×16=90（元）

$$保本销售量=\frac{6\ 300}{90}=70（联合单位）$$

（二）保本销售额

生产单一产品的企业在市场经济中只占少数，大多数企业都生产多种产品。这种生产多产品企业的保本点，尽管可以使用联合单位销量来表示，但很多人还是习惯使用销售额来表示。

利用销售额来表示保本点的公式推导如下：

当利润等于零时的销售额为保本销售额，即：

0=保本销售额×边际贡献率−固定成本

$$保本销售额=\frac{固定成本}{边际贡献率}$$

微课

保本点及其计算

依【例3-10】相关资料：

$$保本销售额=\frac{10\ 000}{\frac{8}{18}\times 100\%}=22\ 500（元）$$

依【例3-11】相关资料：

$$加权平均边际贡献率=\frac{\sum 各种产品边际贡献}{\sum 各种产品销售收入}\times 100\%$$

$$=\frac{10\times 500+8\times 300+16\times 100}{9\ 000+6\ 000+5\ 000}\times 100\%=45\%$$

$$保本销售额=\frac{6\ 300}{45\%}=14\ 000（元）$$

（三）保本作业率

保本作业率是指保本销售量占企业正常销售量的比重。所谓正常销售量，是指正常市场和正常开工情况下企业的销售数量，也可以用销售金额来表示。

保本作业率的计算公式为：

$$保本作业率=\frac{保本销售额}{正常销售额}\times100\%$$

$$=\frac{保本销售量}{正常销售量}\times100\%$$

上面这个比率表明了企业保本的业务量在正常业务量中所占的比重。在实际工作中，大多数企业的生产经营能力是按正常销售量来规划的，生产经营能力和正常销售量基本相同，所以，保本作业率还表明保本状态下生产经营能力的利用程度。

在【例3-10】中，设企业正常销售额为27 000元，保本销售额（前面已计算）为22 500元，则：

$$保本作业率=\frac{22\,500}{27\,000}\times100\%=83.33\%$$

从以上计算可以看到，该企业的作业率必须达到83.33%以上，才能取得盈利，否则就会发生亏损。

（四）安全边际的确定与分析

1.安全边际销售量

安全边际销售量是指企业实际（预计）销售量超过保本销售量的差额。它表明企业的销售量下降多少，仍不致发生亏损，即安全边际数值越大，企业发生亏损的可能性越小，企业的生产经营活动就越安全。

安全边际销售量=实际（预计）销售量-保本销售量

【例3-12】某企业实际销售A产品2 000件，保本销售量为1 250件，计算安全边际销售量。

安全边际销售量=实际销售量-保本销售量=2 000-1 250=750（件）

2.安全边际销售额

安全边际销售额是指企业实际（预计）销售额超过保本销售额的差额。企业安全边际销售额越大，发生亏损的可能性越小，企业的生产经营活动就越安全。其计算公式如下：

安全边际销售额=实际（预计）销售额-保本销售额

在【例3-12】中，假设A产品单价为20元，则企业的安全边际销售额为：

安全边际销售额=实际销售额-保本销售额=2 000×20-1 250×20=15 000（元）

3.安全边际率

企业生产经营的安全性，还可以用安全边际率来表示。安全边际率是指安全边际与实际（预计）销售量之间的比率，其计算公式如下：

$$安全边际率=\frac{安全边际销售量}{实际(预计)销售量}\times100\%$$

安全边际率是相对指标，便于不同企业或不同行业之间进行比较。一般用它来评价企业的安全程度，其安全程度检验标准的经验值见表3-6。

表3-6 安全程度检验标准的经验值

安全边际率	40%以上	30%~40%	20%~30%	10%~20%	10%以下
安全程度	很安全	安全	较安全	值得注意	危险

在【例3-12】中，安全边际率为：

$$安全边际率=\frac{安全边际销售量}{实际销售量}\times100\%=\frac{750}{2\,000}\times100\%=37.5\%$$

由于37.5%介于30%和40%之间，说明企业的经营活动是安全的。

4.安全边际销售量与保本点的关系分析

从以上的分析中我们可以知道，正常的销售量分为两部分：一部分是保本销售量；另一部分是安全边际销售量。

正常销售量=保本销售量+安全边际销售量

若将该公式两端同时除以正常销售量，则有：

1=保本作业率+安全边际率

在【例3-12】中，已求得安全边际率为37.5%，而保本作业率则是62.5%（$\frac{1\,250}{2\,000}\times100\%$），于是有：

37.5%+62.5%=1

从安全边际销售量与保本点的上述关系式中，我们可以看到，只有安全边际销售量才能为企业提供利润，而保本销售量只能为企业收回固定成本。

5.安全边际销售量与利润的关系分析

因为只有安全边际销售量才能为企业提供利润，所以，安全边际销售额和利润之间有必然的联系。安全边际部分的销售额减去其自身变动成本后成为企业利润，即安全边际中的边际贡献等于企业利润。这个结论可以通过下式加以论证：

∵ 利润=销售收入-变动成本-固定成本

=边际贡献-固定成本

=销售收入×边际贡献率-固定成本

=销售收入×边际贡献率-保本销售收入×边际贡献率

=（销售收入-保本销售收入）×边际贡献率

∴ 利润=安全边际销售额×边际贡献率

根据【例3-10】中的有关数据计算如下：

安全边际销售额=27 000-22 500=4 500（元）

利润=安全边际销售额×边际贡献率

$=4\,500\times\frac{18-10}{18}\times100\%=2\,000$（元）

用常规的方法计算利润，也会得到相同的结果。

利润=销售收入-变动成本-固定成本

=27 000-10×1 500-10 000=2 000（元）

从上述分析中，我们不难看出，由于利润和安全边际之间存在着内在的联系，这为我们计算利润又提供了一种新方法，它在企业的经营管理中将发挥更大的作用。

二、各因素变动对保本点影响的分析

在计算保本点时，我们假定单价、固定成本、单位变动成本诸多因素均不变动，但实际上这种静态平衡是不可能维持很久的。下面结合例题分别讨论各有关因素变动对保本点的影响。

【例3-13】假设某产品单位售价9元，单位产品变动成本6元，固定成本120 000元，计算保本销售量。

保本销售量$=\frac{120\,000}{9-6}=40\,000$（件）

（一）价格变动对保本点的影响

单位产品销售价格的变动是影响保本点的一个重要因素。在本量利图上，基于一定的成本水平，单位产品的售价越高，表现为“销售总收入线”的斜率越大，保本点就越低。这样，同样的销售量实现的利润就越多，或亏损越少。

设【例3-13】中产品的单位售价由原来的9元提高到10元，则保本销售量由原来的40 000件变成30 000件，即：

$$保本销售量=\frac{120\ 000}{10-6}=30\ 000（件）$$

这一变动，可用图3-6进行具体描述。

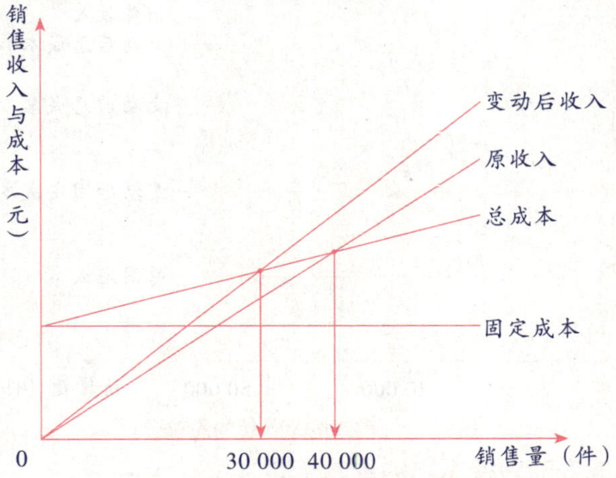

图3-6　价格变动对保本点的影响

（二）单位变动成本变动对保本点的影响

在【例3-13】中，如其他因素不变，设单位产品的变动成本由原来的6元提高到6.5元，则保本销售量由原来的40 000件变成48 000件，即：

$$保本销售量=\frac{120\ 000}{9-6.5}=48\ 000（件）$$

这一变动，可用图3-7进行具体描述。它表明，由于新的变动成本线的斜率大于原来的变动成本线的斜率，使保本点有所提高，生产经营的盈利性相应地降低了。

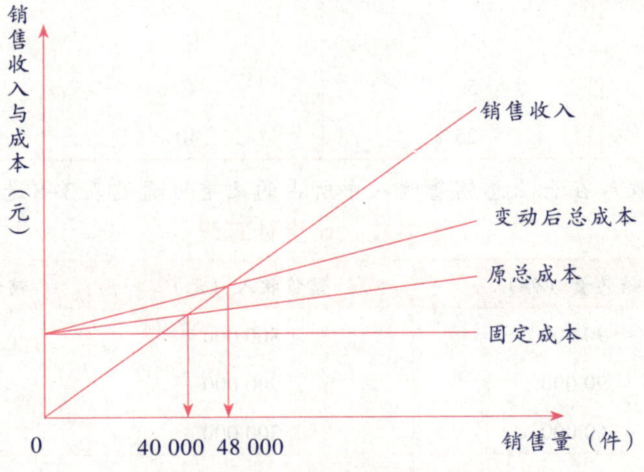

图3-7　单位变动成本变动对保本点的影响

（三）固定成本变动的影响

在【例3-13】中，如其他因素不变，设固定成本由原来的120 000元增加到150 000元，则保本销售量由原来的40 000件变成50 000件，即：

$$保本销售量=\frac{150\,000}{9-6}=50\,000（件）$$

这一变动，可用图3-8进行具体描述。它表明，由于固定成本增加，销售总成本线上移了，使保本点有所提高，生产经营的盈利性相应地降低了。

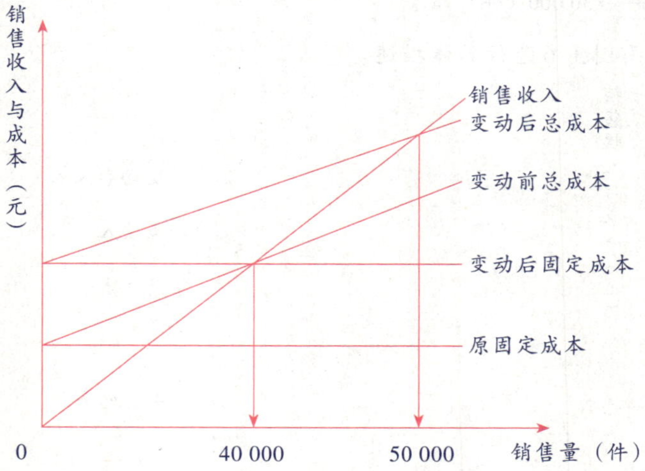

图3-8 固定成本变动的影响

（四）产品品种构成变动对保本点的影响

当企业同时生产多种产品时，由于不同产品的盈利性通常是不同的，因此产品品种构成变动必然要对整个企业的保本点产生一定的影响。

【例3-14】假设某厂固定成本共627 000元，同时生产A、B、C三种产品，各种产品的产量分别为90 000件、90 000件和60 000件（假定产销一致），单位产品的有关资料见表3-7。

表3-7 某厂单位产品有关资料表

金额单位：元

项　目	产品A	产品B	产品C
单位售价	20	10	5
单位变动成本	15	6	2
单位边际贡献	5	4	3
边际贡献率	25%	40%	60%

各产品的销售收入在企业总销售收入中所占的比重可通过表3-8进行计算。

表3-8 销售收入比重计算表

产　品	销售量（件）	销售收入（元）	销售收入比重（%）
A	90 000	1 800 000	60
B	90 000	900 000	30
C	60 000	300 000	10
合　计		3 000 000	100

基于这个品种构成，全厂加权平均边际贡献率可通过表3-9进行计算。

表3-9　　加权平均边际贡献率计算表

产　品	销售收入（元）	边际贡献	
		金额（元）	边际贡献率（%）
A	1 800 000	450 000	25
B	900 000	360 000	40
C	300 000	180 000	60
合　计	3 000 000	990 000	33

在这种情况下，全厂保本销售额为1 900 000元，即：

$$保本销售额=\frac{627\ 000}{33\%}=1\ 900\ 000（元）$$

品种构成的改变，将改变企业加权平均边际贡献率，从而使企业的保本点发生相应的变动。

设品种构成由上述6∶3∶1改变为4∶4∶2，全厂加权平均边际贡献率可通过表3-10进行计算。

表3-10　　加权平均边际贡献率计算表

产　品	销售收入（元）	边际贡献	
		金额（元）	边际贡献率（%）
A	1 200 000	300 000	25
B	1 200 000	480 000	40
C	600 000	360 000	60
合　计	3 000 000	1 140 000	38

产品品种构成的改变，使全厂保本点的销售额由1 900 000元降低到1 650 000元，即：

$$保本销售额=\frac{627\ 000}{38\%}=1\ 650\ 000（元）$$

这是因为，品种构成的变动是由边际贡献率高的B、C两种产品的比重有所提高，而边际贡献率较低的产品A的比重有所下降所引起的，因而使全厂加权平均边际贡献率有所提高（相关计算结果见表3-10），保本点相应地下降。如前所述，保本点的下降，是企业生产经营盈利性提高的一种表现。所以，当企业同时生产多种产品时，应综合考虑产、供、销等方面的有关因素，正确确定经济合理的品种构成，这也是提高生产经营盈利性的一项重要措施，必须引起足够的重视。

第三节　本量利的因素分析

保本点分析主要研究了利润为零的特殊经营状态下本量利的有关问题。那么，在利润不为零的一般经营状态下，本量利发生变动，情况又如何呢？

一、各因素变动对利润影响的分析

企业在对每一项生产经营问题进行决策时，都应事先分析所采取的行动对利润有何影响。如果采取的行动产生的收益大于其所引起的支出，增加了企业的盈利，则这项行动是可取的；反之，则是不可取的。这就要求企业在决策前，分析各种经济因素对利润的影响。一般情况下，主要有以下三种情况：

（一）单项因素发生变化时，测定对利润的影响，预计未来期间的利润

【例3-15】某企业A产品单价10元，单位变动成本6元，固定成本2 000元，销售和管理费用（全部固定）1 000元，现已销售1 000件产品，则其利润是多少？

利润=销售收入-变动成本-固定成本

=1 000×10-1 000×6-（2 000+1 000）=1 000（元）

假设由于原材料涨价，使单位变动成本上升到7元，利润将变为：

利润=1 000×10-1 000×7-（2 000+1 000）=0

由此可见，由于单位变动成本增加1元，使企业利润减少1 000元而变成了零。企业应根据这种可预见到的变化，积极采取措施，设法抵消这种影响。

如果价格、固定成本、销售量发生变动，也可以用同样的方法测定其对利润的影响，以利于企业做出正确决策。

（二）由于企业内部采取某项行动，将使有关因素发生变动时，测定其对利润的影响，以作为评价该行动合理性的尺度

依【例3-15】资料，假设该企业要搞一次职工技术培训，以提高工作效率，使单位变动成本由原来的6元降至5元，利润将变为：

利润=1 000×10-1 000×5-（2 000+1 000）=2 000（元）

由此可见，这项措施使企业利润净增1 000元，但应该考虑的是，如果培训计划开支不超过1 000元，此项行动是可行的，否则是不可取的。

除此之外，企业内部还有其他一些经济项目，但无论是何种经济项目都要花钱用物，因此，通过评价其对利润的影响，权衡得失，总是必要的。利用本量利方程式，具体计算出对最终利润的影响，有利于正确决策。

（三）各因素综合变动对利润影响的分析

由于外界因素变化或企业采取某项行动，使有关因素发生相互关联的影响，测定其引起的利润变动，以便选择决策方案。

依【例3-15】资料，假设该企业按国家规定普调副食补助，使单位变动成本增加4%，固定成本增加1%，这将会导致利润下降。为了抵消这种影响，企业有两个应对措施：一是提高价格5%，因提价会使销量减少10%；二是增加产量20%，为使产品能销售出去，要追加500元广告费。两个应对措施比较如下：

（1）调工资后，如不采取措施的利润为：

利润=1 000×10-6×1 000×（1+4%）-（2 000+1 000）×（1+1%）

=730（元）

（2）采取第一个措施的预计利润为：

利润=1 000×（1-10%）×［10×（1+5%）-6×（1+4%）］-（2 000+1 000）×（1+1%）

=804（元）

（3）采取第二个措施的预计利润为：

利润=1 000×（1+20%）×［10-6×（1+4%）］-［（2 000+1 000）×（1+1%）+500］

=982（元）

通过比较可知，第二个措施较好。

二、实现目标利润的措施

上面我们分析时，是以影响利润的诸多因素为确定数，对利润进行预测。在企业里，还有另一种相反的情况，即利润目标已经明确，对其影响因素进行核定。例如，经营承包合同规定了利润目标，主管部门下达了利润指标，或者根据企业长期发展和职工生活福利的需要，企业必须达到特定的利润水平等。在这种情况下，应当研究如何利用企业的现有资源，合理安排产销、收入和成本支出，以实现特定利润，也就是分析实现目标利润的措施。

（一）采取单项措施以实现目标利润

【例3-16】某企业生产W产品，固定成本10 000元，单价24元，单位变动成本14元，销售产品1 800件，实现利润8 000元。假设企业欲使利润增加50%，即达到12 000元，企业可以从以下几个方面着手，采取相应的措施：

1.减少固定成本

减少固定成本可使利润相应增加。为使利润增加50%，应该减少多少固定成本呢？

设固定成本为a，目标利润12 000元作为已知数，其他因素不变，代入本量利方程式：

12 000=24×1 800-14×1 800-a

a=6 000（元）

则如果其他条件不变，固定成本从10 000元减少到6 000元，降低40%，可保证实现目标利润。

2.减少变动成本

按上述方法，设单位变动成本为b，将其代入本量利方程式：

12 000=24×1 800-1 800b-10 000

b=11.78（元）

则如果其他条件不变，单位变动成本从14元降低到11.78元，减少16%，可保证实现目标利润。

3.提高价格

按上述方法，设单位产品售价为R，将其代入本量利方程式：

12 000=1 800R-14×1 800-10 000

R=26.22（元）

则如果其他条件不变，单位产品售价从24元提高到26.22元，提高9%，可保证实现目标利润。

4.增加销售量

按上述方法，设销售量为x，将其代入本量利方程式：

12 000=24x-14x-10 000

x=2 200（件）

则如果其他条件不变，销售量从1 800件增加到2 200件，增加22%，可保证实现目标利润。

（二）采取综合措施以实现目标利润

在生产经营活动中，影响利润的因素是多方面的，而且各因素之间是相互联系的，企业很少采取单项措施来提高利润，多数情况下都采取综合措施以实现目标利润。这就要求综合计算和反复平衡，主要包括三个步骤，我们通过例题加以说明。

【例3-17】某企业生产一种产品，单价10元，单位变动成本6元，固定成本2 000元，销售和管理费用（全部固定）1 000元，销售1 000件，利润为1 000元。假设该企业有剩余的生产能力，可以进一步增加产量，但由于售价偏高，使销量受到影响。为了打开销路，企业准备降价10%，争取实现利润1 500元。

1.计算降价后实现目标利润所需的销售量

$$销售量=\frac{固定成本+目标利润}{单位边际贡献}$$

$$=\frac{2\,000+1\,000+1\,500}{10\times(1-10\%)-6}=1\,500（件）$$

如果销售部门认为降价10%后可使销售量达到1 500件，生产部门也具备相应生产能力，则目标利润就可以落实；否则，还需继续分析，进一步采取其他措施。

2.计算既定销售量下实现目标利润所需的单位变动成本

假设销售部门认为，上述1 500件销售量达不到，降价10%只能使销售量增至1 300件，为此，需要在降低成本上挖掘潜力。

$$单位变动成本=\frac{单价\times销售量-(固定成本+目标利润)}{销售量}$$

$$=\frac{10\times(1-10\%)\times1\,300-(3\,000+1\,500)}{1\,300}=5.54（元）$$

由此可见，为了实现目标利润，在降价10%的同时，还需使单位变动成本从6元降至5.54元。如果生产部门认为这个目标可以实现，目标利润就可以落实；否则，还要在固定成本的节约上下功夫。

3.计算既定产销量和单位变动成本下实现目标利润所需的固定成本

假设生产部门认为，通过努力，单位变动成本可能降低至5.6元，因此，企业还要压缩固定成本支出。

$$固定成本=销售量\times单位边际贡献-目标利润$$

$$=1\,300\times[10\times(1-10\%)-5.6]-1\,500=2\,920（元）$$

从以上分析得知，为了实现目标利润，在降价10%、使销售量增至1 300件、单位变动成本降至5.6元的同时，还需压缩固定成本80元（3 000-2 920），则目标利润可以实现。由此我们看到，影响利润的诸多因素是相互联系的，从一个因素再到另一个因素，要采取综合措施寻找增收节支的办法。

第四节 利润敏感性分析

前面我们对保本点和各因素变动进行了分析，假设除待求变量外，其他参数都不变。但是在实际中，市场的变化（原材料价格、产品价格波动等）和企业技术条件的变化会引起某些参数的变化，即原来计算出来的保本点、目标利润或目标销售量发生变化。决策人员希望事先知道哪一个参数受影响的程度大，哪一个受影响的程度小。掌握有关数据后，就可根据变化情况，及时采取对策，使生产经营活动经常被控制在最有利的状态下。

为了解决这个问题，需要引进一个新概念——敏感性分析。敏感性分析是研究与分析一个系统因周围条件发生变化而引起其状态或输出结果变化的敏感程度的方法。具体地说，它是在求得某个模型的最优解后，研究模型中某个或若干个参数允许变化多大，仍能使原最优解的条件保持不变；或者在参数变化超出允许范围，原最优解已不能保持时，提供一套简捷的计算方法，重新求得最优解。敏感性分析是一种有广泛用途的分析技术，它应用在本量利关系上，主要研究与分析有关因素发生多大变化，将使盈利转为亏损，以及各参数变化对利润的敏感程度等。

一、有关因素发生多大变化，将使盈利转为亏损

单价、单位变动成本、产销量和固定成本的变化，会影响利润的高低。这种变化达到一定程度，会使企业利润消失，经营状况发生质变。敏感性分析的目的之一，就是提供能引起目标利润发生质变的各参数变化的界限，其方法称为“最大最小法”。

（一）单价的最小值

【例3-18】某企业只生产A产品，单价2元，单位变动成本1.2元。预计明年固定成本40 000元，产销量计划达100 000件。

预测明年利润为：

利润=100 000×（2−1.2）−40 000=40 000（元）

利润随着单价的下降而减少，单价下降到一定程度，利润将变为零，它是企业能忍受的单价最小值。

设单价为R，则：

100 000×（R−1.2）−40 000=0

R=1.6（元）

单价降至1.6元，即降低20%（（2−1.6）÷2×100%）时，企业由盈利转为保本，如图3-9所示。

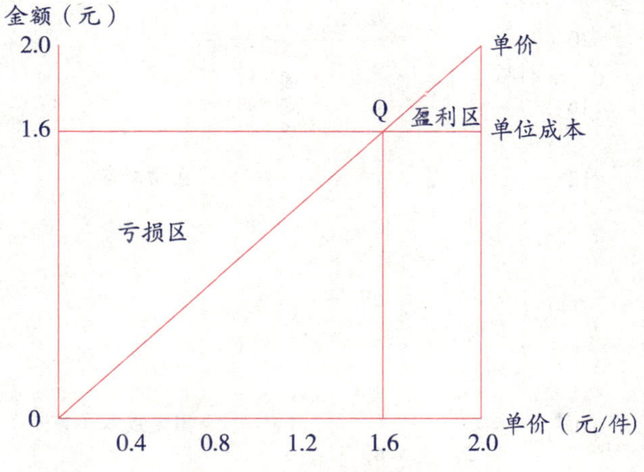

图3-9　单价的敏感性分析

（二）单位变动成本的最大值

单位变动成本上升会使利润下降，并逐渐趋近于零，此时的单位变动成本是企业能忍受的最大值。

依【例3-18】相关资料，设单位变动成本为b，则：

100 000×（2−b）−40 000=0

b=1.6（元）

单位变动成本由1.2元上升到1.6元时，企业的利润由40 000元降至零，此时单位变动成本上升33%（（1.6−1.2）÷1.2×100%），如图3−10所示。

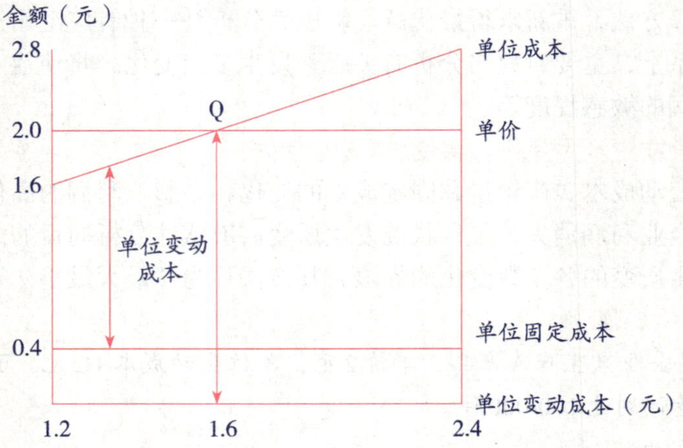

图3−10　单位变动成本的敏感性分析

(三) 固定成本的最大值

固定成本上升也会使利润下降，并趋近于零。

依【例3−18】相关资料，设固定成本为a，则：

100 000×（2−1.2）−a=0

a=80 000（元）

固定成本增至80 000元时，企业利润变为零，此时固定成本增加100%（（80 000−40 000）÷40 000×100%），如图3−11所示。

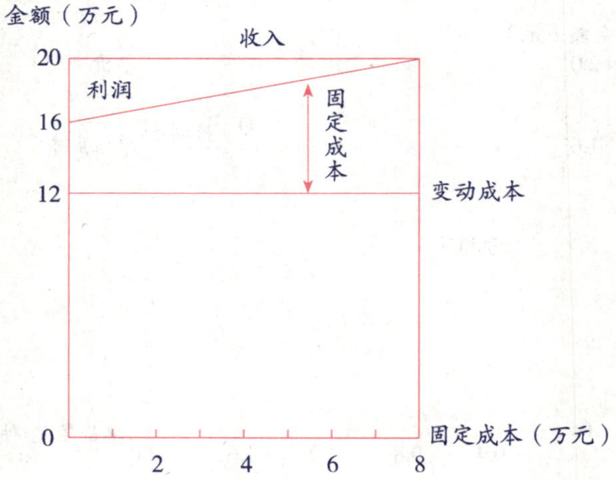

图3−11　固定成本的敏感性分析

(四) 销售量的最小值

销售量的最小值是指使企业利润为零的销售量，它就是保本销售量。

依【例3−18】相关资料，设销售量为x，则：

$x=\frac{40\ 000}{2-1.2}$=50 000（件）

销售计划如果只完成50%（50 000÷100 000×100%），则企业利润为零，如图3−12

所示。

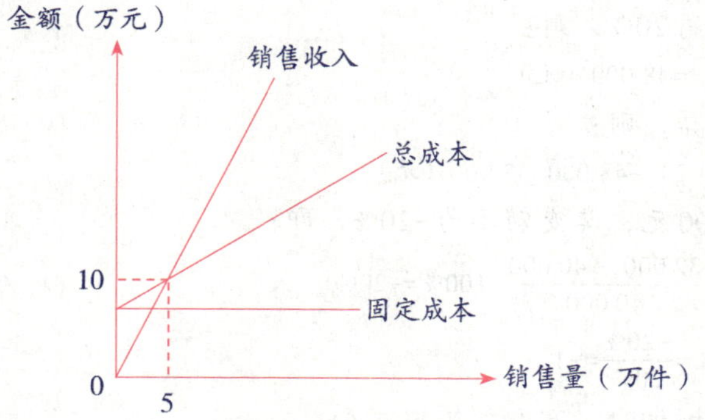

图3-12　销售量的敏感性分析

二、各因素变化对利润的敏感程度

各因素变化都会引起利润的变化，但其影响程度各不相同。有的因素发生微小变化，就会使利润发生很大的变动，利润对这些因素的变化十分敏感。与此相反，有些因素发生变化后，利润的变化不大，反应比较迟钝。

反映敏感程度的指标是敏感系数，公式为：

$$敏感系数=\frac{目标值变动百分比}{变量(参数)变动百分比}$$

仍以【例3-18】的数据进行敏感性分析。

（一）单价的敏感程度

已知单价提高20%，按此单价计算，则：

利润=100 000×［2×（1+20%）-1.2］-40 000=80 000（元）

利润原来是40 000元，其变动率为100%，即：

$$目标值变动百分比=\frac{80\,000-40\,000}{40\,000}\times100\%=100\%$$

$$单价的敏感系数=\frac{100\%}{20\%}=5$$

这就是说，单价对利润的影响很大，从百分比来看，利润以5倍的速度随单价变化。涨价是提高盈利的有效手段，但涨价也可能会导致销售量下降，应格外慎重。

（二）单位变动成本的敏感程度

已知单位变动成本提高20%，则：

b=1.2×（1+20%）=1.44（元）

按此单位变动成本计算，则：

利润=100 000×（2-1.44）-40 000=16 000（元）

利润原来是40 000元，其变动率为-60%，即：

$$目标值变动百分比=\frac{16\,000-40\,000}{40\,000}\times100\%=-60\%$$

$$单位变动成本的敏感系数=\frac{-60\%}{20\%}=-3$$

由此可见，单位变动成本对利润的影响比单价要小，单位变动成本每上升1%，利润将减少3%。敏感系数绝对值大于1，说明单位变动成本的变化会造成利润更大的变化。

（三）固定成本的敏感程度

已知固定成本提高20%，则：

a=40 000×（1+20%）=48 000（元）

按此固定成本计算，则：

利润=100 000×（2−1.2）−48 000=32 000（元）

利润原来是40 000元，其变动率为−20%，即：

$$目标值变动百分比=\frac{32\,000-40\,000}{40\,000}\times100\%=-20\%$$

$$固定成本的敏感系数=\frac{-20\%}{20\%}=-1$$

这说明固定成本增加时，利润将等量减少。

（四）销售量的敏感程度

已知销售量增长20%，则：

x=100 000×（1+20%）=120 000（件）

按此销售量计算，则：

利润=120 000×（2−1.2）−40 000=56 000（元）

利润的变动率为40%，即：

$$目标值变动百分比=\frac{56\,000-40\,000}{40\,000}\times100\%=40\%$$

$$销售量的敏感系数=\frac{40\%}{20\%}=2$$

销售量的敏感系数亦称经营杠杆系数。“杠杆”本是物理学术语，它意味着利用一个杠杆，以较小的力撬起较重的物体。在企业经营中，杠杆作用是指销售量的较小变动会引起利润的较大变动。就本例而言，两者变动百分比的比例为1∶2。

综上所述，该企业影响利润的诸多因素中，最敏感的是单价（敏感系数为5），其次是单位变动成本（敏感系数为−3），再次是销售量（敏感系数为2），最后是固定成本（敏感系数为−1）。其中，敏感系数为正值的，表明它与利润为同向增减；敏感系数为负值的，表明它与利润为反向增减。

敏感系数提供了各因素变动百分比和利润变动百分比之间的比例，但不能直接显示变化后的利润值。为弥补这种不足，有时需要统计敏感性分析表，列示各因素变动百分率及相应的利润值，见表3−11。

表3−11 统计敏感性分析表

变动率 / 利润 / 项目	−20%	−10%	0	+10%	+20%
单价（元/件）	0	20 000	40 000	60 000	80 000
单位变动成本（元）	64 000	52 000	40 000	28 000	16 000
固定成本（元）	48 000	44 000	40 000	36 000	32 000
销售量（件）	24 000	32 000	40 000	48 000	56 000

通常情况下，各因素变动百分比以±20%为范围，便可以满足实际需要。表3-11以10%为间隔，也可以根据实际需要改为5%或者更小。

知识拓展

管理会计应用指引第401号——本量利分析

德技兼修

领会管理会计中国化

2016年，为促进单位（包括企业和行政事业单位）加强管理会计工作，提升内部管理水平，促进经济转型升级，根据《中华人民共和国会计法》《财政部关于全面推进管理会计体系建设的指导意见》等，财政部制定了《管理会计基本指引》，要求各单位在开展管理会计工作中参照执行。

《管理会计基本指引》提出了符合新时代中国特色社会主义思想的管理会计新要求。在《管理会计基本指引》中，将本量利分析法界定为营运管理的工具方法，主要规定如下：

第一条　明确营运管理基本程序，指导企业提升营运管理水平，提高营运效率和质量，增强价值创造力，实现营运目标，根据国家有关法律法规和《管理会计基本指引》等，制定本指引。

第二条　营运管理，是指为了实现企业战略和营运目标，各级管理者通过计划、组织、指挥、协调、控制、激励等活动，实现对企业生产经营过程中的物料供应、产品生产和销售等环节的价值增值管理。

第三条　企业进行营运管理时，应区分计划（planning）、实施（design）、检查（check）、处理（Act）等四个阶段，形成闭环管理，使营运管理工作更加条理化、系统化、科学化。

第四条　营运管理工具方法，包括但不限于本量利分析、敏感性分析、边际分析和标杆管理等。企业应根据自身业务特点和管理需要等，对不同的营运管理工具方法进行恰当结合与综合运用，更好地实现营运管理的目标。

第五条　企业营运管理工具方法的应用程序包括营运计划的制订、营运计划的执行、营运计划的调整、营运监控分析与报告、营运绩效管理等。

基本指引的意义在于：一方面是政府主动服务市场需求的重要举措；另一方面是为了充分发挥政府优势，协调各方意见，整合各方力量，节约社会资源，便捷高效地推动管理会计应用。系统地提炼总结我国管理会计理论和实践的宝贵经验，对拓展我国管理会计研究领域、提升管理会计应用水平，并进而增强我国企业综合实力和竞争优势都具有极其重要的现实意义。

资料来源　王洪侠．管理会计应用指引的分析与解读［J］．商讯，2020（29）：69-70.

第四章　预测分析

内容提要及教学目标

现代经营管理离不开决策，决策正确与否关系到企业的生存与发展。而正确的决策要依据科学的预测，预测分析是决策的前提和基础，是企业计划工作的有机组成部分，是管理会计的重要内容。本章主要介绍预测分析的基本概念、销售预测分析、成本预测分析及资金需要量的预测分析等。通过本章教学，实现学生掌握预测原理、原则、程序等知识目标，能够进行销售预测、成本预测和资金需要量预测的技能目标，以及时代使命担当的价值目标。

第一节　预测分析概述

一、预测分析的意义

预测分析是人们根据过去和现在的资料和信息，运用已有的知识、经验和科学的方法，对事物的未来发展趋势做出估计和推测的过程。企业经营预测分析则是人们对企业未来经济活动可能产生的经济效益及其发展趋势进行的科学预见或估计。

进行预测分析的目的，就是把企业的生产经营活动有意识地引导到提高经济效益的轨道上来，它不仅可以提高决策的科学性，而且可以使企业的经营目标同整个社会生产的发展和人民消费的需要相适应。预测分析在提高企业经营管理水平和企业经济效益方面有着十分重要的意义。

1.预测分析是进行经营决策的主要依据

企业的经营活动必须建立在正确的决策基础上，而科学的预测是进行正确决策的前提和依据。通过预测分析，可以科学地确定有关商品的品种结构、最佳库存结构等，合理安排和使用现有的人力、物力和财力，全面协调整个企业的经营活动。

2.预测分析是编制全面预算的前提

企业的生产经营活动必须有计划地进行，为了减少经济活动的盲目性，企业要定期编制全面预算。而预算与计划的前提是必须首先做好预测工作，避免主观估计或任意推测，使企业计划与全面预算合理、科学，切实可行。

3.预测分析是提高企业经济效益的手段

以最少的投入取得最大的收益是企业的经营原则。通过预测分析，及时掌握国内外市场信息、销售趋势和科学技术发展动态，合理组织和使用各种资源，必将降低消耗，增加销售收入，提高经济效益。

强调预测的重要性，并不排除预测的局限性。预测涉及的是未来，具有不确定性，它是借助于过去和现在的研究，求得对未来的了解，以减少不确定性对经济活动的影响，做到心中有数。同时，企业的经营发展趋势，要受到社会、经济、技术、自然等各方面因素的影响，这些因素往往相互交织，错综复杂。因此，必须重视调查研究，占有充分的经济信息资料，遵循科学的原则，综合运用社会科学和自然科学各方面的研究成果，不断改善预测方法，使预测工作发挥应有的作用。

二、预测分析的原理和原则

预测分析的基本原理建立在任何经济过程发展趋势总有一定的规律性而且是可以被人们认识和掌握的基础之上。就企业来说，其经营活动过程中各因素之间的相互关系，也必然存在一些客观规律可以遵循。它们实质上就成为了预测分析的基本原则。

1.延续性原则

延续性原则是指在企业的经营活动过程中，过去和现在的某种发展规律将会延续下去，并假设决定过去和现在发展的条件，同样适用于未来。根据这条原则，就可以把未来视为历史的延伸，来进行推测。趋势预测分析法就是基于这条原则而建立的。

2.相关性原则

相关性原则是指在企业的经营活动过程中，一些经济变量之间存在着相互依存、相互制约的关系。根据这条原则，就可以利用对某些经济变量的分析、研究来推测受它们影响的另一个（或另一些）经济变量发展的规律性。因果预测分析法就是基于这条原则而建立的。

3.相似性原则

相似性原则是指在企业的经营活动过程中，不同的（一般是无关的）经济变量的发展规律有时会出现相似的情况。根据这条原则，可以利用已知经济变量的发展规律类推出未知变量的发展趋势。判断分析法就是基于这条原则而建立的。

4.统计规律性原则

统计规律性原则是指在企业的经营活动过程中，对于某个经济变量所做出的一次观测结果，往往是随机的，但多次观测的结果却会出现具有某种统计规律性的情况。根据这条原则，就可以利用概率分析及数理统计的方法进行推测。回归分析法就是基于这条原则而建立的。

三、预测分析的基本方法

预测分析方法种类繁多，因分析对象和预测期限不同而各有所异，但基本方法大体可归纳为定量分析法和定性分析法两大类。

（一）定量分析法

定量分析法或称数学分析法，主要应用数学方法和各种现代化计算工具对经济信息进行科学的加工处理，建立预测分析数学模型，揭示各有关变量间的规律性联系，并做出预测结论。按照对资料数据的处理方式，定量分析法可分为以下两种类型：

1.趋势预测分析法

趋势预测分析法亦称时间序列分析法或外推分析法，它是将预测对象的历史数据按时间顺序排列，应用数学方法处理、计算，借以预测其未来发展趋势的分析方法。这种方法的实质是依据事物发展的“延续性原则”，采用数理统计的方法，预测事物的发展趋势。具体方法有算术平均法、移动加权平均法、指数平滑法、回归分析法、二次曲线法等。

2.因果预测分析法

因果预测分析法是根据预测对象与其他相关指标之间的相互依存、相互制约的规律性联系，建立相应的因果数学模型进行预测分析的方法。这种方法的实质是依据事物发展的“相关性原则”，推测事物发展的趋势。具体方法有本量利分析法、投入产出法、回归分析法等。

（二）定性分析法

定性分析法是主要依靠预测人员的经验、知识、判断和分析能力，推断事物的性质和发展趋势的方法。这种方法在数量方面不易精确，一般在统计资料不充分、影响因素错综复杂、社会因素较多的情况下采用。这里主要介绍会议调查法和函询调查法两种方式。

会议调查法，主要有两个步骤：首先，邀请熟悉该行业经济业务和市场情况的专家或有关人员，根据其经验和知识进行分析判断，提出预测初步意见；其次，通过召开调查会或座谈会的方式，对上述初步意见进行修正和补充，作为预测结论的依据。

函询调查法又称“德尔斐法”，它起源于20世纪40年代末美国著名的“兰德公司”，后为西方国家广泛采用。它主要采用通信方式，具体可分为三个步骤：首先，制作预测问题调查表，寄发给各位专家，分别征求他们的意见；其次，把各专家的判断，以匿名方式汇集于一张表上，请各位专家分别在别人意见的基础上修正自己的第一次判断，如此反复3~5次；最后，采用加权平均法或中位数法，综合归纳各专家的意见，做出最终判断。

定量分析与定性分析两种方法各有其特点，往往需要互相检验和补充。一般应遵循定性分析为指导，定量分析做验证的原则，两者结合运用。定性分析法主要用于预测未来的变动方向，即所谓“质”的预测。预测结果反映专家和群众的心理因素，带有主观随意性，但迅速灵活，可综合大量情况。对于某些不易或不能数量化的因素，则只能采用这种方法。定量分析法可以得到确定的预测值，但由于经济现象非常复杂，建立数学模型时不得不舍掉那些“不重要”的因素。应当看到，这些“不重要”的因素并不是一成不变的，今天不重要，明天或许就变得重要了。因此，建立数学模型需要十分小心，既不能使模型过于复杂，也不能遗漏影响事物变动的重要因素。在某些影响经济变动的因素很难或根本不能数量化的情况下，数学模型也就无能为力了。

四、预测分析的基本内容

预测分析是决策分析的基础和依据，是计划工作的最重要的基本假设和前提。因此，预测的范围十分广泛，不同的部门、不同的目的，有不同的预测内容。就管理会计而言，预测分析的基本内容主要包括以下几个方面：

1.销售预测分析

销售是企业的重要经营活动，关系到企业目标利润的实现和市场需求的满足。在市场经济条件下，销售预测分析具有极为重要的意义，主要包括市场需求和企业销售量或销售额的预测分析。

2.成本预测分析

产品成本是反映企业经营管理水平的综合性指标，降低成本是提高经济效益的重要途径。因此，成本预测分析作为成本管理的重要内容，是补偿生产消耗、制定价格的重要依据，是决策、计划和核算经济效果的基础，主要包括目标成本、成本降低目标及保证程度等预测分析。

3.资金需要量预测分析

企业经营的目标是实现财产增值和企业价值最大化。为实现这一目标，企业要进行资本运营。资金需要量预测分析是资本运营，即资金筹集、分配、使用与控制的基础和前提，主要包括固定资产和流动资产需要总量及追加资金需要量的预测。

五、预测分析的一般程序

预测分析的一般程序，大体可分为以下七个步骤：

1.确定预测目标

首先要弄清楚预测什么，是预测保本点，还是预测利润？是预测销售量，还是预测成本？其次根据预测的具体对象和内容，确定预测范围、时间及数量单位。

2.制订预测计划

根据预测目标，具体形成预测计划，作为进行预测分析的保证。计划内容应包括：由谁来领导和组织，采用什么预测方法，什么时间完成，以及预测的各项准备工作等。

3.收集、分析信息

有组织地、系统地收集相关的信息及原始资料和数据，进行加工、整理、归纳、鉴别，做到去粗取精、去伪存真。信息资料是前提，真实准确是关键。资料有纵横之分、内外之别，要注意各项指标的计算口径、计算方法、计量单位、计价标准是否一致和可比。对于历史资料，要注意其完整性和连续性。

4.选择预测方法

正确选择预测方法是保证预测精度的另一关键，要根据预测目标和预测计划选择具体的预测方法。对于定量预测，要建立数学模型；对于定性预测，则要建立设想的逻辑思维模型，并拟定预测的调查提纲。

5.实际进行预测

应用选定的预测方法和建立的模型，分别进行定量分析和定性分析，提出实事求是的预测结果。

6.分析预测误差、修正预测结果

经过一段时间，对上一阶段的预测结果进行验证、分析和评价，即以实际数与预测数进行比较，计算误差，分析原因，以便及时修正预测方法，完善预测模型。由于数据不充分或不确定因素引起的定量预测误差，可以用定性分析方法考虑这些因素，并修正定量预测结果。对于定性预测结果，应用定量分析方法加以验证、修改和补充，使预测更接近实际。

7.输出预测结果

根据上一阶段的修正、补充，形成文字报告，把最后的预测结论传输给有关管理者。以上预测分析的一般程序，如图4-1所示。

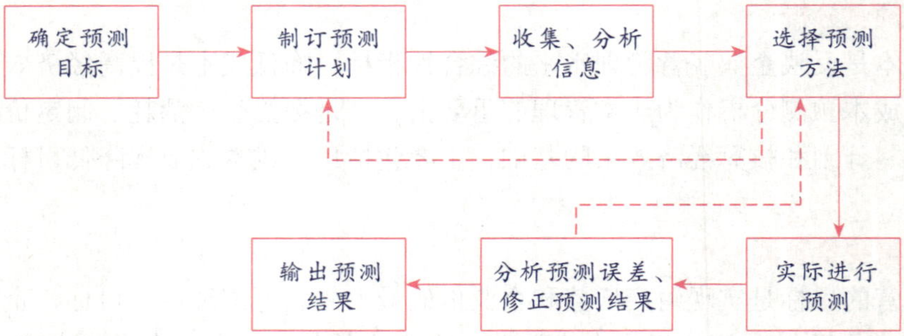

图4-1 预测分析的一般程序

预测分析的程序是必要的，但不是简单机械地排列，而要根据实际情况有简有繁，但不可忽视各个阶段。在整个预测分析过程中，要做到及时沟通信息和进行信息反馈。

第二节 销售预测的基本方法

销售预测的方法有很多，一般常用的有趋势预测分析法、因果预测分析法、判断分析法和调查分析法四类。前两类属于定量分析，后两类属于定性分析。本节只就上述四类方法所包括的几种基本方法扼要加以介绍。

这里还应指出，不论采用什么方法进行销售预测、建立数学模型，必须依据准确、充分的统计资料和数据，只有所建立的数学模型能正确反映或符合经济现象或事物的客观规律，才是有意义的。因此，在模型的应用过程中，要不断进行检查、验证，根据偏差及客观影响因素的变化情况，对模型加以修正，提高其准确性。同时，要注意定量分析与定性分析相结合，不可机械套用公式。

一、趋势预测分析法

趋势预测分析法亦称时间序列分析法或历史引申法，是应用事物发展的延续性原则来预测事物发展的趋势。这种方法是将历史数据按时间的顺序排列，构成一个与时间成函数关系的动态统计序列，根据这个统计序列的统计规律予以外推，作为未来的预测值。这种方法的优点是简便易行，缺点是对市场的供需情况的变动缺乏考虑。

趋势预测分析法根据所采用的具体数学方法的不同，又可分为算术平均法、移动加权平均法、指数平滑法、回归分析法、二次曲线法和季节指数法等。本书只重点介绍前三种方法。

（一）算术平均法

算术平均法是以过去若干期的销售量或销售额的算术平均数作为计划期的销售预测值。其计算公式为：

$$计划期销售预测值=\frac{各期销售量(或销售额)之和}{期数}$$

即：$X=\frac{\sum X_i}{n}$

【例4-1】某公司2022年上半年销售A类产品的6个月的销售额资料，见表4-1。要求：预测2022年7月份A类产品的销售额。

表4-1 A类产品销售资料表

月　份	1	2	3	4	5	6
销售额（万元）	14.8	14.6	15.2	14.4	15.6	15.4

由算术平均法计算公式，得：

$$X=\frac{\sum X_i}{n}=\frac{14.8+14.6+15.2+14.4+15.6+15.4}{6}=15\text{（万元）}$$

这种方法的优点是计算简单、方便易行，缺点是没有考虑近期（即4、5、6三个月）的变动趋势。这种方法适用于销售量或销售额比较稳定的商品，对于某些没有季节性的商品，如食品、文具、日常用品等，是一种十分有效的预测方法。

（二）移动加权平均法

移动加权平均法是对过去若干期的销售量或销售额，按其距离预测期的远近分别进行加权（近期所加权数大些，远期所加权数小些），然后计算其加权平均数，并以此作为计划期的销售预测值。

应该注意的是，所谓“移动”，是指所取的观测值（历史数据）随时间的推移而顺延。另外，由于接近预测期的实际销售情况对预测值的影响较大，故所加权数应大些；反之，则应小些。若取三个观测值，其权数可取0.2、0.3、0.5。若取五个观测值，其权数可取0.03、0.07、0.15、0.25、0.5。移动加权平均法的计算公式为：

计划期销售预测值=各期销售量（额）分别乘以其权数之和

即：$\overline{X}=\sum X_i W_i$

其中：$\sum W_i=1$

为了能反映近期的销售发展趋势，还可在上述基础上，再加上平均每月的变动趋势值b，以此作为计划期的销售预测值。因此，上述公式可修正为：

$$\overline{X}=\sum X_i W_i+b$$

$$b=\frac{\text{本季度平均每月实际销售量(额)}-\text{上季度平均每月实际销售量(额)}}{3}$$

【例4-2】依【例4-1】资料，要求根据4、5、6三个月的观测值，按移动加权平均法预测2022年7月份的销售额。

（1）计算平均每月销售变动趋势值：

$$\text{一季度月平均实际销售额}=\frac{14.8+14.6+15.2}{3}=14.867\text{（万元）}$$

$$\text{二季度月平均实际销售额}=\frac{14.4+15.6+15.4}{3}=15.133\text{（万元）}$$

$$b=\frac{15.133-14.867}{3}=0.089\text{（万元）}$$

（2）取权数 $W_1=0.2$，$W_2=0.3$，$W_3=0.5$，得：

$$\overline{X}=(14.4\times0.2+15.6\times0.3+15.4\times0.5)+0.089$$

$$=15.349\text{（万元）}$$

（三）指数平滑法

微课

指数平滑法

指数平滑法是利用平滑系数（加权因子），对过去不同期间的实际销售量或销售额进行加权计算，作为计划期的销售预测值。

令D表示实际值，F表示预测值，下标t表示第t期，a表示平滑系数（0≤a≤1），可得计算公式为：

$$F_t=a\cdot D_{t-1}+（1-a）F_{t-1}$$

【例4-3】依【例4-1】资料，该公司6月份A类商品实际销售额15.4万元，原来预测6月份的销售额为14.8万元，平滑系数为0.7。要求：按指数平滑法预测2022年7月份该类商品的销售额。

2022年7月份的预测值，由其计算公式得：

$$F_7=a\cdot D_6+（1-a）F_6$$

$$=0.7\times15.4+（1-0.7）\times14.8=15.22（万元）$$

采用指数平滑法进行预测时，平滑系数值通常由预测者根据过去销售实际数与预测值之间差异的大小来确定，故确定平滑系数带有一定的主观因素。平滑系数越大，则近期实际数对预测结果的影响越大；反之，平滑系数越小，则近期实际数对预测结果的影响越小。因此，为使预测值能反映观测值的长期变动趋势，可选用较小的平滑系数；若为使预测值能反映观测值的近期变动趋势，则应选用较大的平滑系数。这个方法的优点是，采用一个平滑系数，在确定其数值时，可以结合考虑某些可能出现的偶然因素的影响，从而使预测值更符合实际。在实际工作中，平滑系数也可以通过用若干不同数值计算预测值，以预测值与实际值差异最小的作为最佳数值。

二、因果预测分析法

因果预测分析法又称相关预测分析法，是利用事物发展的因果关系来推测事物发展趋势的方法。它是根据已掌握的历史资料，找出预测对象的变量与其相关事物的变量之间的依存关系，建立相应的因果预测的数学模型，据以预测计划期的销售量或销售额。

产品的销售一般总会与社会经济的某些因素相关，甚至有些因素对产品销售起决定性作用。例如，推土机销售量主要取决于基本建设的土方工作量；家具销售量则要考虑新结婚的人数、可自由支配的个人收入、可供分配的房屋数等相关因素的影响。利用这些变量间的函数关系，选择最恰当的相关因素建立起预测销售量或销售额的数学模型，往往会比采用趋势预测分析法获得更为理想的预测结果。需要注意的是，影响销售的因素应尽量选择官方公布的统计数字和预测数字的经济指标，有时也需要一些其他的经济因素。常用的经济指标有国民生产总值、个人可支配收入、人口、相关工业品的销售量、价格及需求弹性等。

因果预测所采用的具体方法较多，最常用而且比较简单的是最小平方法，亦即回归分析法。这种方法的优点是简便易行，成本低廉。若预测对象的相关因素有两个或两个以上，需采用多元线性回归法，本书不作介绍。这里只介绍一元线性回归法，适用于只有一个相关因素的情况。例如，某些工业品的销售在很大程度上取决于相关工业的销售，如玻璃与建筑、轮胎与汽车、纺织面料与服装等，而且都是前者的销售量取决于后者的销售量。在这种情况下，可利用后者现成的销售预测信息，采用最小平方法推算出前者的销售预测值。其具体做法是，以x表示预测对象的相关因素变量，以y表示预测对象的销售量或销售额，建立模型如下：

$$y=a+bx$$

通过最小平方法求得：

$$a=\frac{\sum y - b\sum x}{n}$$

$$b=\frac{n\sum xy - \sum x\sum y}{n\sum x^2 - (\sum x)^2}$$

应用最小平方法，一般还应进行相关程度测定，即通过计算相关系数来检验预测变量与相关因素变量间的相关性，以判断预测结果的可靠性。相关系数R计计算公式如下：

$$R=\frac{n\sum xy - \sum x\sum y}{\sqrt{[n\sum x^2 - (\sum x)^2]\cdot[n\sum y^2 - (\sum y)^2]}}$$

相关系数R的取值范围为：$-1\leqslant R\leqslant 1$。$|R|$越接近1，相关关系越密切。一般可按如下标准加以判断：

$0.7\leqslant|R|\leqslant 1$，为较高程度相关；

$0.3\leqslant|R|<0.7$，为中等程度相关；

$0<|R|<0.3$，为较低程度相关。

【例4-4】某汽车轮胎厂专门生产汽车轮胎，而决定汽车轮胎销售量的主要因素是汽车销售量。假如中国汽车工业协会最近5年的实际销售量统计及该企业5年的实际销售量资料，见表4-2。

表4-2 汽车、轮胎销售量统计资料表

年　度	2017	2018	2019	2020	2021
汽车销售量（万辆）	10	12	15	18	20
轮胎销售量（万只）	64	78	80	106	120

假定计划期2022年汽车销售量根据中国汽车工业协会的预测为25万辆，该轮胎生产企业的市场占有率为35%。要求：采取最小平方法预测2022年轮胎的销售量。

（1）编制计算表，见表4-3。

表4-3 回归预测计算表

年度	汽车销售量（x）（万辆）	轮胎销售量（y）（万只）	xy	x^2	y^2
2017	10	64	640	100	4 096
2018	12	78	936	144	6 084
2019	15	80	1 200	225	6 400
2020	18	106	1 908	324	11 236
2021	20	120	2 400	400	14 400
n=5	$\sum x = 75$	$\sum y = 448$	$\sum xy = 7\,084$	$\sum x^2= 1\,193$	$\sum y^2= 42\,216$

（2）计算a、b，并计算预测值。

$$b=\frac{n\sum xy-\sum x\sum y}{n\sum x^2-(\sum x)^2}$$

$$=\frac{5\times 7\,084-75\times 448}{5\times 1\,193-75^2}=5.35$$

$$a=\frac{\sum y-b\sum x}{n}$$

$$=\frac{448-5.35\times 75}{5}=9.35$$

2022年轮胎预计市场销售量（y）=a+bx

=9.35+5.35×25=143.1（万只）

2022年该企业轮胎预计市场销售量=143.1×35%=50.085（万只）

（3）相关性检验。

$$R=\frac{n\sum xy-\sum x\sum y}{\sqrt{[n\sum x^2-(\sum x)^2]\cdot[n\sum y^2-(\sum y)^2]}}$$

$$=\frac{5\times 7\,084-75\times 448}{\sqrt{(5\times 1\,193-75^2)\times(5\times 42\,216-448^2)}}=0.969$$

知识拓展

修正的时间序列回归法

相关系数R=0.969>0.7，即轮胎销售量与汽车销售量之间具有较高程度的相关性。

三、判断分析法

判断分析法就是聘请具有丰富实践经验的经济专家、教授、推销商或本企业的经理人员、推销人员等，对计划期商品的销售情况进行分析研究，并做出推测和判断的方法。该方法一般适用于不具备完整、可靠的历史资料、无法进行定量分析的情况，如对新产品的销售预测。判断分析法按具体进行的方式，可以分为专家判断法、推销人员意见综合判断法、经理人员意见综合判断法三种。

（一）专家判断法

专家判断法是聘请见识广博、学有专长的经济专家，根据他们的实践经验、知识和判断能力做出销售预测。这里的“专家”一般包括本企业或同行企业的高级领导人，商业部门、经销商、咨询机构、预测机构及其他方面的专家。吸收专家意见的方式多种多样，主要有以下三种：

（1）个人意见综合判断法。先向各位专家征求意见，要求他们对本企业产品销售的当前状况和未来趋势做出个人判断，然后把各种不同意见加以综合归纳，形成一个销售预测。

（2）专家会议综合判断法。将各位专家分成若干小组，分别召开各种形式的会议或座谈会，共同商讨，最后综合各种意见，形成一个销售预测。

（3）德尔斐法。采用函询调查方式，并经多次匿名反馈，最后综合各专家意见，做出预测。

【例4-5】某工具公司准备推出一种新型切削刀具，现聘请工具专家、销售部经理、外地经销商等9人采用德尔斐法预测计划期该种新型刀具的销售量。该公司首先将刀具的样品、特点和用途分别向专家进行了详细介绍，并提供同类刀具的有关价格和销售情况等信息。然后发出征求意见函，请9位专家分别提出个人的判断。经过三次反馈，预测结果见表4–4。要求：根据表4–4第三次判断的资料，分别采用算术平均法、加权平均法（最高0.3，最可能0.5，最低0.2）和中位数法，做出销售预测。

（1）算术平均法，按第三次判断的平均值计算：

$$预计销售量\overline{X}=\frac{\sum x}{n}=\frac{1\,500+1\,100+800}{3}=1\,133（件）$$

表4–4 专家意见汇总表 单位：件

专家编号	第一次判断销售量			第二次判断销售量			第三次判断销售量		
	最高	最可能	最低	最高	最可能	最低	最高	最可能	最低
1	1 800	1 500	1 000	1 800	1 500	1 200	1 800	1 500	1 100
2	1 200	900	400	1 300	1 000	600	1 300	1 000	800
3	1 600	1 200	800	1 600	1 400	1 000	1 600	1 400	1 000
4	3 000	1 800	1 500	3 000	1 500	1 200	2 500	1 200	1 000
5	700	400	200	1 000	800	400	1 200	1 000	600
6	1 500	1 000	600	1 500	1 000	600	1 500	1 200	600
7	800	600	500	1 000	800	500	1 200	1 000	800
8	1 000	600	500	1 200	800	700	1 200	800	700
9	1 900	1 000	800	2 000	1 100	1 000	1 200	800	600
平均值	1 500	1 000	700	1 600	1 100	800	1 500	1 100	800

（2）加权平均法，按第三次判断的平均值加权平均计算：

$$预计销售量\overline{X}=\sum xw=1\,500\times0.3+1\,100\times0.5+800\times0.2=1\,160（件）$$

（3）中位数法，首先，根据第三次判断，按数值从高到低排列成中位数计算表，见表4–5。

表4–5 中位数计算表 单位：件

销售量	预测值从高到低顺序	中位数
最　高	2 500，1 800，1 600，1 500，1 300，1 200	第三项、第四项的平均数：1 550
最可能	1 500，1 400，1 200，1 000，800	第三项：1 200
最　低	1 100，1 000，800，700，600	第三项：800

其次，计算中位数及其加权平均值：

$$预计销售量\overline{X}=1\,550\times0.3+1\,200\times0.5+800\times0.2=1\,225（件）$$

（二）推销人员意见综合判断法

推销人员意见综合判断法是征求本企业推销人员和商业部门人员的意见，然后综合汇总做出销售预测。采用此法得出的预测数比较接近实际，因为公司推销人员比较熟悉顾客需求特点和市场供求状况。但应注意防止某些主观因素的影响，例如，推销人员由于工作受挫或为了获得较多的推销份额，故意降低或提高预测值。为了提高预测的准确性，应采取如下一些措施：

（1）把本企业过去的销售预测与实际销售的资料，分发给各推销人员，供他们参考。

（2）把公司领导对本企业的规划和预测资料，以及有关社会经济发展趋势的信息提供给所有推销人员作为导向。

（3）要求各地区的销售经理讨论他们的销售预测，并分析有关预测的异常因素。

在综合预测结果时，可采取算术平均法或加权平均法。

这种方法一般适用于直接推销给数量不多的顾客，同时这些顾客又能事先告知未来需求的产品，如机械产品行业。

（三）经理人员意见综合判断法

经理人员意见综合判断法是由企业经理人员、推销主管人员、各地区销售经理，根据实践经验和智慧，广泛交换意见，集思广益，进行销售预测。这种方法的优点是快捷、实用，但缺点是主观因素较多，所做出的估计和判断易受人们乐观或悲观心理状态相互感染的影响。因此，应向预测人员提供近期政治、经济形势和市场情况的调查分析资料，并组织座谈讨论，最后将各种意见综合平衡，做出预测结论。

【例4-6】某烟厂对计划期A牌香烟的销售进行预测，决定由该厂销售部门经理与京、津、沪的经销商负责人一起成立专门的预测小组，进行分析判断。经理人员的初步判断资料见表4-6。

表4-6 经理人员预测资料表

预测人员	最高		最可能		最低	
	数量（千箱）	概率	数量（千箱）	概率	数量（千箱）	概率
销售部经理	86	0.3	80	0.5	75	0.2
经销商负责人（京）	88	0.2	82	0.6	78	0.2
经销商负责人（津）	79	0.3	75	0.4	70	0.3
经销商负责人（沪）	90	0.2	85	0.5	80	0.3

又假定根据该烟厂过去的经验，厂销售部经理与京、津、沪经销商负责人的预测准确性和重要程度是不同的，在综合意见时，分别给予相应的权重，依次为0.2、0.25、0.25、0.3。要求：对该烟厂A牌香烟在计划期的销售量做出综合判断。

（1）分别计算各预测人员的预测期望值。

销售部经理预测期望值=86×0.3+80×0.5+75×0.2=80.8（千箱）

经销商负责人（京）预测期望值=88×0.2+82×0.6+78×0.2=82.4（千箱）

经销商负责人（津）预测期望值=79×0.3+75×0.4+70×0.3=74.7（千箱）

经销商负责人（沪）预测期望值=90×0.2+85×0.5+80×0.3=84.5（千箱）

（2）按不同权重，对各预测人员的预测期望值进行综合。

计划期的预计销售量=80.8×0.2+82.4×0.25+74.7×0.25+84.5×0.3=80.785（千箱）

四、调查分析法

调查分析法就是通过调查某种商品的市场供求状况、消费者购买意向以及本企业该商品的市场占有率等情况，来预测其销售量或销售额的方法。

调查分析法一般可从以下四个方面进行：

（一）调查商品所处的寿命周期阶段

任何工业品在市场上都有其产生、发展与衰亡的过程，经济界把这个过程称为产品的寿命周期。它一般可分为介绍（或投入）期、成长期、成熟期和衰退期四个阶段，不同阶段的销售量或销售额是不相同的。

（二）调查消费者的情况

摸清消费者的经济情况，如选择供应者的标准、消费爱好、风俗、习惯、购买方式和购买力的变化情况，以及对本企业产品与商标的信任程度等因素对本企业产品销售所产生的影响。

（三）调查市场竞争情况

了解同行企业，特别是主要竞争对手的同类产品在花色品种、质量、价格、服务、经营、技术等方面的特点及所采取的改进措施对销售的影响，还要了解竞争对手的市场占有率，掌握本企业产品在市场上的竞争地位。

$$市场占有率=\frac{本企业产品在市场上的销售量}{同类产品在市场上的总销售量}\times100\%$$

（四）调查国内外和本地区经济发展的趋势

了解国内外和本地区的经济发展水平、发展趋势对产品销售可能产生的影响。

将上述几个方面的调查资料进行综合、整理、加工、计算，就可以对产品的销售做出预测。

企业也可以利用社会上的专门机构（如统计部门或同业协会的调研机构等）的调查资料，这些资料一般只提供产品的整个行业市场需求潜量。将需求潜量乘以本企业市场占有率，即为本企业的销售潜量。

【例4-7】某市有居民100万户，通过市场调查，把四种耐用消费品所处的市场阶段与已拥有户数的资料列表，见表4-7和表4-8。

表4-7 耐用消费品的市场阶段划分

寿命周期	投入期	成长期		成熟期	衰退期
		前期	后期		
年　数	1~5年	1~5年	1~5年	1~5年	1~5年
商品普及率	0.1%~5%	6%~50%	51%~80%	81%~90%	逐步减小

表4-8 某市四种耐用消费品所处市场阶段与已拥有户数情况

商品名称	空调机	摩托车	彩　电	洗衣机
所处寿命周期阶段	投入期（2年）	成长前期（3年）	成长后期（3年）	成长后期（3年）
已拥有户数（万户）	2.1	16.5	32	36

又根据市场调查，该市摩托车厂在本市的市场占有率为44%，对外地的供应约为3万辆。要求：做出该市对四种耐用消费品平均年需求量的预测；做出该市摩托车厂在计划期

的摩托车销售预测。

（1）列表计算该市四种耐用消费品的平均年需求量，见表4-9。

表4-9 某市四种耐用消费品平均年需求量预测计算表

商品名称	所处市场阶段	已拥有户数比重（%）	各阶段的购买潜量（以每户1台或1辆计）	该市平均年需求量
空调机	投入期（2年）	2.1	100×（5%-2.1%）=2.9（万台）	2.9÷2=1.45（万台）
摩托车	成长前期（3年）	16.5	100×（50%-16.5%）=33.5（万辆）	33.5÷3=11.17（万辆）
彩　电	成长后期（3年）	32	100×（80%-32%）=48（万台）	48÷3=16（万台）
洗衣机	成长后期（3年）	36	100×（80%-36%）=44（万台）	44÷3=14.67（万台）

（2）计算该市摩托车厂计划期的摩托车预计销售量：

该市摩托车厂计划期摩托车预计销售量=该市平均年需求量×本企业市场占有率+本企业对外地区供应量

=11.17×44%+3=7.91（万辆）

由于统计方法提供的数据存在一定程度的误差，计算结果只能作为预测分析的主要依据，所以还应考虑各种非数量因素的变化对销售量或销售额的影响，才能得出接近客观实际的预测结论。

第三节 成本预测分析

一、成本预测的步骤

成本预测涉及的范围较广，往往要包括生产技术、生产组织和经营管理的各个方面。因此，成本预测和销售预测一样，必须以过去的和现在的本企业和国内外其他企业同类产品的有关数据为基础，采用各种专门方法，并且考虑当前技术发展情况对本企业的生产、供应、销售、运输等方面可能产生的影响，通过比较、计算、分析和判断，最后做出成本预测。

成本预测通常可按以下四个步骤进行：

（一）提出目标成本草案

目标成本是指在一定时期内，产品成本应达到的标准。它的形式可以是“标准成本”“计划成本”“定额成本”，但不论怎样，都是要经过全体职工的积极努力才能实现的成本。目标成本肯定要比当前的实际成本低。目标成本要与目标利润的水平保持一致，既不能轻而易举地达到，也不能高不可攀，而是要先进、合理且切实可行，经过努力才能实现。唯有如此，才能激励人们承担更多的责任，发挥积极性和创造性，不断提高成本管理的水平。

究竟应该怎样提出目标成本草案？通常有以下两种做法：

（1）在西方国家，一般是采用“倒剥皮”的方法。就是在确定目标利润的基础上，通过市场调查，根据该项产品在国内或国际市场上的经济信息，先确定一个适当的销售单价，然后减去按目标利润计算的单位产品利润和应缴纳的税金，作为进行该产品生产的目标成本。这种做法有利于使目标成本与目标利润的水平保持一致，并符合市场竞争的需要。由于国内、国际市场竞争激烈，产品的销售单价基本上趋于平均，既不可能太高，因为过高就会在市场上丧失竞争能力，当然也不能过低，否则会损失应得利润。

（2）在我国，一般是以产品的某一先进的成本水平作为目标成本。例如，以本企业历史上最好的成本水平，或国内外同行业同类产品的先进成本水平，或本企业基期的实际平均成本扣减行业或主管单位下达的成本降低率所算出的数据，作为目标成本。这种做法的缺点是，目标成本没有与目标利润挂钩，两者的水平不能协调一致。因此，在实际工作中应尽量采用第一种做法。

（二）预测成本

采用各种专门方法，建立相应的数学模型，来预测本企业在当前情况下产品成本可能达到的水平，并计算出预测成本与目标成本的差距。预测成本最常用的方法有高低点法、加权平均法与回归分析法三种。

（三）拟订降低成本的各种可行性方案

动员企业内部各个部门，针对存在的问题，群策群力，挖掘潜力，拟订出降低成本水平的各种可行性方案，并力求缩小预测成本与目标成本的差距。

（四）制定正式的目标成本

对降低成本的各种可行性方案进行技术、经济分析，从中优选出经济效益与社会效益最佳的方案，并据以制定正式的目标成本，为做出最优的成本决策提供依据。

二、成本预测的常用方法

预测成本一般都是根据本企业产品成本的历史资料数据，按照成本习性的原理，应用数理统计的方法来推测、估计成本的发展趋势。

如前所述，成本的发展趋势一般可用直线方程式来反映，即：

$$y=a+bx$$

只要我们求出固定成本（a）和单位变动成本（b），就可以根据这个方程来预测在任何“产量（x）”下的“产品总成本（y）”的数值。

必须注意，作为预测依据的历史资料，所选用的时期不宜过长，也不宜过短。因为当今世界经济形势发展太快，过长则失去可比性，过短则不能反映出成本变动的趋势，通常以最近的3~5年的历史资料为宜。另外，对于历史资料中某些金额较大的偶然性费用，例如，意外的停工损失、材料或产品的盘盈盘亏等，在引用时应予剔除。

应用y=a+bx模型，通过确定固定成本（a）与单位变动成本（b）进行总成本的预测，具体可采用高低点法、加权平均法和回归分析法。

（一）高低点法

高低点法是将成本费用的发展趋势用y=a+bx方程式来表示，选用一定时期历史资料中的最高业务量与最低业务量的总成本之差与两者业务量之差进行对比，先求出a、b的值，然后据以预测计划期成本。其计算公式如下：

$$b=\frac{y_{高}-y_{低}}{x_{高}-x_{低}}$$

$a=y_{高}-bx_{高}$

或 $a=y_{低}-bx_{低}$

其中：$x_{高}$、$x_{低}$分别代表高、低点业务量；$y_{高}$、$y_{低}$分别代表高、低点业务量的总成本。

【例4-8】某机床厂只产销A机床，最近5年的产量及成本数据见表4-10。

表4-10 产品历年成本资料 金额单位：元

年 度	产量（x）（台）	单位变动成本（b）	固定成本总额（a）
1	20	600	4 000
2	75	300	5 200
3	60	450	5 400
4	45	550	4 800
5	100	400	6 000

若计划年度（第6年）产量为120台。要求：采用高低点法预测计划年度产品总成本和单位成本。

（1）确定产量最高与最低年度的产量与总成本，计算其差异，见表4-11。

表4-11 高、低点产量、总成本差异计算表

项 目	高点（第5年）	低点（第1年）	差 异
产量（x）（台）	100	20	Δx=80
总成本（y）（元）	6 000+400×100=46 000	4 000+600×20=16 000	Δy=30 000

$$b=\frac{y_{高}-y_{低}}{x_{高}-x_{低}}=\frac{\Delta y}{\Delta x}=\frac{30\,000}{80}=375\text{（元）}$$

$$a=y_{高}-bx_{高}=46\,000-375\times100=8\,500\text{（元）}$$

（2）计算计划期总成本与单位成本。

计划年度A机床总成本预测值（y）$=a+bx$

$=8\,500+375\times120=53\,500$（元）

计划年度A机床单位成本预测值$=\frac{y}{x}=\frac{53\,500}{120}=445.83$（元）

（二）加权平均法

加权平均法是根据过去若干期的单位变动成本（b）和固定成本总额（a）的历史资料，按其时间远近给予不同权数，用加权平均数计算计划期的产品成本。其计算公式如下：

$$y=\sum a_iw_i+x\sum b_iw_i\ \left(\sum w_i=1\right)$$

$$单位成本预测值=\frac{y}{x}$$

【例4-9】依【例4-8】资料，采用加权平均法预测计划年度（第6年）A机床120台的总成本和单位成本。令W_i依次为0.03、0.07、0.15、0.25、0.5。

将已知资料代入计算公式，得：

计划年度A机床总成本预测值（y）$=\sum a_i w_i + x\sum b_i w_i$

=（4 000×0.03+5 200×0.07+5 400×0.15+4 800×0.25+6 000×0.5）+120×（600×0.03+300×0.07+450×0.15+550×0.25+400×0.5）

=58 774（元）

计划年度A机床单位成本预测值$=\frac{y}{x}=\frac{58\ 774}{120}$=489.78（元）

加权平均法适用于成本资料健全的企业。

（三）回归分析法

回归分析法是运用数学中最小平方法的原理预测成本，基本公式为：

设：y=a+bx

通过最小平方法，求得：

$$a=\frac{\sum y-b\sum x}{n}$$

$$b=\frac{n\sum xy-\sum x\sum y}{n\sum x^2-(\sum x)^2}$$

当企业历史成本资料中，单位产品成本忽高忽低、变动幅度较大时，采用此方法较为适宜。

【例4-10】依【例4-8】资料，采用回归分析法预测计划年度（第6年）的产品总成本与单位成本。

（1）编制回归分析计算表，见表4-12。

表4-12 回归分析计算表

年度	产量（x）（台）	总成本（y）（元）	xy	x^2
1	20	4 000+600×20=16 000	320 000	400
2	75	5 200+300×75=27 700	2 077 500	5 625
3	60	5 400+450×60=32 400	1 944 000	3 600
4	45	4 800+550×45=29 550	1 329 750	2 025
5	100	6 000+400×100=46 000	4 600 000	10 000
n=5	$\sum x=300$	$\sum y=151\ 650$	$\sum xy=10\ 271\ 250$	$\sum x^2=21\ 650$

（2）计算a、b，并预测成本。

$$b=\frac{n\sum xy-\sum x\sum y}{n\sum x^2-(\sum x)^2}$$

$$=\frac{5\times 10\ 271\ 250-300\times 151\ 650}{5\times 21\ 650-300^2}=321.16\text{（元）}$$

$$a=\frac{\sum y-b\sum x}{n}$$

$$=\frac{151\ 650-321.16\times 300}{5}=11\ 060.4\text{（元）}$$

$$\text{计划年度A机床总成本预测值}(y)=a+bx$$

$$=11\,060.4+321.16\times120=49\,599.6\text{（元）}$$

$$\text{计划年度A机床单位成本预测值}=\frac{y}{x}=\frac{49\,599.6}{120}=413.33\text{（元）}$$

必须指出，上述成本预测的三种常用方法，虽然都是根据成本的历史资料进行数学推导，在一定程度上能反映出成本的变动趋势，但它们对于企业的外部条件，如市场的供需状况、国家的方针政策、运输条件，以及信贷利率等是否有变化，均未加考虑，这就必然会影响预测分析的准确性。为了使成本预测更加接近实际，在采用数学公式推导的同时，还必须与企业管理层的经验判断结合起来，缜密地进行分析研究，才能得出科学的预测结论。

此外，成本预测还应特别重视产品设计和研制这个环节。这个阶段的成本是否处于先进水平，将对产品投产以后的成本产生深远的影响。因此，在产品设计和研制时，必须考虑制造成本和使用成本的节约。

第四节 资金需要量预测分析

一、资金需要量预测的意义及依据

资金是企业生产经营中各种资产的货币表现。拥有必要数量的资金是企业进行生产经营活动的必要条件。通常按其在生产经营过程中的作用不同，将资金分为两类：一类是固定资金，即用于固定资产方面的资金；另一类是营运资金，即用于流动资产方面的资金。这里所提的资金需要量预测是指包括营运资金和固定资金在内的资金需要总量的预测。

资金需要量预测的目的，就是要有意识地把生产经营活动引导到以最少的资金占用取得最佳的经济效益的轨道上来。科学地进行资金预测，不仅能为企业生产经营活动的正常开展测定相应的资金需要量，而且能为经营决策、节约资金耗费、提高资金利用效率创造有利条件。

为了预测资金需要量，首先应弄清楚影响资金需要量的主要因素是什么。在一般情况下，影响资金需要量程度最大的就是计划期的预计销售量和销售额。这是因为，在一般情况下，企业在不同期间资金实际需要量的多少，同该期间经营业务量的大小基本上是相适应的。虽然企业的生产经营活动比较复杂，影响资金变动的因素不止一个，但从较短期间来考察，特别是就一个特定年度（或季度、月份）而言，导致资金发生变动的最直接、最重要的因素就是产品销售收入的变动。一般来说，在其他因素保持不变的情况下，当销售收入水平较高时，相应的资金需要量（尤其是营运资金占用量）也较多；反之，则较低。二者之间的关系是比较密切的。所以，良好的销售预测是资金需要量预测的主要依据。通过确定并利用销售收入和资金需要量之间相互关系的基本模式，可以推算出销售收入处在某一特定水平上的资金需要量。

二、资金需要量预测的常用方法

（一）销售百分比法

销售百分比法就是根据资金各个项目与销售收入总额之间的依存关系，按照计划期销售额的增长情况来预测需要相应追加多少资金的方法，这在西方国家颇为盛行。

销售百分比法一般按以下三个步骤进行：

（1）分析基期资产负债表各个项目与销售收入总额之间的依存关系。

❶资产类项目。周转中的货币资金、正常的应收账款和存货等流动资产项目，一般都会随销售额的增长而成正比例增加。而固定资产是否要增加，则需考虑基期的固定资产是否已被充分利用。如尚未充分利用，则可通过进一步挖掘其利用潜力，即可产销更多的产品；如基期对固定资产的利用已达饱和状态，则增加销售额就需要扩充固定资产。至于长期股权投资和无形资产等项目，一般不随销售额的增长而增加。

❷负债与权益类项目。应付账款、应付票据、应交税费和其他应付款等流动负债项目，通常会随销售额的增长而自动成正比例增加。至于非流动负债和股东权益等项目，则不随销售额的增长而增加。

此外，计划期所提取的折旧准备（应减除计划期内用于更新改造的金额）和留存收益两项目，通常可作为计划期内需要追加资金的内部资金来源。

（2）将基期的资产负债表各项目用销售百分比的形式另行编表。

（3）按公式计算计划期预计需要追加的资金数额。

假设基期销售收入总额为S_0，计划期销售收入总额为S_1，基期随销售额变动而变动的资产项目总额为A，基期随销售额变动而变动的负债项目总额为L，计划期提取的折旧减去用于固定资产更新改造后的余额为D_1，基期的税后销售利润率为R_0，计划期的股利发放率为d_1，计划期的零星资金需要量为M_1，则计划期预计需要追加的资金数额为：

$$\text{计划期预计需追加资金数额}=\left(\frac{A}{S_0}-\frac{L}{S_0}\right)(S_1-S_0)-D_1-S_1R_0(1-d_1)+M_1$$

【例4-11】某公司在基期（2021年）的实际销售总额为500 000元，税后利润为20 000元，发放普通股股利10 000元。假定基期固定资产利用率已达到饱和状态。该公司基期期末资产负债表见表4-13。

表4-13 某公司资产负债表

2021年12月31日

单位：元

资　产	期末余额	权　益	期末余额
1.货币资金	12 000	1.应付账款	52 000
2.应收账款	85 000	2.应交税费	25 000
3.存货	115 000	3.非流动负债	120 000
4.固定资产（厂房设备）	150 000	4.普通股股本	200 000
5.无形资产	48 000	5.留存收益	13 000
资产总计	410 000	权益总计	410 000

若该公司计划期（2022年）销售收入总额将增至750 000元，并仍按基期股利发放率支付股利；折旧准备提取数为20 000元，其中70%用于改造现有的厂房设备；计划期零星资金需要量为15 000元。要求：预测计划期需要追加的资金数额。

（1）根据基期期末资产负债表，分析研究各项资金与当年销售收入总额的依存关系，并编制基期用销售百分比形式反映的资产负债表，见表4-14。

表4-14 某公司资产负债表（用销售百分比反映）

2021年12月31日

资　产	占销售总额的比例（%）	权　益	占销售总额的比例（%）
1.货币资金	2.4	1.应付账款	10.4
2.应收账款	17	2.应交税费	5
3.存货	23	3.非流动负债	（不适用）
4.固定资产（厂房设备）	30	4.普通股股本	（不适用）
5.无形资产	（不适用）	5.留存收益	（不适用）
合　计	72.4	合　计	15.4

在表4-14中，$\frac{A}{S_0}-\frac{L}{S_0}$=72.4%-15.4%=57%，即表示该公司每增加100元的销售收入，需要追加资金57元。

（2）将以上各有关数据代入公式，计算计划期需要追加的资金数额。

$$\text{计划期预计需追加资金数额}=\left(\frac{A}{S_0}-\frac{L}{S_0}\right)(S_1-S_0)-D_1-S_1R_0(1-d_1)+M_1$$

$$=(72.4\%-15.4\%)\times(750\,000-500\,000)-(20\,000-20\,000\times70\%)-750\,000\times\frac{20\,000}{500\,000}\times\left(1-\frac{10\,000}{20\,000}\right)+15\,000$$

$$=136\,500\text{（元）}$$

（二）回归分析法

回归分析法就是应用最小平方法的原理，对过去若干期间的销售额及资金总量（即资金占用总额）的历史资料进行分析，确定反映销售收入总额（x）与资金总量（y）之间相互关系的回归直线（y=a+bx），并据以预测计划期的资金需要量。具体计算方法与成本回归预测相同。

【例4-12】某公司近5年销售收入和资金占用总额的历史资料，见表4-15。

表4-15 某公司近5年销售收入与资金占用额 单位：万元

年　度	1	2	3	4	5
销售收入	240	260	255	270	300
资金总额	153	162	159	165	175

该公司计划年度（第6年）的销售收入总额预测值为350万元，已有资金180万元。要求：预测计划年度需要追加的资金数额。

（1）按回归分析原理对历史数据进行加工、整理、制表计算，见表4-16。

表4-16 回归分析计算表

年度	销售收入（x）（万元）	资金占用额（y）（万元）	xy	x^2
1	240	153	36 720	57 600
2	260	162	42 120	57 600
3	255	159	40 545	65 025
4	270	165	44 550	72 900
5	300	175	52 500	90 000
n=5	$\sum x=1\,325$	$\sum y=814$	$\sum xy=216\,435$	$\sum x^2=353\,125$

（2）应用表4-16中的有关数据计算资金需要量。

$$b=\frac{n\sum xy-\sum x\sum y}{n\sum x^2-(\sum x)^2}$$

$$=\frac{5\times 216\,435-1\,325\times 814}{5\times 353\,125-1\,325^2}=0.3625\text{（万元）}$$

$$a=\frac{\sum y-b\sum x}{n}$$

$$=\frac{814-0.3625\times 1\,325}{5}=66.74\text{（万元）}$$

计划期（第6年）预计资金需要量（y）=a+bx

=66.74+0.3625×350=193.62（万元）

计划期（第6年）预计需追加资金数额=193.62−180=13.62（万元）

最后还应指出，多数企业在其生产经营期间都要求有一定的现金储备量，以确保现金收入一旦发生背离计划的差异时进行现金补充，使生产经营过程不因资金供应不足而受到影响。因此，上述计算在实际工作中还应考虑现金储备量这一因素。

德技兼修

“碳达峰、碳中和”预测分析为中国经济社会高质量发展指引方向

在2020年第七十五届联合国大会一般性辩论上，习近平主席正式宣布：“中国将提高国家自主贡献力度，采取更加有力的政策和措施，二氧化碳排放力争于2030年前达到峰值，努力争取2060年前实现碳中和。”这是以习近平同志为核心的党中央统筹国内国际两个大局做出的重大战略决策，是着力解决资源环境约束突出问题、实现中华民族永续发展的必然选择，是构建人类命运共同体的庄严承诺。不仅彰显了中国积极应对气候变化、推动构建人类命运共同体的责任担当，更展现了中国走绿色低碳高质量发展道路的坚定决心。

企业是碳达峰、碳中和目标关键主体，对企业而言，“碳达峰、碳中和”目标一方面提出了转型发展的新挑战，另一方面也提供了绿色投资巨大市场的新机遇。为此中信建投证券研究部利用预测分析，提出了企业未来二十大发展方向：

预测一：未来40年中国的能源、产业、消费和区域结构将发生重大的调整

预测二：碳交易和碳市场的发展

预测三：减少建筑物碳排，打造绿色建筑

预测四：长期储能规模的爆发依赖于高比例可再生能源电力风电、光伏的应用

预测五：硅铁：碳中和背景下下一个受益品种

预测六：运输领域电气化，产业链深度变革

预测七：低排放的工程机械

预测八：工业加速节能减排

预测九：碳中和带来海缆需求持续增长

预测十：光伏技术迭代加速，推荐电池设备、HJT电池组件、硅料与大尺寸硅片龙头

预测十一：新能源车推动交通领域减排

预测十二：风电效率提升推动经济性改善

预测十三：核电设备细分赛道涌现新的活力

预测十四：严控电解铝产能总量，水电铝和再生铝受益

预测十五：高能耗行业新一轮高质量供给侧改革

预测十六：碳中和带来低碳新材料长期发展机遇

预测十七：煤化工企业开启高效化、低碳化进程

预测十八：电力行业脱碳将是碳达峰碳中和的胜负手，关注零碳电力

预测十九：CCS+森林碳汇将最终实现碳中和

预测二十：脱碳对海运首当其冲，利多LNG板块

“凡事预则立，不预则废”。“碳达峰、碳中和”目标为中国经济社会高质量发展提供了方向指引，将倒逼中国经济社会发展全面低碳转型，既是推进疫后经济绿色复苏、形成绿色经济新动能的客观需要，也是缓解资源环境约束、建设生态文明和美丽中国的重要路径，更是助力发展方式深刻变革，促进能源结构、产业结构、经济结构转型升级的战略选择，对实现社会主义现代化强国目标和在未来的大国博弈中占据绿色低碳竞争优势具有重大意义。

资料来源 中信建投证券研究部.

第五章 决策分析的相关指标

内容提要及教学目标

决策按照时间长短，可分为短期经营决策和长期投资决策。在短期经营决策中，在前面成本性态分析的基础上，还必须考虑一系列特定的成本概念；在长期投资决策中，为了计算评价指标，必须首先了解与掌握现金流量、资金成本、货币时间价值等内容。本章将系统介绍特殊决策成本概念、现金流量和货币时间价值的计算，为研究决策分析方法奠定基础。通过本章教学，实现学生掌握决策相关成本的知识目标、现金流量与货币时间价值计算的技能目标，以及弘扬抗美援朝精神的价值目标。

第一节 决策分析所涉及的特殊成本概念

一、相关成本

相关成本是指与特定决策方案相联系、能对决策产生重大影响、在短期经营决策中必须予以充分考虑的成本。这里所说的相关成本，是指与某个决策方案直接相关的成本，此方案采用，该成本就发生，否则该成本就不会发生。相关成本主要包括：增量成本、边际成本、机会成本、重置成本、付现成本、专属成本、可延缓成本等。

（一）增量成本

增量成本是指由于业务量增加而增加的变动成本。在一定条件下，某一决策方案的增量成本就是该方案的相关变动成本。在短期经营决策中，增量成本是较为常见的相关成本。如在亏损产品是否停产或转产的决策、是否接受特殊价格追加订货的决策、半成品是否深加工的决策和联产品是否深加工的决策中，最基本的相关成本就是增量成本。

（二）边际成本

经济学中的边际成本是指当业务量发生微小变动时所引起的成本变动额。

但在实际经济生活中，业务量的微小变动只能小到一个经济单位（如一件、一只等）。因此，在管理会计中，边际成本是指当业务量增加一个经济单位所引起的成本增加额。在相关范围内，边际成本实质上就是单位变动成本。边际成本是增量成本的一种特殊形式。

（三）机会成本

机会成本原是经济学术语，它以经济资源的稀缺性和多种选择机会的存在为前提，是指在经济决策中应由中选的最优方案负担的，按所放弃的次优方案潜在收益计算的那部分机会损失。许多经济资源均可有多方面用途，但在一定时空条件下，资源总是相对有限的。选择某一方案必然意味着其他方案可能获利的机会被放弃或者丧失。因此，以次优方案的可能收益作为中选最佳方案的成本，可以全面评价决策方案收益与成本的关系；管理会计也将机会成本作为决策的相关成本来考虑。但由于机会成本并没有构成企业的实际成本支出，所以在财务会计核算时，对机会成本并不在任何会计账户中予以登记。

在短期经营决策中，机会成本是较为常见的相关成本。在进行亏损产品是否停产、转产决策和有关产品是否深加工的决策时，现已具备的相关生产能力转产所能获取的收益，就是不转产方案的机会成本。在是否接受特殊订货的决策中，对于接受追加订货的方案来说，因为加工能力不足而挪用正常订货所放弃的有关收入也属于机会成本。

随堂测

机会成本是多少?

（四）重置成本

重置成本是指某项现有的资产在市场上出售的现时价值，也就是一项资产在市场上的重新评估价值。在短期经营决策中，对企业原有的资产，不应考虑其原始价值，而只应将其重置成本作为相关成本来予以考虑。

（五）付现成本

付现成本又称现金支出成本或付现的营运成本，是指在决策方案开始实施时，立即用现金支付的成本或现金付款的营运成本。从一定意义上来说，一个决策方案的成本往往都要用现金来支付，但发生的时间有所不同，有的发生在决策方案实施前，如购买原有设备的支出；有的发生在决策方案实施后，如购买原材料采用分期付款方式时的后期付款。管理会计中所说的付现成本不包括前面所说的方案实施前和实施后用现金支付的成本，它只是指方案开始实施时马上用现金支付的成本。

（六）专属成本

专属成本是指那些能够明确归属于特定决策方案的固定成本或混合成本。它往往是为了弥补生产能力不足的缺陷，增加有关设备而发生的。专属成本的确认与取得相关设备的方式有关。若采用购买方式，则购买设备的支出就是该方案的专属成本；若采用租入方式，则设备的租金就是该方案的专属成本。另外，在具体应用时，凡是属于某一方案新增加的固定成本都可确认为专属成本。如采购材料决策时，到外地采购材料的差旅费支出就可确认为该采购方案的专属成本。

（七）可延缓成本

可延缓成本是指在短期经营决策中，对其暂缓开支不会对企业未来的生产经营产生重大不利影响的那部分成本。可延缓成本是决策中必须考虑的相关成本。

二、无关成本

无关成本是指不受决策结果影响，与决策关系不大，已经发生或不管方案是否采用都注定要发生的成本。在短期经营决策中，不能考虑无关成本，否则可能会导致决策失误。无关成本主要包括沉没成本、共同成本和不可延缓成本等。

（一）沉没成本

沉没成本是指由于过去决策结果而引起并已经实际支付过款项的成本。企业大多数固定成本均属于沉没成本，但并不是说所有的固定成本都属于沉没成本，如与决策方案有关的新增固定资产的折旧费就不是沉没成本，而是与决策相关的成本。另外，某些变动成本也属于沉没成本，如在半成品是否深加工的决策中，半成品本身的成本（包括固定成本和变动成本）为沉没成本。

（二）共同成本

共同成本是与专属成本相对立的成本，是指应当由多个方案共同负担的固定成本或混合成本。由于它的发生与特定方案的选择无关，属于比较典型的无关成本，因此，在决策中应不予考虑。

（三）不可延缓成本

不可延缓成本是与可延缓成本相对立的成本，是指在短期经营决策中，若对其暂缓开支就会对企业未来的生产经营产生重大不利影响的那部分成本。由于不可延缓成本具有较强的刚性，注定要发生，所以必须保证对它的支付，没有选择的余地，属于决策无关成本。

第二节 现金流量的计算

一、现金流量的含义

现金流量是指投资项目在其计算期内因资本循环而发生的各项现金流入和现金流出的总称。现金流量的计算是以收付实现制为基础的。管理会计中所说的现金是指货币资金。

在长期投资决策中，现金流量是计算投资决策评价指标的主要根据之一，利用现金流量使应用货币时间价值进行动态投资效果的综合评价成为可能。

二、现金流量的内容

（一）确定现金流量的有关假定

1.全投资假定

按投资项目的范围确定现金流量的内容，将整个投资项目的自有资金和借入资金都视为投资额，作为现金流出量。

2.项目计算期假定

投资项目从开始建设到最后报废清理的全部时间称为项目计算期。项目计算期分为建设期和生产经营期两个阶段。项目计算期的第一年年初一般记为0年，称为建设起点；第一年年末记为1；第二年年末记为2；依此类推，最后一年年末称为终结点，并假定项目最终报废清理均发生在终结点。

3.时点假定

为便于进行货币时间价值的计算，不论是时点指标还是时期指标，均假定为时点指标处理，即流出在期初，收回在期末。

4.现金流量符号假定

假定现金流入用正值表示，现金流出用负值表示。

（二）现金流量的具体内容

1.现金流入的内容

（1）营业收入，是指在项目投产后的生产经营期内实现的销售收入或业务收入，但必须是实现的现金收入。从理论上来说，本期发生的赊销额不应计入本期的现金流入，而回收以前时期的赊销额则应计入本期的现金流入，但为了简化计算，可假定二者相等，不再单独计算。根据前面所讲的时点假定，生产经营期发生的营业收入均作为每期期末的时点数。

（2）回收的固定资产余值，是指投资项目的固定资产在报废处理时所收回的价值。此项现金流入一般发生在项目计算期的最后一年年末，即发生在项目计算期的终结点。

（3）回收的流动资金，是指生产经营期结束时回收的原垫付的流动资金。此项现金流入只能发生在项目计算期的终结点。

2.现金流出的内容

（1）建设投资，是指在项目建设期内所发生的固定资产、无形资产和开办费等项目投资。固定资产投资加建设期贷款利息（资本化利息）为固定资产原值，但建设期的利息并没有支付，所以不作为现金流出。

（2）垫付的流动资金，是指在项目投产前后分次或一次投放于流动资产项目的资金。垫付的流动资金可能发生在建设期内，也可能发生在生产经营期内，为简化分析，一般假定发生在建设期的期末（或者说发生在生产经营期的期初）。

（3）付现的营运成本，是指在生产经营期内每年发生的用现金支付的成本。它是当年的总成本扣除该年折旧额、无形资产摊销额、开办费摊销额、经营期内每年利息费用等项目后的差额。每年的总成本中包含上述扣除的当年非现金流出的内容，这些内容虽然也是成本，但不需要动用现实货币资金支出，所以不属于付现的营运成本。在全投资假设下，经营期利息费用不作为现金流出量处理。

（4）支付的各项税款，是指在生产经营期内企业实际支付的流转税、所得税等税款。

三、现金净流量的计算

（一）现金净流量的含义

现金净流量是指在项目计算期内每年现金流入量与当年现金流出量差额的序列数。

在建设期内发生的主要是投资支出，现金净流量一般为负值。在生产经营期内，现金净流量一般为正值。

（二）现金净流量的计算公式

现金净流量的计算公式如下：

某年现金净流量=该年现金流入量-该年现金流出量

在建设期内，由于没有现金流入，只有现金流出，其简化公式如下：

建设期某年现金净流量=-该年发生的投资额

在生产经营期内，计算每年的现金净流量，可按下面的公式计算：

生产经营期某年现金净流量=该年税后利润+该年折旧+该年摊销额+该年利息+该年回收额

（三）现金净流量的计算举例

【例5-1】某企业进行一项固定资产投资，在建设起点一次投入800万元，建设期为1年，该投资从银行贷款，建设期按10%的年利息率计算的利息为80万元。该项目的生产经营期为8年，该固定资产报废时预计残值为32万元。生产经营期每年可获税后利润130万元。要求：计算该投资在项目计算期内各年的现金净流量。

微课

现金净流量的计算

采用简化的生产经营期现金净流量的计算公式来计算，必须要计算每年的折旧额，计算如下：

固定资产原值=800+80=880（万元）

固定资产年折旧额=$\frac{880-32}{8}$=106（万元）

项目计算期内各年现金净流量的计算见表5-1。

表5-1　　现金净流量计算表　　单位：万元

年份 \ 项目	投　资	税后利润	折　旧	回收残值	现金净流量
0	800				-800
1	0				0
2		130	106		236
3		130	106		236
4		130	106		236
5		130	106		236
6		130	106		236
7		130	106		236
8		130	106		236
9		130	106	32	268

【例5-2】某企业投资新建一个分厂，投资均为贷款，建设期为2年。第1年年初固定资产投资300万元，第2年年初固定资产投资200万元；第1年应计贷款利息30万元，第2年应计贷款利息53万元。第2年年末投入流动资金80万元，该项目的生产经营期为10年，预计期满报废时有残值43万元。生产经营期各年预计实现的税后利润见表5-2。要求：计算该投资在项目计算期内各年的现金净流量。

表5-2　　预计税后利润表　　单位：万元

年　份	3	4	5	6	7	8	9	10	11	12
税后利润	20	25	40	40	50	50	35	30	20	20

固定资产原值=（300+200）+（30+53）=583（万元）

固定资产年折旧额=$\frac{583-43}{10}$=54（万元）

项目计算期内各年现金净流量的计算见表5-3。

表5-3　　现金净流量计算表　　单位：万元

年份 \ 项目	投　资	税后利润	折　旧	回收残值	回收流动资金	现金净流量
0	300					-300
1	200					-200
2	80					-80
3		20	54			74
4		25	54			79

续表

年份＼项目	投　资	税后利润	折　旧	回收残值	回收流动资金	现金净流量
5		40	54			94
6		40	54			94
7		50	54			104
8		50	54			104
9		35	54			89
10		30	54			84
11		20	54			74
12		20	54	43	80	197

【例5-3】某企业新建一条生产线，第1年年初利用贷款投资80万元，建设期为1年，建设期应计贷款利息8万元。该生产线使用期限为8年，期满有残值4万元。在生产经营期，该生产线每年可为企业增加营业收入30万元，每年增加付现营业成本13万元。该企业享受15%的企业所得税优惠税率。要求：计算该投资的项目计算期内各年的现金净流量。

固定资产原值=80+8=88（万元）

固定资产年折旧额=$\frac{88-4}{8}$=10.5（万元）

年利润=30-（13+10.5）=6.5（万元）

年税后利润=6.5×（1-15%）=5.525（万元）

项目计算期内各年现金净流量的计算见表5-4。

表5-4　　现金净流量计算表　　单位：万元

年份＼项目	投　资	税后利润	折　旧	回收残值	现金净流量
0	80				-80
1	0				0
2		5.525	10.5		16.025
3		5.525	10.5		16.025
4		5.525	10.5		16.025
5		5.525	10.5		16.025
6		5.525	10.5		16.025
7		5.525	10.5		16.025
8		5.525	10.5		16.025
9		5.525	10.5	4	20.025

第三节 货币时间价值的计算

一、货币时间价值的含义

货币时间价值（又称资金时间价值）是长期投资决策必须考虑的重要因素。从经济学的观点来看，一笔货币如果作为储藏手段保存起来，在不存在通货膨胀因素的条件下，经过一段时间后，其价值不会有什么改变。但同样一笔货币若作为社会生产的资本或资金来运用，经过一段时间后，就会产生收益，使自身价值增加，这就是所谓的货币具有时间价值的现象。

按照马克思主义经济学观点理解，货币时间价值是作为资本（或资金）使用的货币在其被运用的过程中随时间推移而带来的那部分增值部分，其实质是剩余价值的转化形式。

对货币时间价值这一概念的理解，应掌握以下要点：第一，货币时间价值是货币增值部分，在不考虑风险和通货膨胀的情况下，可理解为利息。第二，货币的增值是在货币被作为投资资本的运用过程中实现的，不作为资本运用的货币不可能自行增值。第三，货币时间价值的多少与时间正相关。

例如，现在将10 000元存入银行，如果年利率为5%，1年后将能取出10 500元，其中的500元是银行付给的利息，也就是所说的货币时间价值。

二、货币时间价值的计算制度

货币时间价值的计算有两种制度：一种是单利制；另一种是复利制。

（一）单利制

单利制是指每期计算利息时都以本金作为计算的基础，前期的利息不计入下期的本金。在单利制下，计算的各期利息额都是相等的。

设：本金为P，利率为i，计息期数为n，本金与利息的总和为F_n。

则：1个时期的利息为$P \cdot i$，n个时期的利息为$P \cdot i \cdot n$，n个时期的本利和为$F_n=P(1+i \cdot n)$。

（二）复利制

复利制是指每期计算利息时都以前一时期的本利和作为计算的基础，前期的利息计入下期的本金。在复利制下，计算的各期利息额是递增的。

即：

第一期期末的利息：Pi

第二期期末的利息：$(P+Pi) \times i=P(1+i)i$

第一期期末的本利和：$F_1=P(1+i)$

第二期期末的本利和：$F_2=P(1+i)(1+i)=P(1+i)^2$

⋮

第n期期末的本利和：$F_n=P(1+i)^n$

（三）单利制与复利制的比较

为了更深入地理解单利制和复利制在计算利息方面的差异，下面举例来进行比较。

假设第1年年初贷款10 000元，年利率为5%，单利制与复利制的比较见表5-5。

表5-5 单利制与复利制的比较 单位：元

年份	单利制			复利制		
	年初本金	年末利息	年末本利和累计	年初本金	年末利息	年末本利和累计
1	10 000	500	10 500	10 000	500	10 500
2	10 000	500	11 000	10 500	525	11 025
3	10 000	500	11 500	11 025	551	11 576
4	10 000	500	12 000	11 576	579	12 155
5	10 000	500	12 500	12 155	608	12 763

从表5-5中可以看出，单利制下计算的每年利息均是相等的，而复利制下计算的每年利息则是递增的，原因是利息作为本金又计算了利息。单利制下每年计算利息均是以第1年年初的本金（10 000元）为基础，而复利制下每年计算利息则是以上年年末的本利和为基础。

一般来说，由于利息可以资本化，所以在进行占用资金数额较大、占用时间较长的长期投资决策分析时，应该采用复利制计算利息。在管理会计中，货币时间价值的计算均采用复利制。

三、复利终值与现值的计算

（一）复利终值的计算

终值是指本金在一定时期后的价值，即本金和利息的总和。复利终值是指按复利制计算的一定时期后的本利和。

按照复利制计算终值，则：

第一期：$F_1=P(1+i)$

第二期：$F_2=P(1+i)(1+i)=P(1+i)^2$

第三期：$F_3=P(1+i)^2(1+i)=P(1+i)^3$

⋮

第n期：$F_n=P(1+i)^n$

上述公式为复利终值计算公式，式中的$(1+i)^n$称为复利终值系数，记作（F/P，i，n）。复利终值系数表见本书附表一。因此：

复利终值=本金×复利终值系数

即：$F_n=P(F/P, i, n)$

在实际工作中，复利终值系数并不需要每次都重新计算，可以利用复利终值系数表，根据利率和期数从表中直接查找使用。

【例5-4】某企业于2022年1月1日从银行获得贷款50万元，年利率为9%，按年计算复利，该贷款满3年后一次还本付息。要求：计算3年后应偿还的本利和。

计算复利制下的本利和就是求复利终值。已知本金为50万元，年利息率为9%，贷款期限为3年。

已知：P=50，i=9%，n=3，求F_3=?

$F_3=50\times(1+9\%)^3$

查复利终值系数表，利率为9%、期限为3年的复利终值系数（F/P，9%，3）为1.295。

$F_3=50\times1.295=64.75$（万元）

通过计算可知，3年后应偿还的本利和为64.75万元。

【例5-5】某企业从银行取得200万元的贷款额度，第1年年初取得贷款100万元，第2年年初取得贷款50万元，第3年年初取得贷款50万元。该贷款年利率为8%，按年计算复利，第4年年末一次还本付息。要求：计算第4年年末应偿还的本利和。

本例是求3笔贷款的复利终值，第1年年初贷款100万元要计算4年的利息，第2年年初贷款50万元要计算3年的利息，第3年年初贷款50万元要计算2年的利息。

查复利终值系数表可知：

利率8%的4期复利终值系数（F/P，8%，4）为1.360。

利率8%的3期复利终值系数（F/P，8%，3）为1.260。

利率8%的2期复利终值系数（F/P，8%，2）为1.166。

$F=100\times1.360+50\times1.260+50\times1.166=136+63+58.3=257.3$（万元）

所以，第4年年末应偿还的本利和为257.3万元。

（二）复利现值的计算

现值是指未来某一时期一定数额的款项折合成现在的价值，即本金。复利现值是指根据复利折现率计算的现在价值，用P表示。

复利终值的计算是已知本金求本利和，而复利现值的计算则是已知本利和求本金。因此，复利现值与复利终值互为逆运算。

根据复利终值的计算公式，可推导出复利现值的计算公式如下：

$$P=\frac{F_n}{(1+i)^n}=F_n\frac{1}{(1+i)^n}$$

上式中的$\frac{1}{(1+i)^n}$称为复利现值系数，记作（P/F，i，n）。复利现值系数表见本书附表二。因此：

复利现值=终值×复利现值系数

或 $=\frac{终值}{复利终值系数}$

即：P=F（P/F，i，n）

【例5-6】某企业准备在4年后投资280万元建一条生产线，现在拟存入银行一笔钱，4年后连本带利恰好能取出280万元，银行年利率为5%，每年计一次复利。要求：计算现在需一次性存入银行的本金。

此例就是求复利现值的问题。

已知：$F_n=280$，$i=5\%$，$n=4$，求P=?

$$P=280\times\frac{1}{(1+5\%)^4}$$

$=280\times$（P/F，5%，4）

查复利现值系数表，（P/F，5%，4）为0.823。

$P=280\times0.823=230.44$（万元）

因此，现在应一次性存入银行的本金为230.44万元。

【例5-7】某企业于第1年至第3年每年年初分别投资200万元、100万元和180万元，投资来自银行贷款，年利率为8%，每年计一次复利。要求：按银行贷款利率折现每年的投资额，计算折现为第1年年初时的总投资额。

此例是系列款项现值计算的问题。第1年年初投资的200万元不需要折现，第2年年初投资100万元的折现期为1年，第3年年初投资180万元的折现期为2年。

$$P=200+100\times\frac{1}{1+8\%}+180\times\frac{1}{(1+8\%)^2}$$

查复利现值系数表可知：

年利率8%、1期的复利现值系数（P/F，8%，1）为0.926。

年利率8%、2期的复利现值系数（P/F，8%，2）为0.857。

$P=200+100\times0.926+180\times0.857=200+92.6+154.26=446.86$（万元）

因此，折现为第1年年初时的总投资额为446.86万元。

四、年金终值与现值的计算

年金是指在一定时期内每隔相同时间就发生相同数额的系列收付款项。作为年金，一般应同时具备下列三个条件：第一，等额性。各期发生的款项必须是相等的。第二，连续性。该款项的发生必须是系列的，也就是说，必须是两笔或两笔以上的收付款项。第三，发生时间的均匀性。各笔发生款项的间隔期相同。

年金包括普通年金、先付年金、递延年金和永续年金等多种形式，其中，普通年金应用最为广泛，其他几种年金的时间价值均可在普通年金的基础上推算出来。

（一）普通年金终值的计算

凡在每期期末发生的年金称为普通年金，一般用A表示。以后凡涉及年金问题，若不特殊说明，均指普通年金。

普通年金终值（F_A）是指普通年金的复利终值的总和。

普通年金终值的计算公式如下：

$$F_A=A\frac{(1+i)^n-1}{i}$$

上式中的$\frac{(1+i)^n-1}{i}$为年金终值系数，记作（F/A，i，n）。年金终值系数表见本书附表三。因此，普通年金终值的计算公式如下：

普通年金终值=年金×年金终值系数

即：$F_A=A$（F/A，i，n）

【例5-8】某企业进行对外投资，于2019年至2022年每年年末收到投资收益75万元，该企业收到投资收益立即存入银行，银行存款年利率为6%，每年计一次复利。该存款本利和于2022年年末一次性取出。要求：计算该投资收益2022年年末一次性取出的本利和。

此例是求普通年金终值的问题。为深刻理解此问题，具体分析思路如图5-1所示。

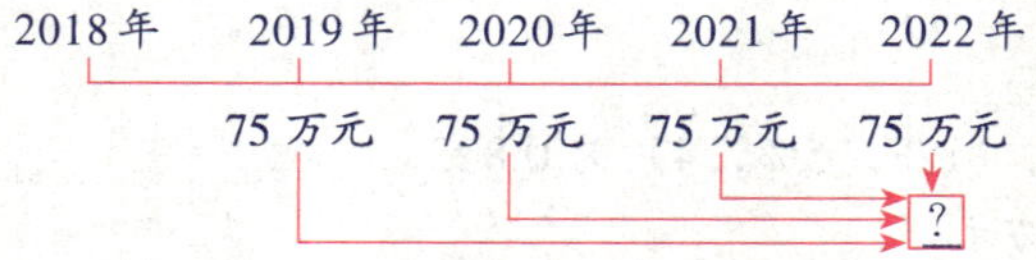

图5-1 求普通年金终值

已知：A=75，i=6%，n=4，求F_A=?

$$F_A=75\times\frac{(1+6\%)^4-1}{6\%}$$

查年金终值系数表，利率6%、4期的年金终值系数（F/A，6%，4）为4.375。

F_A=75×4.375=328.125（万元）

因此，该项投资收益存于银行后，可于2022年年末一次性取出本利和328.125万元。

（二）年偿债基金的计算

年偿债基金的计算是已知年金终值求年金，它是年金终值的逆运算。

根据年金终值的计算公式，可推导出年偿债基金的计算公式如下：

$$A=\frac{F_A}{\frac{(1+i)^n-1}{i}}=\frac{F_A}{(F/A,\ i,\ n)}$$

上式用文字表述如下：

$$年偿债基金=\frac{年金终值}{年金终值系数}$$

【例5-9】某企业准备3年后进行一项投资，投资额150万元，打算今后3年每年年末等额存入银行一笔资金，恰好第3年年末一次性取出本利和150万元。银行存款年利息率为4%，每年计一次复利。要求：计算今后3年每年年末应等额存入银行的资金。

此例是已知年金终值求年金，即求年偿债基金。为便于理解，具体分析思路如图5-2所示。

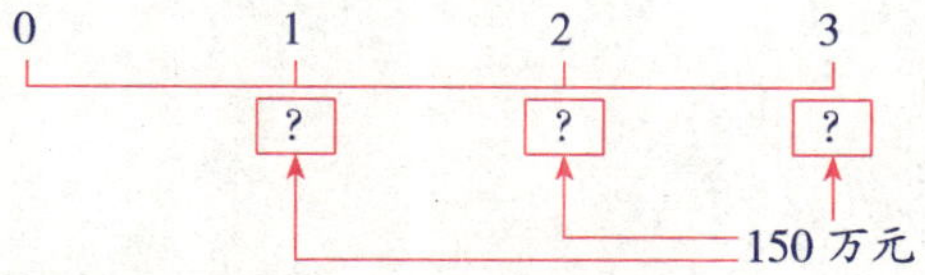

图5-2 求年偿债基金

已知：F_A=150，i=4%，n=3，求A=?

$$A=\frac{150}{\frac{(1+4\%)^3-1}{4\%}}$$

查年金终值系数表，利率4%、3期的年金终值系数（F/A，4%，3）为3.122。

$$A=\frac{150}{3.122}\approx48.046（万元）$$

因此，今后3年每年年末应存入48.046万元，就能够保证在第3年年末一次性取出150万元。

（三）普通年金现值的计算

普通年金现值（P_A）是指普通年金的复利现值的总和。

普通年金现值的计算公式如下：

$$P_A=A\frac{(1+i)^n-1}{i(1+i)^n}=A\frac{1-(1+i)^{-n}}{i}$$

上式中的$\frac{(1+i)^n-1}{i(1+i)^n}$为年金现值系数，记作（P/A，i，n）。该系数实质上是年金终值系数$\frac{(1+i)^n-1}{i}$与复利现值系数$\frac{1}{(1+i)^n}$的乘积。年金现值系数表见本书附表四。因此：

普通年金现值=年金×年金现值系数

即：$P_A=A(P/A, i, n)$

【例5-10】某企业今后4年每年年末投资65万元，假定折现利率为10%，每年计一次复利。要求：计算按第1年年初价值来看的投资额。

此例是求年金现值的问题。为便于理解，具体分析思路如图5-3所示。

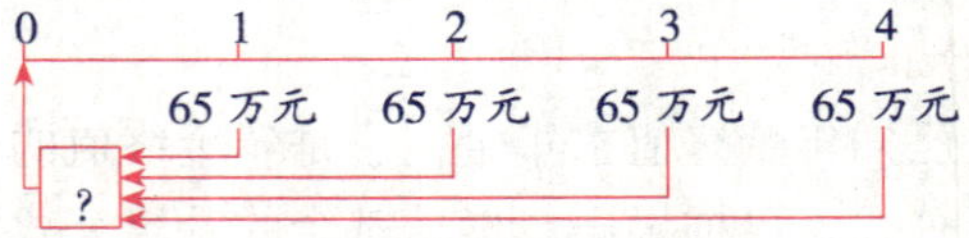

图5-3 求普通年金现值

已知：A=65，i=10%，n=4，求P_A=?

$$P_A=65\times\frac{(1+10\%)^4-1}{10\%\times(1+10\%)^4}$$

查年金现值系数表，利率10%、4期的年金现值系数（P/A，10%，4）为3.17。

$P_A=65\times3.17=206.05$（万元）

因此，按第1年年初价值来看的总投资额为206.05万元。

（四）年回收额的计算

年回收额的计算是已知年金现值求年金（即年回收额），它是年金现值的逆运算。根据年金现值的计算公式，可推导出年回收额的计算公式如下：

$$A=\frac{P_A}{\frac{(1+i)^n-1}{i(1+i)^n}}$$

上式用文字表述如下：

$$年回收额=\frac{年金现值}{年金现值系数}$$

【例5-11】某企业准备在第1年年初存入银行一笔资金，用于今后3年每年年末发放奖金，第1年年初一次性存入150 000元，银行存款年利率为5%，每年计一次复利。要求：计算今后3年每年年末平均能取出的数额。

此例是已知年金现值求年金，也就是求年回收额。为便于理解，具体分析思路如图5-4所示。

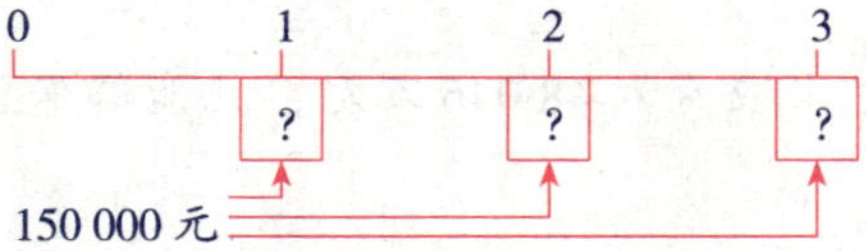

图5-4 求年回收额

已知：P_A=150 000，i=5%，n=3，求A=?

$$A=\frac{150\,000}{\frac{(1+5\%)^3-1}{5\%\times(1+5\%)^3}}$$

查年金现值系数表，利率5%、3期的年金现值系数（P/A，5%，3）为2.723。

$$A=\frac{150\,000}{2.723}\approx55\,086.3（元）$$

因此，今后3年每年年末能取出55 086.3元。

（五）其他种类年金的计算

1.先付年金终值与现值的计算

先付年金是在每期期初发生等额收付的一种年金形式。先付年金终值的计算在普通年金终值计算公式的基础上略作调整即可。因为先付年金发生在期初，与普通年金相比，在计算终值时要多计算一期利息，所以在查年金终值系数表时要查n+1期，查n+1期使年金多计一笔，因此要把查到的年金终值系数减1。举例来说，如果要计算5期的先付年金终值系数，实际上就查6期的年金终值系数然后减去1即可。

【例5-12】某企业从第1年至第4年每年年初存入银行60 000元，银行存款年利率为5%，每年计一次复利。该存款于第4年年末一次从银行取出。要求：计算第4年年末一次取出的本利和。

此例是计算先付年金终值的问题。为便于理解，具体分析思路如图5-5所示。

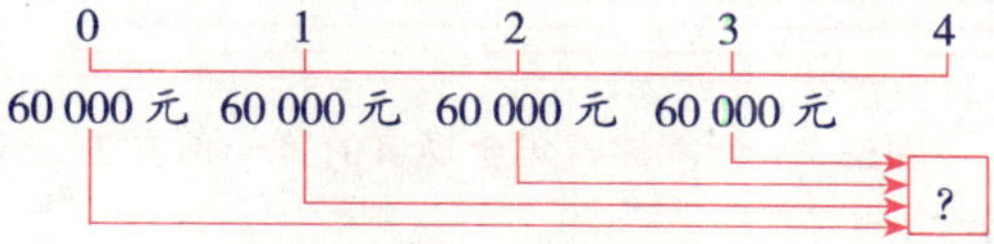

图5-5 求先付年金终值

查年金终值系数表，利率5%、5期的年金终值系数（F/A，5%，5）为5.526。

F_A=60 000×（5.526−1）=271 560（元）

因此，第4年年末一次取出的本利和为271 560元。

先付年金现值的计算在普通年金现值计算公式的基础上略作调整即可。因为先付年金发生在期初，计算现值时与普通年金相比要少计算一期利息，所以在查年金现值系数表时要查n−1期，查n−1期使年金少计一笔，因此要把查到的年金现值系数加1。举例来说，如果要计算5期的先付年金现值系数，实际上就查4期的年金现值系数然后加上1即可。

【例5-13】某企业在今后4年每年年初投资50万元，假定折现率为10%，每年计一次复利。要求：计算按第1年年初价值来看的总投资额。

此例是计算先付年金现值的问题。为便于理解，具体分析思路如图5-6所示。

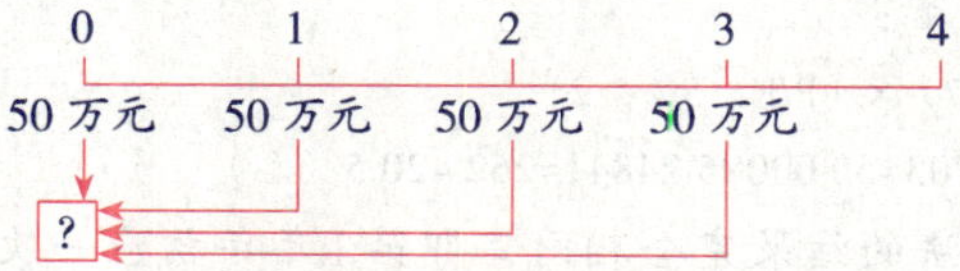

图5-6 求先付年金现值

查年金现值系数表，年利率10%、3期的年金现值系数（P/A，10%，3）为2.487。

P_A=50×（2.487+1）=174.35（万元）

因此，按第1年年初价值来看的总投资额为174.35万元。

2.递延年金现值的计算

递延年金是指从初期开始间隔一定时期后才连续发生的年金。递延年金现值系数的计算有两种方法。举例来说，第3年年末开始到第8年年末发生的年金，如果要计算第1年年初的年金现值，就是求递延年金现值。计算递延年金现值系数时，用8期普通年金现值系数减去2期普通年金现值系数即为递延年金现值系数；或者用6期（8−2）的普通年金现值系数乘以2期的复利现值系数求得。

【例5-14】某企业准备在第1年年初存入银行一笔资金，设立一笔奖励基金，预计要从第3年到第9年年末每年年末取出50 000元用于发放奖励，银行存款年利率为5%，每年计一次复利。要求：计算第1年年初应一次性存入银行的数额。

此例是计算递延年金现值的问题。有以下两种方法计算递延年金现值系数：

第一种方法：

因为总期数为9年，前面间隔期为2年，因此，其递延年金现值系数应是用9期普通年金现值系数减去2期普通年金现值系数。为便于理解，具体分析思路如图5-7所示。

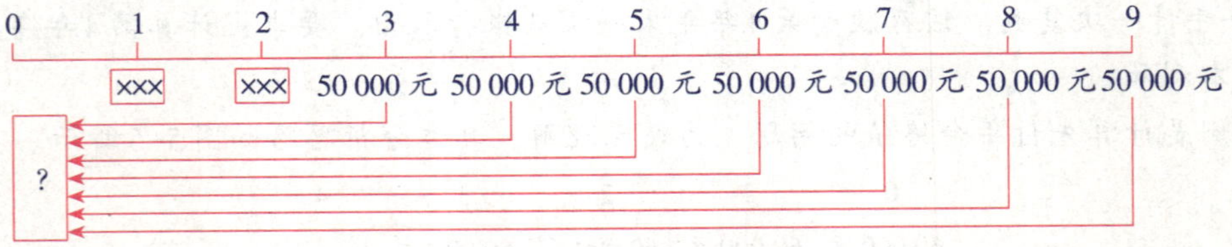

图5-7 计算递延年金现值的第一种方法

递延年金现值计算如下：

P_A=50 000×［（P/A，5%，9）-（P/A，5%，2）］

=50 000×（7.10782-1.85941）=50 000×5.24841=262 420.5（元）

因此，第1年年初应一次性存入银行262 420.5元。

第二种方法：

用7期（9-2）的普通年金现值系数乘以2期的复利现值系数求得。为便于理解，具体分析思路如图5-8所示。

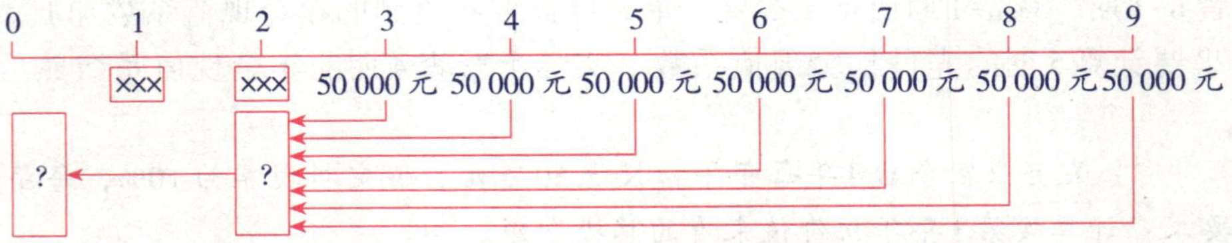

图5-8 求递延年金现值的第二种方法

递延年金现值计算如下：

P_A=50 000×（P/A，5%，7）×（P/F，5%，2）

=50 000×5.78637×0.90703=50 000×5.24841=262 420.5（元）

计算结果与第一种方法的结果完全相同，即第1年年初应一次性存入银行262 420.5元。

德技兼修

抗美援朝的艰难决策

1949年10月1日，中华人民共和国成立之初，百废待兴，百业待举，中国人民无比渴望和平安宁。但是，中国人民的这一愿望却遭到了粗暴挑战，帝国主义侵略者将战争强加到了中国人民头上。

1950年6月25日，朝鲜内战爆发，美国杜鲁门政府做出了武装干涉朝鲜内战的决定，并派遣其海军第七舰队侵入台湾海峡，公然干涉中国内政；10月初，美军不顾中国政府的一再警告，悍然越过三八线，把战火烧到了中朝边境。侵朝美军飞机多次轰炸中国东北边境地区，给人民生命财产造成严重损失，我国安全面临严重威胁。

这对于刚刚执政的中国共产党来说，对于刚刚解放的中国人民来说，是一场极其严峻的考验。对于一生征战的毛泽东同志来说，尽管他一直是从以弱胜强的对敌斗争中打过来的，在任何时候都没有害怕过任何敌人。但是，他做出的抗美援朝决策却是异常艰难的。

一、决策出兵的代价（包括机会成本）

（一）影响国内秩序步入正轨

1.建设任务还相当繁重。长期战争创伤造成的千疮百孔、百废待兴的烂摊子尚未治理。

2.祖国统一尚待完成。当时大陆的西藏和沿海的台湾等少数岛屿还没有解放。

3.匪患严重。当时新解放区土地改革工作刚刚展开，土匪特务尚未肃清。

（二）阻碍经济恢复

1950年中国工农业总产值是574亿元人民币，相当于229亿美元，而当时美国的国民生产总值达到了2 848亿美元，是中国的12倍。出兵势必阻碍我国的国民经济恢复。

（三）生命财产损失

由于当时军队现代化程度低，出兵会付出巨大的经济和生命代价。

那么中国面临这么大的代价，为什么决策出兵呢？

二、决策出兵的需要

古今中外，任何国家的最高决策层在做出重大战略决策时，首先需要考虑的是维护国家的利益。

1.维护国家主权。美国武装干涉朝鲜内战的同时，还侵占了中国版图，干涉中国内政，所以中国不能没有反应。

2.保卫东北地区安全。美国投入朝鲜战争的空军飞机，于1950年8月27日开始，就不断轰炸扫射中国东北地区，严重威胁了中国东北地区的安全。

3.维护东北地区经济建设。当时中国的工业基地一半在东北。而东北的工业基地一半在辽东、辽南。中国如果不出兵，让美国压在鸭绿江边，整个南北电力将被控制，无法进行正常建设。

总之，出于维护中朝两国的当前利益和长远利益，中国做出了抗美援朝、保家卫国的正确决策。抗美援朝讲的是行动，保家卫国概括了战争的性质和目的。同时，把国际主义和爱国主义有机地结合起来，这样，一场正义与非正义、侵略与反侵略的战争就拉开了帷幕。后来的事实证明，真正使斯大林信任毛泽东和中国共产党的，正是志愿军以血肉之躯出兵朝鲜并取得了抗美援朝的伟大胜利，不仅换来了几十年的和平发展，也打出了国际政治地位。

资料来源 齐德学.英明的决策、胜利的结果、伟大的意义——纪念中国人民志愿军抗美援朝出国作战70周年［J］.当代中国史研究，2020（27）.

第六章　短期经营决策分析

内容提要及教学目标

决策是管理会计的重要内容，主要分短期经营决策和长期投资决策。本章主要介绍决策与决策分析的含义及决策的分类方法、短期经营决策分析的常用方法。短期经营决策的常用方法主要有：边际贡献分析法、差别分析法、相关成本分析法、成本平衡点分析法。通过本章教学，实现学生掌握决策含义、类型、常用方法的知识目标，能够进行各种经营决策的技能目标，以及传承中华决策智慧的价值目标。

第一节　决策分析概述

一、决策分析的含义

所谓决策就是根据确定的目标，依据对过去、现状的分析，对未来实践做出决定的过程。企业的决策主要是经济方面的决策。决策分析只是决策全过程的一个组成部分，是企业会计人员参与决策活动的主要内容。

管理会计中的决策分析是对企业未来经营管理活动中所面临的问题，由有关人员对各种备选方案所进行的成本、利润等方面的比较，以便为最终确定决策方案提供依据。

二、决策的分类

（一）按决策的重要程度分类

按此标志分类，可将企业决策分为战略决策和战术决策。

1.战略决策

这类决策是指对影响企业未来发展方向、关系企业全局的重大问题所进行的决策。这类决策取决于企业的长远发展规划和外部市场环境对企业的影响，其正确与否，对企业的成败具有决定性意义。

2.战术决策

这类决策是指对企业日常经营管理活动所进行的决策。这类决策主要考虑如何使现有的人力、物力、财力资源得到合理充分的利用，并产生较大的经济效益。

（二）按决策条件的肯定程度分类

按此标志分类，可将企业决策分为确定型决策、风险型决策和不确定型决策。

1.确定型决策

这类决策所涉及的各种备选方案的各项条件都是已知并且是确定的，而且一个方案只会有一个确定的结果。这类决策问题比较明显，决策比较容易。

2.风险型决策

这类决策所涉及的各种备选方案的各项条件虽然也是已知的，但却是不完全确定的，可能存在着多种状况，每一个方案的执行都可能会出现两种或两种以上的结果。但每一种状况的出现可以事先估测其出现的可能性的大小，也就是其客观概率。这类决策由于结果的不唯一性，使决策存在一定的风险。

3.不确定型决策

这类决策与风险型决策有些近似，两者所知条件基本相同。但不确定型决策的各项条件无法确定其客观概率，只能以决策者的经验判断确定主观概率作为依据。

（三）按决策规划时期的长短分类

按此标志分类，可将企业决策分为短期经营决策和长期投资决策。

1.短期经营决策

这类决策一般是指企业对1年期内的生产经营活动所进行的决策，主要包括生产决策、成本决策、定价决策和存货决策等内容。这类决策所涉及的方案影响期一般在1年以内，主要是利用现有资源，一般不涉及大量资金的投入。

2.长期投资决策

这类决策一般是指企业对未来较长期间（超过1年）的重大投资活动所进行的决策。这类决策投入的资金量大，方案影响期较长，投入的资金需要较长时间收回。

（四）按决策方案之间的关系分类

按此标志分类，可将企业决策分为接受或拒绝方案决策、互斥方案决策和组合方案决策。

1.接受或拒绝方案决策

这类决策只存在一个备选方案，决策只需要对这一个方案做出接受或拒绝的选择。这类决策又称单一方案决策。

2.互斥方案决策

这类决策存在两个或两个以上的备选方案，它需要在多个备选方案中选择一个最优方案，而一旦选择某一方案，其他方案则必须放弃。因此可以看出，各备选方案之间是互相排斥的。这类决策属于多方案决策。

3.组合方案决策

这类决策也存在两个或两个以上的备选方案，这是要在多个备选方案中选择一组最优的组合方案，各备选方案可能同时被选中。这类决策也属于多方案决策。

以上按不同的标志对决策进行了分类，而决策分析作为决策过程的重要组成部分，其分类与决策的分类是相同的，因此不再重复阐述。

第二节 短期经营决策分析的常用方法

短期经营决策分析的基本依据是经济效益的高低，反映经济效益的指标有边际贡献、利润和成本。如用边际贡献、利润指标评价各方案时，则应选择边际贡献、利润高的方案；如用成本指标评价各方案时，在各方案收入相同的前提下，则应选择成本低的方案。

本节将介绍短期经营决策分析的常用方法：边际贡献分析法、差别分析法、相关成本分析法和成本平衡点分析法。

一、边际贡献分析法

微课

边际贡献法

短期经营决策一般是在原有生产能力的范围内进行的，多数情况下不改变生产能力，所以，固定成本通常为无关成本。根据本书前几章的介绍，在各方案固定成本均相同的前提下，边际贡献最大的方案实质上就是利润最大的方案。在应用边际贡献分析法评价各方案优劣时，只需要计算各方案边际贡献指标，选择边际贡献最大的方案即可。

如果决策方案中有专属固定成本的发生，则应从边际贡献中扣除专属固定成本，扣除后的余额一般称为剩余边际贡献。它既不是原来意义上的边际贡献，也不是最终的利润，如果要计算利润，还要扣除分摊的原有固定成本。在决策时，如果有专属固定成本发生，就采用剩余边际贡献这一指标进行评价。

需要指出的是，对某一种产品来说，单位边际贡献指标反映了产品的盈利能力。但在不同备选方案之间进行比较分析时，不能以单位边际贡献指标作为评价标准，而应以边际贡献总额指标作为方案取舍的依据。这是因为，在生产能力一定的前提下，不同方案单位产品耗费的生产能力可能有所不同，因此各方案能够生产的产品总量也可能不同。如果用单位边际贡献评价各备选方案的话，就可能导致决策失误，因为单位边际贡献最大的方案不一定是边际贡献总额最大的方案。

【例6-1】假设某企业拟利用现有剩余生产能力生产甲产品或乙产品。甲产品单价20元，单位变动成本10元；乙产品单价10元，单位变动成本4元。该企业现有剩余生产能力1 000台时，生产一件甲产品需耗8台时，生产一件乙产品需耗4台时。

首先，根据表6-1来比较两个方案的优劣。

表6-1　单位边际贡献表

金额单位：元

项　目	甲产品	乙产品
单价	20	10
单位变动成本	10	4
单位边际贡献	10	6

从表6-1中可以看到，甲产品的单位边际贡献10元大于乙产品的单位边际贡献6元，如果我们把单位边际贡献作为评价指标，则应选择生产甲产品。

我们再根据表6-2来比较两个方案的优劣。

表6-2　边际贡献总额表

金额单位：元

项　目	甲产品	乙产品
单位变动成本	10	4
单位边际贡献	10	6
剩余生产能力（台时）	1 000	1 000
单位产品耗时（台时）	8	4
可生产量（件）	125	250
边际贡献总额	1 250	1 500

从表6-2中可以看出，尽管甲产品的单位边际贡献较大，但边际贡献总额却小于乙产品，应选择生产乙产品。所以，在应用边际贡献分析法时，不能采用单位边际贡献作为评

价指标。

二、差别分析法

差别分析法是在计算两个备选方案之间产生的差别收入与差别成本的基础上，计算差别损益，根据差别损益来选择决策方案。差别分析法涉及差别收入、差别成本、差别损益三项指标。差别收入是指两个备选方案之间的收入差异数。差别成本是指两个备选方案之间的成本差异数。差别损益是差别收入减去差别成本后的余额。其分析的基本公式为：

差别损益=差别收入-差别成本

在应用差别分析法进行分析时，首先必须确定在两个方案比较时，哪个方案作为比较的基础，也就是作为在计算差别收入和差别成本时的减数，而另一方案则作为被减数。假如有甲、乙两个备选方案，如果把乙方案作为比较的基础，也就是作为减数，甲方案就作为被减数。由此计算出来的差别损益如果是正数，则意味着甲方案比乙方案带来更多的利润，应选择甲方案；由此计算出来的差别损益如果是负数，则意味着甲方案比乙方案能获得的利润少，应选择乙方案。

为什么在短期经营决策中有时要采用差别分析法呢？因为在短期经营决策中，原有的收入是无关收入，原有的成本是无关成本，在分析时不必计算全部收入和全部成本，而且计算全部收入和全部成本也比较麻烦。因此，只需要计算两个方案新增加的收入差别和成本差别就可以计算出损益差别，据此就可以做出正确决策。

差别分析法只能应用于只有两个备选方案的决策。差别分析法的应用范围非常广泛，在生产决策的各个方面均可应用。

【例6-2】依【例6-1】的资料，要求：采用差别分析法进行决策分析。

编制差别分析表，见表6-3。

表6-3　差别分析表　单位：元

项　目	甲产品	乙产品	差异额
相关收入	125×20=2 500	250×10=2 500	0
相关成本	125×10=1 250	250×4=1 000	250
差别损益			-250

在表6-3中，是以乙产品作为分析的基础，也就是作为减数，甲产品则作为被减数。从该表可以看出，生产甲产品与乙产品的差别收入为0，而差别成本为250元，由此计算出的差别损益为-250元。也就是在收入相同的前提下，生产甲产品比生产乙产品成本要多支出250元，差别损益-250元意味着生产甲产品比生产乙产品利润要少250元，所以应选择生产乙产品。这与边际贡献分析法得出的结论是相同的。

三、相关成本分析法

相关成本分析法是在各个备选方案收入相同的前提下，只分析每个备选方案新增加的变动成本和固定成本，也就是计算每个方案的增量成本和专属成本，两项之和即为相关成本。在收入相同的前提下，相关成本最低的方案必然是利润最高的方案。所以，应选择相关成本最低的方案。

采用相关成本分析法必须是在各备选方案业务量确定的前提下，如果各备选方案的业务量不确定，则不能采用相关成本分析法。

【例6-3】某企业生产需要一种A零件，年需要量500件，可以由本企业生产，也可以外购。如果由本企业生产，单位变动成本26元，而且需购买一台专用设备，每年发生专属固定成本2 000元。如果外购，外购单价35元。要求：采用相关成本分析法进行决策分析。

编制相关成本分析表，见表6-4。

表6-4 相关成本分析表

单位：元

项目	方案	
	自 制	外 购
变动成本	500×26=13 000	500×35=17 500
专属固定成本	2 000	
相关成本合计	15 000	17 500

从表6-4中可以看出，采用自制方案制造A零件的相关成本为15 000元，而外购的相关成本为17 500元。自制成本较低，所以应选择自制方案。

四、成本平衡点分析法

成本平衡点分析法也是以成本高低作为决策依据的。在备选方案业务量不能事先确定的情况下，特别是各备选方案的预期收入又相等的前提下，可通过计算不同方案总成本相等时的业务量，也就是以成本平衡点来选择预期成本较低的方案，这种决策分析方法称为成本平衡点分析法。

成本平衡点的计算公式如下：

$$\text{成本平衡点}=\frac{\text{两个方案固定成本差额}}{\text{两个方案单位变动成本差额}}$$

成本平衡点是指两个方案总成本相等时的业务量，如果预计未来的业务量在成本平衡点之下，应选择固定成本较低的方案，因为此种情况下总成本较低；如果预计未来的业务量在成本平衡点之上，则应选择固定成本较高的方案，因为此种情况下总成本较低。

【例6-4】假设某企业只生产一种产品，现有两种设备可供选择：一种是采用传统的机械化设备，每年的专属固定成本20 000元，单位变动成本12元；另一种是采用先进的自动化设备，每年的专属固定成本30 000元，单位变动成本7元。要求：采用成本平衡点分析法进行决策分析。

首先，计算成本平衡点：

$$\text{成本平衡点}=\frac{30\,000-20\,000}{12-7}=2\,000\text{（件）}$$

然后，根据两个方案的数据作图比较，如图6-1所示。

从图6-1中可以看出，当生产量在2 000件以下时，机械化生产的总成本线在自动化生产的总成本线之下，意味着当生产量在2 000件之下时，采用机械化设备生产的成本较低，应选择机械化设备。当生产量在2 000件以上时，自动化生产的总成本线在机械化生产的总成本线之下，意味着当生产量在2 000件之上时，采用自动化设备生产的成本较低，应选择自动化设备。

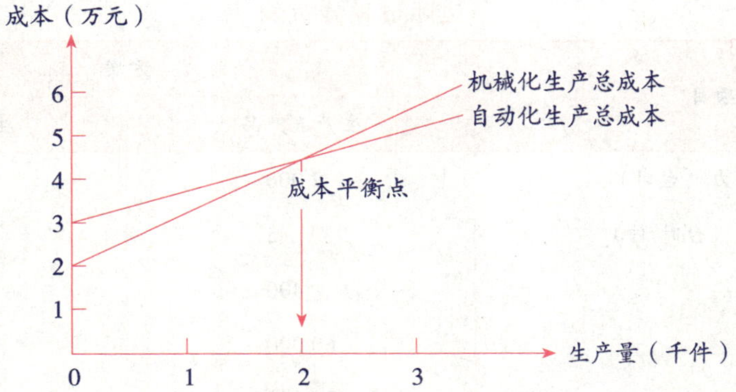

图6-1 两种方案成本比较图

第三节 生产决策分析

一、新产品开发的品种决策分析

通过大量投资追加技术装备开发新产品，属于长期投资决策的范围，本章暂不涉及。这里介绍的新产品开发的品种决策分析，是指利用企业现有剩余生产能力来开发某种在市场上有销路的新产品，而且已经掌握可供选择的多个新品种方案的有关资料。这里按照是否涉及追加专属成本的两种情况进行介绍。

（一）不追加专属成本时的决策分析

当各备选方案只是利用现有剩余生产能力，而不涉及追加专属成本时，各备选方案的原有固定成本都是相同的，属于无关成本。在进行决策分析时，只计算各方案的边际贡献就可以正确决策。这里一般采用边际贡献分析法。

【例6-5】某企业现有年剩余生产能力2 000台时，可用来生产A产品或B产品，此剩余生产能力的年固定资产折旧费为80 000元，其他预测资料见表6-5。要求：进行决策分析。

表6-5 预测资料 金额单位：元

项目	品种	
	A产品	B产品
单价	150	80
单位变动成本	90	50
单位产品定额台时（台时/件）	5	2

从上述资料可以看出，两个备选方案都是利用现有剩余生产能力，而且现有剩余生产能力的年固定资产折旧费属于与决策无关的成本。不管生产A产品还是生产B产品，此折旧费都是相同的，即使A产品或B产品都不生产，此费用也照样发生，因为购置设备的费用早已发生，与现在的决策无关。因此，在决策分析时，不必考虑80 000元的折旧费。可以采用边际贡献分析法来进行决策分析，具体分析见表6-6。

从表6-6的计算分析中可以看出，生产B产品比生产A产品可多获得边际贡献6 000元，所以应选择生产B产品。

表6-6　边际贡献分析表　金额单位：元

项目	方案	
	生产A产品	生产B产品
可利用剩余生产能力（台时）	2 000	2 000
单位产品定额台时（台时/件）	5	2
可生产量（件）	400	1 000
相关收入	60 000	80 000
相关变动成本	36 000	50 000
边际贡献	24 000	30 000

【例6-6】某企业有一部分剩余生产能力，现有甲、乙两种产品可供选择，预测资料见表6-7。要求：分析应生产甲产品还是乙产品。

表6-7　预测资料　金额单位：元

项目	品种	
	甲产品	乙产品
单价	30	40
单位变动成本	18	25
单位产品定额台时（台时/件）	2	3

从上述资料可以看出，【例6-6】与【例6-5】有些相似，但不同的是【例6-6】只知道有一部分剩余生产能力，并不知道这部分剩余生产能力的具体数。在这种情况下，仍然可以采用边际贡献分析法，但因为无法计算边际贡献总额，又不能用单位产品边际贡献作为评价指标，所以，可以计算单位台时创造的边际贡献指标，并以此作为决策评价指标。

$$单位台时创造的边际贡献=\frac{单位产品边际贡献}{单位产品定额台时}$$

单位台时创造的边际贡献是一个正指标，哪个方案的该项指标大，哪个方案为优。

具体计算分析见表6-8。

表6-8　单位台时创造的边际贡献分析表　金额单位：元

项目	方案	
	生产甲产品	生产乙产品
单价	30	40
单位变动成本	18	25
单位边际贡献	12	15
单位产品定额台时（台时/件）	2	3
单位台时创造的边际贡献	6	5

从表6-8的计算分析中可以看出，生产甲产品每台时可创造边际贡献6元，而生产乙产品每台时只能创造边际贡献5元，所以应选择生产甲产品。

（二）追加专属成本时的决策分析

当新产品开发的品种决策方案中涉及追加专属成本时，就无法直接用边际贡献指标来评价各方案的优劣，可以采用剩余边际贡献指标来进行评价，也可以采用差别分析法进行分析评价。

【例6-7】某企业有一条闲置的生产线，按最初的投资额计算，每年应发生的折旧额为28 000元，现有甲、乙两种产品可供选择生产，有关预测资料见表6-9。要求：分析应生产哪种产品。

表6-9　预测资料　金额单位：元

项目	品种	
	甲产品	乙产品
可生产量（件）	8 000	6 000
单价	18	32
单位变动成本	12	23
追加专属成本	10 000	20 000

首先采用剩余边际贡献指标进行评价，具体计算分析见表6-10。

表6-10　剩余边际贡献分析表　金额单位：元

项目	方案	
	生产甲产品	生产乙产品
可生产量（件）	8 000	6 000
单位边际贡献	6	9
边际贡献总额	48 000	54 000
追加专属成本	10 000	20 000
剩余边际贡献	38 000	34 000

从表6-10的计算分析中可以看到，生产乙产品的边际贡献总额虽然大于甲产品，但扣除追加的专属成本之后，生产甲产品的剩余边际贡献却大于乙产品，所以应选择生产甲产品。

再采用差别分析法进行评价，具体计算分析见表6-11。

表6-11　差别分析表　单位：元

项目	方案		差异额
	生产乙产品	生产甲产品	
相关收入	192 000	144 000	48 000
相关成本	158 000	106 000	52 000
其中：增量成本	138 000	96 000	
专属成本	20 000	10 000	
差别损益			-4 000

在表6-11的计算分析中，是把甲产品作为比较的基础，也就是作为减数，而把乙产品作为被减数。差别损益-4 000元意味着生产乙产品要比生产甲产品少获利润4 000元，所以应选择生产甲产品。这与计算剩余边际贡献指标所得出的结论完全相同。

二、亏损产品的决策分析

如果按照财务会计核算的结果，亏损产品继续生产只能产生负效益。但按照管理会计成本性态分析的理论，亏损产品的问题就有必要重新讨论。下面从两个方面进行讨论。

（一）生产能力无法转移时，亏损产品是否停产的决策分析

所谓生产能力无法转移，是指当亏损产品停产以后，闲置下来的生产能力无法被用于其他方面，既不能转产，也不能将有关设备对外出租。

在这种情况下，只要亏损产品的边际贡献大于零就不应该停产，而应该继续生产。为什么亏损产品的边际贡献大于零就不应该停产呢？这是因为停产亏损产品，只能减少其变动成本，并不能减少其固定成本。如果继续生产亏损产品，亏损产品提供的边际贡献就可以补偿一部分固定成本，而停产亏损产品不但不会减少亏损，反而会扩大亏损。

【例6-8】某公司产销甲、乙、丙三种产品，其中，甲、乙两种产品盈利，丙产品亏损，有关利润资料见表6-12。要求：分析评价丙产品是否应停产（假定丙产品停产后生产能力无法转移）。

表6-12 利润表

单位：万元

项目	品种			合 计
	甲产品	乙产品	丙产品	
销售收入	6 000	8 000	4 000	18 000
生产成本				
直接材料	800	1 400	900	3 100
直接人工	700	800	800	2 300
变动制造费用	600	600	700	1 900
固定制造费用	1 000	1 600	1 100	3 700
非生产成本				
变动销售及管理费用	900	1 200	600	2 700
固定销售及管理费用	600	800	400	1 800
总成本	4 600	6 400	4 500	15 500
净利润	1 400	1 600	-500	2 500

根据表6-12可以知道，丙产品亏损500万元。为正确决策，必须首先计算丙产品的边际贡献。

丙产品边际贡献=4 000-（900+800+700+600）=1 000（万元）

丙产品创造的边际贡献是1 000万元，而其分摊的固定成本是1 500万元，所以亏损500万元。但如果丙产品停产，就不能提供1 000万元的边际贡献了，而它原来分摊的1 500万元固定成本就只能由甲、乙两种产品负担了，这将使该企业利润减少1 000万元。换句话说，不管丙产品是否生产，该企业5 500万元的固定成本都要发生，只不过是由三种产品分摊还是由两种产品分摊。所以，在生产能力不能转移的条件下，丙产品不应停产，而应该继续生产。

（二）生产能力可以转移时，亏损产品是否停产的决策分析

如果亏损产品停产以后，闲置下来的生产能力可以转移，如转产其他产品，或将设备对外出租，就必须考虑继续生产亏损产品的机会成本因素，对备选的方案进行对比分析后再决策。

【例6-9】依【例6-8】资料，假设生产丙产品的设备可以转产丁产品，也可以将此设备出租。如出租每年可获租金800万元；如转产丁产品，预测资料见表6-13。要求：对三个方案进行决策分析。

表6-13　丁产品预测资料　单位：万元

项　目	金　额
销售收入	5 000
变动生产成本	2 800
变动销售及管理费用	900

计算丁产品的边际贡献如下：

丁产品边际贡献=5 000-（2 800+900）=1 300（万元）

继续生产丙产品的边际贡献是1 000万元，转产丁产品的边际贡献是1 300万元，设备出租的租金是800万元。通过比较，转产丁产品的效益更好，所以应停产丙产品而转产丁产品。

三、特殊价格追加订货的决策分析

这里所说的特殊价格，是指低于正常价格甚至低于单位产品成本的价格。在企业尚有一定剩余生产能力可以利用的情况下，如果其他企业要求以较低的价格追加订货的话，企业是否可以考虑接受这种追加订货呢？这应针对不同情况区别对待。

当追加订货量小于或等于剩余生产能力时，企业可利用剩余生产能力完成追加订货的生产，不妨碍正常订货的完成，而且在接受追加订货不追加专属成本、剩余生产能力又无法转移时，只要特殊订货的单价大于该产品的单位变动成本，就可以接受该追加订货。

当追加订货量大于剩余生产能力时，接受追加订货必然会妨碍正常订货的完成，在决策分析时，应将因接受追加订货而减少的正常收入作为追加订货方案的机会成本。当企业剩余生产能力能够转移时，转产所能产生的收益也应作为追加订货方案的机会成本。若追加订货需要增加专门的固定成本，则应将其作为追加订货方案的专属成本。

【例6-10】某企业原来生产甲产品，年生产能力10 000件，每年有35%的剩余生产能力。甲产品正常销售单价68元，有关成本数据见表6-14。要求：就以下各不相关情况做

出应否接受特殊价格追加订货的决策分析。

表6-14 甲产品成本资料 单位：元

项　目	金　额
直接材料费	20
直接人工费	16
制造费用	
其中：变动制造费用	8
固定制造费用	12
单位产品成本	56

（1）现有一用户提出订货3 000件，每件定价45元，剩余生产能力无法转移，追加订货不需要追加专属成本。

（2）现有一用户提出订货3 500件，每件定价46元，但该订货还有些特殊要求，需购置一台专用设备，年增加固定成本2 000元。

（3）现有一用户提出订货4 000件，每件定价45元，剩余生产能力无法转移。

（4）现有一用户提出订货5 000件，每件定价56元，接受订货需追加专属成本3 800元；若不接受订货可将设备出租，可获租金1 300元。

与上述四种情况相对应的决策分析如下：

（1）该企业现有35%的剩余生产能力，即每年有3 500件的剩余生产能力，用户提出的特殊订货量只有3 000件，小于企业剩余生产能力，剩余生产能力无法转移，也不需要追加专属成本。在这种情况下，只要定价大于该产品的单位变动成本就可以接受订货。因为特殊定价45元大于该产品的单位变动成本44元（20+16+8），所以可以接受此追加订货。

（2）在此种情况下，可对接受和拒绝追加订货两个方案采用差别分析法，具体计算分析见表6-15。

表6-15 差别分析表 单位：元

项目	方案		差异额
	接受追加订货	拒绝追加订货	
相关收入	3 500×46=161 000	0	161 000
相关成本	156 000	0	156 000
其中：增量成本	3 500×44=154 000	0	
专属成本	2 000	0	
差别损益			5 000

从表6-15的计算分析中可以看出，接受订货比拒绝订货可多获利润5 000元，所以应接受订货。

（3）订货4 000件，已经超过了企业的剩余生产能力（3 500件），如果接受订货，将减少正常销售量500件，此500件的正常销售收入应作为接受订货方案的机会成本。另外，在计算增量成本（新增加的变动成本）时，应按纯增加的产量3 500件计算，而不应按追加订货量4 000件计算，因为不接受追加订货时的产量是6 500件，接受追加订货后的产量是10 000件，两者之差即为纯增加的产量。其具体计算分析见表6-16。

表6-16　　差别分析表　　单位：元

项目	方案		差异额
	接受追加订货	拒绝追加订货	
相关收入	4 000×45=180 000	0	180 000
相关成本	188 000	0	188 000
其中：增量成本	3 500×44=154 000	0	
机会成本	500×68=34 000	0	
差别损益			-8 000

差别损益为-8 000元，意味着接受追加订货将使利润减少8 000元，所以应拒绝追加订货。

（4）订货5 000件，超过了剩余生产能力（3 500件），如果接受订货，将减少正常销售量1 500件，此1 500件的正常销售收入应作为接受订货方案的机会成本，设备出租的租金也应作为接受订货方案的机会成本。同样，计算增量成本应按纯增加的产量3 500件计算。其具体计算分析见表6-17。

表6-17　　差别分析表　　单位：元

项目	方案		差异额
	接受追加订货	拒绝追加订货	
相关收入	5 000×56=280 000	0	280 000
相关成本	261 100	0	261 100
其中：增量成本	3 500×44=154 000	0	
专属成本	3 800	0	
机会成本	1 500×68+1 300=103 300	0	
差别损益			18 900

接受订货将增加利润18 900元，所以应接受追加订货。

四、产品加工程度的决策分析

某些制造企业生产的产品可按不同的加工深度组织经营，如深加工前的半成品、联产品既可以直接销售，也可以经深加工后再销售。因此，这类企业就面临着把半成品、联产品直接出售还是进行深加工后再出售的决策问题。

在产品加工程度的决策分析中，深加工前的半成品、联产品的成本（无论是固定成本还是变动成本）都属于沉没成本，是与决策无关的成本，相关成本只包括与深加工直接有关的成本。

【例6-11】某公司每年生产A半成品5 000件，A半成品单位变动成本4元，固定成本11 000元，销售单价9元。如果把A半成品进一步深加工为A产成品，销售单价可提高到14元，但需追加单位变动成本2元，追加固定成本16 000元；若不进一步加工，可将投资固定成本的资金购买债券，每年可获债券利息2 400元。要求：做出A半成品直接出售或深加工的决策分析。

采用差别分析法进行决策分析，见表6-18。

表6-18 差别分析表 单位：元

项目	方案		差异额
	深加工	直接出售	
相关收入	5 000×14=70 000	5 000×9=45 000	25 000
相关成本	28 400	0	28 400
其中：增量成本	5 000×2=10 000	0	
专属成本	16 000	0	
机会成本	2 400	0	
差别损益			−3 400

通过计算分析可知，深加工为A产成品与直接出售A半成品的差别损益为−3 400元，即深加工比直接出售要减少利润3 400元，所以应直接出售A半成品。

【例6-12】某炼油厂从原油中提炼出的煤油，既可以直接出售，也可以通过进一步裂化加工为汽油和柴油后再出售。煤油经过裂化加工的收得率是：汽油80%，柴油15%，自然损耗率5%。每吨煤油进一步深加工增加的变动成本为800元，该厂现有煤油400吨，进一步加工需增加固定成本15 000元。每吨煤油售价1 700元，每吨汽油售价3 200元，每吨柴油售价2 200元。要求：做出直接出售或进一步加工的决策分析。

如果对400吨煤油进行进一步深加工，可获得汽油320吨（400×80%），柴油60吨（400×15%），自然损耗20吨（400×5%）。下面采用差别分析法进行决策分析，具体计算分析见表6-19。

表6-19 差别分析表 单位：元

项目	方案		差异额
	深加工	直接出售	
相关收入	320×3 200+60×2 200=1 156 000	400×1 700=680 000	476 000
相关成本	335 000		335 000
其中：增量成本	400×800=320 000		
专属成本	15 000		
差别损益			141 000

通过计算分析可知，差别损益为141 000元，表明深加工比直接出售可多获利润141 000元，所以应把煤油深加工后再出售。

五、零部件自制或外购的决策分析

企业生产产品所需要的一些零部件，在既可以从市场上购买，又可以由本企业自行生产的情况下，企业就面临着自制或外购的选择问题。对这类问题的决策：（1）要分清自制时是否新增加固定成本。如果自制需要追加专属固定成本，则追加的专属固定成本是与决策相关的成本，而原有的固定成本则是与决策无关的成本。自制的另一个相关成本是变动生产成本。（2）要弄清外购方案的相关成本。外购方案的相关成本一般包括买价、运输费用和采购费用等，有时还存在机会成本。

零部件只是企业生产产品的组成部分，不管是自制还是外购，一般都不会对产品销售收入产生影响，也就是说，自制方案和外购方案的预期收入是相同的。在收入相同的前提下，就可以用成本指标来评价各方案的优劣。如果零部件需要量确定，可以采用相关成本分析法进行决策分析；如果零部件需要量不确定，就要采用成本平衡点分析法进行决策分析。

【例6-13】某企业年需要A零件1 000件，可以自制也可以外购。外购单价20元，每件运费1元，外购一次的差旅费2 000元，每年采购两次。自制单位产品成本22元，自制每月需要增加专属固定成本300元。如果外购，生产A零件的设备可以出租，每年可获租金3 000元。自制A零件的单位产品成本构成资料见表6-20。要求：做出A零件自制或外购的决策分析。

表6-20 A零件单位产品成本资料 单位：元

项　目	金　额
直接材料费	8
直接人工费	6
变动制造费用	3
固定制造费用	5
合　计	22

自制A零件的单位产品成本是22元，其中，直接材料费、直接人工费和变动制造费用三项之和为17元，属于相关成本。而A零件分摊的5元固定制造费用则属于无关成本，在决策时不应考虑，自制方案每月增加的专属固定成本300元则是相关成本，而出租设备可获得的租金3 000元则是自制方案的机会成本。外购方案的购价、运输费属于变动成本，外购的差旅费属于固定成本，此三项费用均是与决策相关的成本。

由于A零件的需要量是确定的，所以可采用相关成本分析法，见表6-21。

自制方案的成本比外购方案的成本低1 400元（25 000-23 600），所以应选择自制方案。

表6-21　**相关成本分析表**　单位：元

项目	方案	
	自　制	外　购
变动成本	1 000×17=17 000	1 000×（20+1）=21 000
专属成本	300×12=3 600	2 000×2=4 000
机会成本	3 000	
相关成本合计	23 600	25 000

【例6-14】某企业需要一种B零件，既可以自制，也可以外购。外购单价（含运费）50元，外购的每年固定采购费用20 000元。自制的单位变动成本38元，自制每年需追加专属固定成本44 000元。要求：分析B零件在何种条件下应自制，在何种条件下应外购。

由于B零件的需要量是不确定的，所以只能采用成本平衡点分析法。

$$\text{B零件成本平衡点业务量}=\frac{44\,000-2\,0000}{50-38}=2\,000\text{（件）}$$

上述计算结果表明，当B零件年需要量在2 000件时，自制方案和外购方案的成本是相等的。由于外购方案的固定成本较低，所以当B零件需要量在2 000件以下时，外购方案总成本较低，应选择外购。自制方案的固定成本较高，但其单位变动成本较低，所以当B零件需要量在2 000件以上时，自制方案总成本较低，应选择自制（如图6-2所示）。

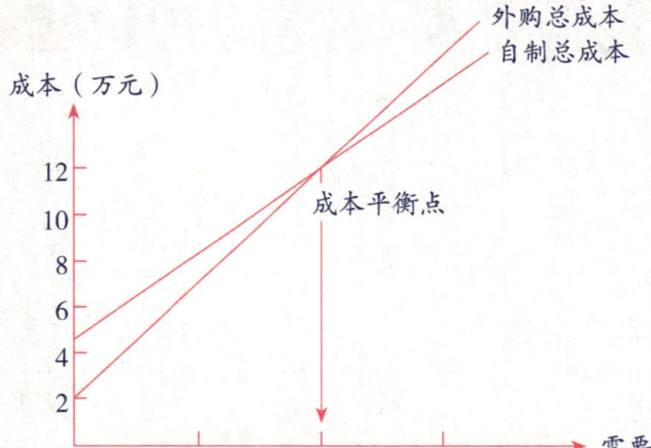

图6-2　两种方案成本比较图

六、生产工艺技术方案的决策分析

生产企业有时可采用不同的工艺技术进行产品生产，如同一种产品既可以采用半机械化生产，又可以采用机械化生产或自动化生产。一般来说，生产设备越先进，固定成本就越高；但由于技术先进，生产效率高，生产产品的单位变动成本就越低。反之，则是固定成本低，但生产产品的单位变动成本就较高。

在进行生产工艺技术方案的决策分析时，要根据生产规模的大小来选择工艺技术方案。一般来说，当生产规模较小时，可选择生产效率相对较低、固定成本较低的工艺技术方案；当生产规模较大时，则应选择生产效率较高、固定成本较高的工艺技术方案。

在选择决策方法时，要以生产产品的数量是否确定为依据。如果生产产品的数量是确定的，可采用相关成本分析法；如果生产产品的数量不确定，则应采用成本平衡点分析法。

【例6-15】某企业每年生产B产品700件，有甲、乙、丙三种设备可供选择使用，有关成本资料见表6-22。要求：做出选择何种设备生产B产品的决策分析。

表6-22　成本资料　单位：元

项目	设备		
	甲设备	乙设备	丙设备
年专属固定成本	40 000	28 000	32 000
单位变动成本	120	190	165

生产B产品的年产量是确定的，所以可采用相关成本分析法进行决策分析。计算如下：

使用甲设备的年相关成本=40 000+700×120=124 000（元）

使用乙设备的年相关成本=28 000+700×190=161 000（元）

使用丙设备的年相关成本=32 000+700×165=147 500（元）

使用甲设备生产的成本最低，所以应选择甲设备生产B产品。

【例6-16】某企业有两套闲置设备，甲设备每年折旧费18 000元，乙设备每年折旧费14 000元。现在准备生产C产品，用甲设备生产一次性改装费30 000元，用乙设备生产一次性改装费21 000元。用甲设备生产C产品的单位变动成本47元，用乙设备生产C产品的单位变动成本65元。要求：分析该企业在何种情况下应选择甲设备，在何种情况下应选择乙设备。

由于C产品的年生产量并没有确定，决策分析只能采用成本平衡点分析法。需要指出的是，甲、乙设备的折旧费均属于沉没成本，与决策无关，在决策时不应考虑。

$$甲、乙设备的成本平衡点业务量=\frac{30\,000-21\,000}{65-47}=500（件）$$

当C产品的产量在500件时，甲、乙两种设备的使用成本是相等的；当C产品的产量在500件以下时，应选择乙设备生产（因乙设备使用成本较低）；当C产品的产量在500件以上时，应选择甲设备生产（因甲设备使用成本较低）（如图6-3所示）。

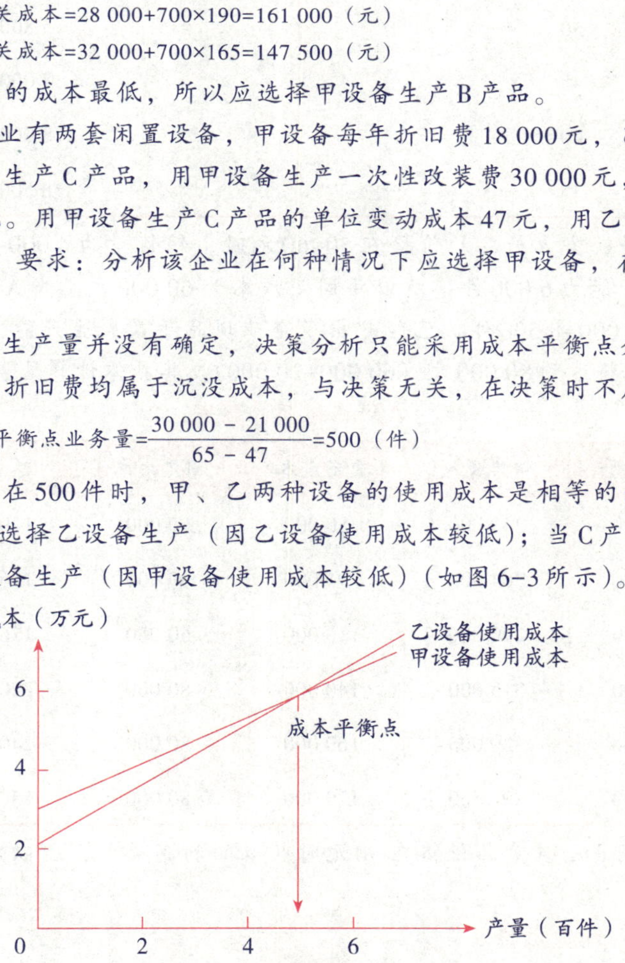

图6-3　两种方案成本比较图

第四节 定价决策分析

一、定价决策分析方法

（一）利润最大化定价法

利润最大化定价法是在预测各种价格可能的销售量的情况下，计算各种价格方案的利润，选择利润最大的价格的方法。

【例6-17】某企业生产的A产品准备投放市场，A产品单位变动成本20元，现时年最大生产能力为6 000件，年固定成本60 000元。如果要把年最大生产能力扩大到10 000件，每年将新增加固定成本20 000元。预测的A产品在各种价格下的销售量见表6-23。要求：为获取最大利润，计算A产品应定的销售价格。

表6-23　　A产品销售量预测表

销售价格（元）	年销售量（件）
60	4 000
55	4 800
50	5 800
45	7 000
40	8 000
35	8 500

根据上述资料，当A产品的价格在50~60元时，销售量为4 000~5 800件，不超过企业现时年最大生产能力6 000件，所以年固定成本为60 000元。当A产品的价格在35~45元时，销售量为7 000~8 500件，已经超出了企业现时年最大生产能力，为达到这一生产能力，年固定成本将达到80 000元（60 000+20 000）。其具体计算见表6-24。

表6-24　　A产品利润计算表　　单位：元

价　格	销售量	销售收入	变动成本	固定成本	总成本	利　润
60	4 000	240 000	80 000	60 000	140 000	100 000
55	4 800	264 000	96 000	60 000	156 000	108 000
50	5 800	290 000	116 000	60 000	176 000	114 000
45	7 000	315 000	140 000	80 000	220 000	95 000
40	8 000	320 000	160 000	80 000	240 000	80 000
35	8 500	297 500	170 000	80 000	250 000	47 500

从表6-24中可知，A产品价格在50元时获取的利润最大，所以应把A产品定价为50元进行销售。

（二）全部成本加成定价法

这是一种只考虑企业成本的传统定价方法。全部成本加成定价法是在全部成本法计算的单位产品成本的基础上，加上一定的目标利润所确定的销售价格。销售价格的计算公式如下：

销售价格=单位产品全部成本+单位目标利润额

或　　　=单位产品全部成本×（1+成本加成率）

【例6-18】某企业拟采用全部成本加成定价法制定B产品的销售价格，B产品单位产品成本的有关资料见表6-25。该企业希望获得B产品的成本利润率为25%。要求：计算B产品的销售价格。

表6-25　B产品单位产品成本表　单位：元

项　目	金　额
直接材料费	40
直接人工费	30
变动制造费用	10
固定制造费用	15
变动销售及管理费用	12
固定销售及管理费用	13
单位产品成本合计	120

B产品销售价格=120×（1+25%）=150（元）

根据计算结果，应把B产品的价格定为150元。

（三）变动成本加成定价法

变动成本加成定价法是以单位变动成本为基础，加上一定数额的边际贡献来确定产品销售价格的方法。采用这种定价方法，实质上就是把单位变动成本作为定价下限的基础。根据此方法计算的销售价格可能获得利润，也可能无法获得利润。能否获得利润取决于所确定的单位边际贡献的多少。在销售量相对稳定的前提下，如果确定的单位边际贡献大于单位固定成本，则能获得利润；相反的话，就不能获得利润。在产品投放市场的初期，为占领市场或产品严重滞销又不能马上转产的情况下，企业就可以采用此方法来确定产品销售价格，而不管其是否能够盈利。因为按照管理会计理论，只要单价大于单位变动成本就能创造边际贡献，就可以为弥补企业的固定成本做出贡献。销售价格的计算公式如下：

销售价格=单位变动成本+单位边际贡献

或 $=\dfrac{\text{单位变动成本}}{1-\text{边际贡献率}}$

【例6-19】某企业生产的C产品在市场上严重饱和，C产品原来的市场售价为1 700元，其他企业纷纷降价30%左右，该企业希望保住原有的市场份额，每件C产品的价格能有100元的边际贡献就可以降价销售。C产品的单位产品成本资料见表6-26。要求：采用变动成本加成定价法计算C产品的销售价格。

表6-26　　C产品单位产品成本表　　单位：元

项　目	金　额
直接材料费	600
直接人工费	200
变动制造费用	120
固定制造费用	340
变动销售及管理费用	90
固定销售及管理费用	130
单位产品成本合计	1 480

C产品单位变动成本=600+200+120+90=1 010（元）

C产品销售价格=1 010+100=1 110（元）

根据计算结果，为保住市场占有份额，把C产品的价格降低为1 110元，可保证每件产品有100元的边际贡献。

二、调价决策分析方法

调价决策分析一般采用利润平衡点法。这种方法实质上就是通过计算调价后的利润能否增加来决定是否调价。如果调价后的利润能够增加，就可以调价；反之，则不能调价。为了了解调价后的利润是否能够增加，就要计算为了确保原有利润，调价后应至少达到的销售量指标，这一销售量指标就是利润平衡点销售量。利润平衡点销售量的计算公式如下：

$$利润平衡点销售量=\frac{固定成本+调价前可获利润}{拟调单价-单位变动成本}$$

若调价后预计销售量大于利润平衡点销售量，就意味着调价后利润能有所增加，可以考虑调价；若调价后预计销售量小于利润平衡点销售量，就意味着调价后的利润会有所减少，则不能调价；若调价后的预计销售量等于利润平衡点销售量，就意味着调价前后的利润相同，价格可调可不调。

【例6-20】某企业生产一种D产品，现在市场售价250元，可销售500件，D产品的单位变动成本130元，每年固定成本40 000元，现时年最大生产能力为600件。D产品的价格每变动1%可使销售量变动4%，当产量超过企业最大生产能力时，扩大产量在200件以内将使固定成本增加20%。要求：采用利润平衡点法评价以下各不相关条件下调价方案的可行性：（1）单价降低5%；（2）单价降低10%；（3）单价提高8%。

（1）单价降低5%，可使销售量提高20%（5×4%），则：

预计销售量=500×（1+20%）=600（件）

调价前可获利润=（250−130）×500−40 000=20 000（元）

拟调单价=250×（1−5%）=237.5（元）

计算利润平衡点销售量：

$$利润平衡点销售量=\frac{40\,000+20\,000}{237.5-130}\approx 558（件）$$

因为预计销售量600件大于利润平衡点销售量（558件），又未超过企业最大生产能力

（600件），所以该调价方案可行。

（2）单价降低10%，可使销售量提高40%（10×4%），则：

预计销售量=500×（1+40%）=700（件）

预计销售量超过企业最大生产能力，如果要扩大生产，则固定成本为：

固定成本=40 000×（1+20%）=48 000（元）

拟调单价=250×（1−10%）=225（元）

计算利润平衡点销售量：

$$利润平衡点销售量=\frac{48\,000+20\,000}{225-130}\approx716（件）$$

因为预计销售量700件小于利润平衡点销售量（716件），所以该调价方案不可行。

（3）单价提高8%，将使销售量降低32%（8×4%），则：

预计销售量=500×（1−32%）=340（件）

拟调单价=250×（1+8%）=270（元）

计算利润平衡点销售量：

$$利润平衡点销售量=\frac{40\,000+20\,000}{270-130}\approx429（件）$$

因为预计销售量只有340件，小于利润平衡点销售量（429件），所以该调价方案不可行。

第五节　存货决策分析

一、存货管理的目的与要求

（一）存货及其储存原因

1.存货的内容与计价

存货是指企业在生产经营过程中为销售或者耗用而储备的物资，包括材料、燃料、低值易耗品、在产品、半成品、产成品、协作件和商品等。

存货应当按实际成本计价，这要求区别不同的取得方式来对待：购入的存货，按照买价加运输费，装卸费，保险费，途中合理损耗，入库前的加工、整理及挑选费用和缴纳的税费计价；自制的存货，按照制造过程中的各项实际支出计价；委托外单位加工的存货，按照实际耗用的原材料或半成品加运输费、装卸费、保险费和加工费用、缴纳的税费等计价；投资者投入的存货，按照评估或者合同、协议确认的价值计价；盘盈的存货，按照同类存货的实际成本或者市价计价；接受捐赠的存货，按照发票、报告单所列金额加企业负担的运输费、保险费、缴纳的税费等计价，若无发票账单，按照有关协议或者同类物资的市价确定的价值计价。

2.存货储存的原因

如果企业能在生产投料时随时购入所需的原材料，或者能在销售时随时购入该项商品，就不需要存货，因为有了存货就占用资金，通常资金的占用量会很大。但实际上，企业总会有储存存货的需要。企业这种储存存货的需要出自以下一些原因，或者说是由于考虑以下的一些因素：

（1）保证生产或销售的经营需要。实际上，企业很少能做到随时购入生产或销售所需的各种物资，即使是市场供应量充足的物资也如此。这不仅是因为不时会出现某种材料的市场断档，还因为企业距供货点较远而需要必要的途中运输及可能出现运输故障。一旦生产或销售所需物资短缺，生产经营将被迫停止，造成损失。为了避免或减少出现停工待料、停业待货等事故，企业就需要储存存货。

（2）出于价格的考虑。零购物资的价格往往较高，而整批购买在价格上常有优惠。出于购买价格的考虑，企业也会整批购入物资，分期分批使用，这样也就出现了存货。此外，市场的价格波动也使企业有必要在价格尚低时购入较大量物资，以减少价格上涨造成的进货损失。

（二）存货管理的要求

在企业内部，各不同部门对于存货管理有着不同的要求。它们的这些要求都是出自自身的管理需要，不能不予以重视。

1.财务部门

财务部门希望存货占用的资金越少越好。它的职责是为企业生产经营提供资金，能在存货上少占用一些资金，就可以将这些资金用于别处，或者减少利息支出。因此，财务部门十分关注存货的积压，希望尽可能地降低存货水平。

2.采购部门

采购部门希望能大批量采购物资，以节约运输费用和取得价格上的优惠。采购部门还希望及早进货，减少紧急订货造成的额外支出，并且避免中断供应而遭受指责。

3.生产部门

生产部门希望能保持较高的存货水平，以避免或减少生产延误，希望大批量地、均衡地进行生产。

4.销售部门

销售部门希望企业有大量的产成品存货，这样不仅可以提高在市场上的竞争力，避免存货短缺而造成的销售损失，而且现货交易也有利于增加销售额。销售部门还希望产成品存货品种齐全，或者能根据客户的要求及时改换品种，而不管批量多么小。

可见，企业内部各部门对存货的要求在很多地方是冲突的。单方面照顾某一个部门的要求而忽视其他部门，不会使整个企业获取最大的利益。因此，不仅要了解各部门对存货管理的要求，更要妥善处理，使之相互协调，达到企业总体优化。

（三）存货管理的目的

综合以上各部门对存货的要求，存货管理既要保证生产经营的连续性，又要保证尽可能少地占用经营资金。

一般来说，在企业生产和销售计划已确定的情况下，存货量的大小取决于采购。采购量太小会使库存空虚或供不应求，影响生产和经营的正常进行，完不成计划。单就这方面而论，存货越多越好。但过多的存货要占用较多的资金，并且会增加包括仓储费、保险费、维护费、管理人员工资在内的各项开支。经营资金是有其资金成本的，占用过多会导致利润的损失，各项开支的增加更直接使成本上升。进行存货管理，就要尽力在各种存货成本与存货效益之间做出权衡，达到两者的最佳结合。这也就是存货管理的目的。

二、储备存货的相关成本

确定存货的最优水平，关键在于做到既能满足生产（销售）需要，又能使存货所耗费的总成本达到最低水平。

存货所耗费的总成本，主要包括取得成本、储存成本和缺货成本三个部分。

（一）取得成本

取得成本是指为取得某种存货而支出的成本，通常用TC_a来表示。它又分为订货成本和购置成本。

1.订货成本

订货成本是指取得订单的成本，如办公费、差旅费、邮资、电报电话费等支出。订货成本中有一部分与订货次数无关，如常设采购机构的基本开支等，称为订货的固定成本，用F_1表示。另一部分与订货次数有关，如差旅费、邮资等，称为订货的变动成本。每次订货的变动成本用K表示。订货次数等于存货年需要量D与每次进货批量Q之比。订货成本的计算公式为：

$$订货成本=F_1+\frac{D}{Q}K$$

在实际分析决策时，订货的固定成本一般可以不加考虑，因为其属于共同成本，或无关成本。订货的相关成本公式可简写为：

$$订货成本=\frac{D}{Q}K$$

2.购置成本

购置成本是指存货本身的价值，经常用数量与单价的乘积来确定。年需要量用D表示，单价用U表示，于是购置成本为DU。

订货成本加上购置成本，就等于存货的取得成本。其公式可表达为：

取得成本=订货成本+购置成本

=订货固定成本+订货变动成本+购置成本

$$TC_a=F_1+\frac{D}{Q}K+DU$$

（二）储存成本

储存成本是指为保存存货而发生的成本，包括存货占用资金所应计的利息（若企业用现有现金购买存货，便失去了现金存放银行或投资于证券应取得的利息，即为“放弃利息”；若企业借款购买存货，便要支付利息费用，即为“付出利息”）、仓库费用、保险费用、存货破损和变质损失等，通常用TC_c来表示。

储存成本也分为固定成本和变动成本。固定成本与存货数量的多少无关，如仓库折旧、仓库职工的固定月工资等，用F_2表示。变动成本与存货的数量有关，如存货资金的应计利息、存货的破损和变质损失、存货的保险费用等，用K_c表示。用公式表达的储存成本为：

储存成本=储存固定成本+储存变动成本

$$TC_c=F_2+\frac{Q}{2}K_c$$

储存成本中的固定成本部分与订货成本的固定成本一样，属于与决策无关的成本，因此也可把公式简写为：

$$TC_c=\frac{Q}{2}K_c$$

（三）缺货成本

缺货成本是指由于存货供应中断或不足而造成的损失，包括材料供应中断造成的停工损失、产成品库存缺货造成的拖欠发货损失和丧失销售机会的损失（还应包括需要主观估计的商誉损失）；如果生产企业紧急采购代用材料解决库存材料中断之急，那么缺货成本就表现为紧急额外购入成本（紧急额外购入的开支会大于正常采购的开支）。缺货成本通常用TC_s表示。

如果以TC来表示储备存货的总成本，它的计算公式则为：

$$TC=TC_a+TC_c+TC_s=F_1+\frac{D}{Q}K+DU+F_2+\frac{Q}{2}K_c+TC_s$$

企业存货的最优化即是使上式TC的值最小。

三、经济订货量的确定

按照存货管理的目的，需要通过设定合理的进货批量和进货时间，使存货的总成本最低。这个批量称为经济订货量或经济批量。有了经济订货量，可以很容易地找出最适宜的进货时间。

与存货总成本有关的变量（即影响总成本的因素）很多，为了解决比较复杂的问题，有必要简化或舍弃一些变量，先研究解决简单的问题，然后再扩展到复杂的问题。这需要设立一些假设，在此基础上建立经济订货量的基本模型。

（一）经济订货量的基本模型

1.经济订货量基本模型需要设立的假定条件

（1）企业能够及时补充存货，即需要订货时便可以立即取得存货；

（2）能集中到货，而不是陆续入库；

（3）不允许缺货，即无缺货成本，TC_s为零，这是因为良好的存货管理本来就不应该出现缺货成本；

（4）需要量确定，即D为已知常量；

（5）存货单价不变，不考虑现金折扣，即U为已知常量；

（6）企业现金充足，不会因资金短缺而影响进货；

（7）所需存货市场供应充足，不会因买不到需要的存货而影响其他活动。

2.基本模型的确立及其相关指标的计算

（1）基本模型的确立。

设立了上述假设后，存货总成本的公式可以简化为：

$$TC=F_1+\frac{D}{Q}K+DU+F_2+\frac{Q}{2}K_c$$

当F_1、K、D、U、F_2、K_c为常数时，TC的大小取决于Q。为了求出TC的极小值，对其进行求导演算，可得出下列公式：

$$Q=\sqrt{\frac{2DK}{K_c}}$$

这一公式称为经济订货量基本模型，求出的每次订货批量可使TC达到最小值。

【例6-21】某企业每年耗用某种材料3 600千克，该材料单位成本10元，单位存储成本2元，一次订货成本25元，则：

$$Q=\sqrt{\frac{2DK}{K_c}}=\sqrt{\frac{2\times3\,600\times25}{2}}=300\text{（千克）}$$

经济订货量也可以用图解法求得。其方法为：先计算出一系列不同批量的各有关成本；然后在坐标图上描出由各相关成本构成的订货成本线、储存成本线和总成本线。总成本的最低点（或者是订货成本线和储存成本线的交接点）相应的批量，即为经济订货量。

不同批量下的有关成本指标见表6-27。

表6-27　不同批量下的有关成本指标　金额单位：元

项　目	订货批量					
	100千克	200千克	300千克	400千克	500千克	600千克
平均存量（千克）	50	100	150	200	250	300
储存成本	100	200	300	400	500	600
订货次数（次）	36	18	12	9	7.2	6
订货成本	900	450	300	225	180	150
总成本	1 000	650	600	625	680	750

根据不同批量的有关成本指标绘出的指标图如图6-4所示。

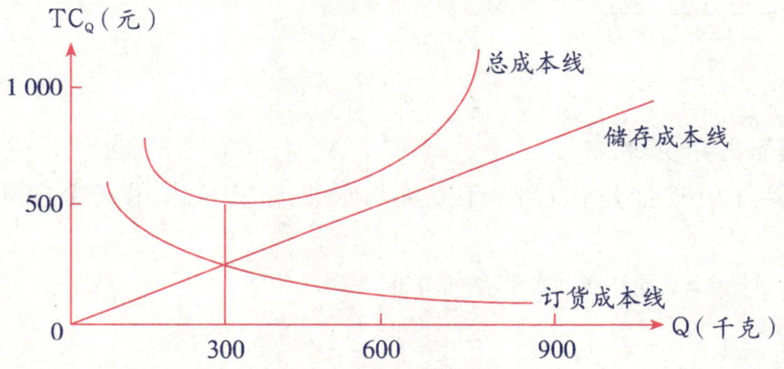

图6-4　不同批量下的有关成本指标图

从以上成本指标的计算和图形可以很清楚地看出，当订货批量为300千克时，总成本最低；小于或超过这一批量，都会使存货总成本提高。

根据图6-4还可以看出，总成本最低的经济订货量是存货订货成本和储存成本相等的批量，因此经济订货量的基本模型也可按下列关系加以推导：

订货成本=储存成本

$$\frac{D}{Q}K=\frac{Q}{2}K_c$$

则经济订货量Q的公式可以推导如下：

$$Q^2=\frac{2DK}{K_c}$$

$$Q=\sqrt{\frac{2DK}{K_c}}$$

（2）相关指标的计算。

根据经济订货量的基本模型公式，可以得出如下几个相关指标：每年最佳订货次数、经济订货量总成本、最佳订货周期和经济订货量占用资金。

❶每年最佳订货次数。

如果事先计算出经济订货量，即每次的订货量，则在全年存货需要量一定的情况下，便可计算出每年最佳订货次数。其公式如下：

$$订货次数=\frac{存货年需要量}{经济订货量}$$

$$N=\frac{D}{Q}$$

❷经济订货量总成本。

经济订货量和每年最佳订货次数确定以后，即可据此确定经济订货量的总成本。其公式如下：

经济订货量总成本=全年订货成本+全年储存成本

$$TC_Q=KN+\frac{Q}{2}K_c$$

$$TC_Q=2K_c\frac{Q}{2}=K_cQ$$

即：经济订货量总成本=单位储存成本×经济订货量

❸最佳订货周期。

$$最佳订货周期=\frac{计算期天数}{全年订货次数}$$

$$t=\frac{1年}{N}$$

❹经济订货量占用资金。

经济订货量占用资金是指最高订货量与最低订货量占用资金的平均数。其公式如下：

经济订货量占用资金=平均经济订货量×产品单价

$$G=\frac{Q}{2}U$$

【例6-22】依【例6-21】资料，相关指标计算如下：

$$N=\frac{D}{Q}=\frac{3\,600}{300}=12（次）$$

$$TC_Q=K_cQ=2×300=600（元）$$

$$t=\frac{1年}{N}=\frac{12个月}{12}=1（月）$$

$$G=\frac{Q}{2}U=\frac{300}{2}×10=1\,500（元）$$

（二）经济订货量基本模型的扩展

经济订货量的基本模型是在前述各假设条件下建立的，但现实生活中能够满足这些假设条件的情况十分罕见。为使模型更接近于实际情况，具有较高的可用性，需逐一放宽假设，同时改进模型。

1.订货提前期

一般情况下，企业的存货不能做到随时补充，因此不能等存货用完再去订货，而需要在没有用完前提前订货。在提前订货的情况下，企业再次发出订货单时，尚有存货的库存量称为再订货点，用R表示。它的数量等于交货时间（L）和每日平均需求量（d）的乘积。

$$R=Ld$$

【例6-23】依【例6-21】资料，企业订货日至到货期的时间为10天，每日存货需求量10千克，那么：

$R=Ld=10\times10=100$（千克）

即企业在尚存100千克存货时，就应当再次订货；等到下批订货到达时（发出再次订货单10天后），原有库存刚好用完。此时，有关存货的每次订货批量、订货次数、订货间隔时间等并无变化，与瞬时补充时相同。

这就是说，订货提前期对经济订货量并无影响，可以按原来瞬时补充情况下的300千克为订货批量，只不过在达到再订货点（库存100千克）时即发出订货单罢了。

2.存货陆续供应和使用

在建立基本模型时，是假设存货一次全部入库，故存货增加时存量变化为一条垂直的直线。事实上，各批存货可能陆续入库，使存量陆续增加。尤其是产成品入库和在产品的转移，几乎总是陆续供应和陆续耗用的。在这种情况下，需要对基本模型作一些修改。

【例6-24】某零件年需要量（D）为3 600件，每日送货量（p）为30件，每日耗用量（d）为10件，单价（U）为10元，一次订货成本（生产准备成本）（K）为25元，单位储存变动成本（K_c）为2元。

设每批订货数为Q，由于每日送货量为p，故该批货全部送达所需日数为$\frac{Q}{p}$，称为送货期。

因零件每日耗用量为d，故送货期内的全部耗用量为$\frac{Q}{p}d$。

由于零件边送边用，所以每批送完时，最高库存量为$Q-\frac{Q}{p}d$；平均库存量则为$\frac{1}{2}(Q-\frac{Q}{p}d)$。

这样，与批量有关的总成本为：

$$TC_Q=\frac{D}{Q}K+\frac{1}{2}(Q-\frac{Q}{p}d)K_c=\frac{D}{Q}K+\frac{Q}{2}(1-\frac{d}{p})K_c$$

在订货变动成本与储存变动成本相等时，TC_Q有最小值，故存货陆续供应和使用的经济订货量公式为：

$$\frac{D}{Q}K=\frac{Q}{2}(1-\frac{d}{p})K_c$$

$$Q=\sqrt{\frac{2KD}{K_c}\cdot(\frac{p}{p-d})}$$

将这一公式代入上述TC_Q公式，可得出存货陆续供应和使用的经济订货量的总成本公式为：

$$TC_Q=\sqrt{2KDK_c(1-\frac{d}{p})}$$

将上述例题数据代入，可得：

$$Q=\sqrt{\frac{2\times25\times3\,600}{2}\times\frac{30}{30-10}}=367\text{（件）}$$

$$TC_Q=\sqrt{2\times25\times3\,600\times2\times(1-\frac{10}{30})}=490\text{（元）}$$

陆续供应和使用的经济订货量模型，还可以用于自制和外购的选择决策。自制与外购相比，自制零件属于边送边用的情况，平均储存量较少，单位成本可能很低，但每批零件投产的生产准备成本比一次外购零件的订货成本可能高出许多。外购零件的单位成本可能较高，平均存量较高，但订货成本可能比较低。要在自制零件和外购零件之间做出选择，需要全面衡量它们各自的总成本，才能得出正确的结论。这时就可借用陆续供应或瞬时补充的模型。

3.保险储备

以上讨论，假定存货的供需稳定且确知，即每日需求量不变，交货时间也固定不变。实际上，每日需求量可能变化，交货时间也可能变化。按照某一订货批量（如经济订货批量）和再订货点发出订单后，如果需求增大或送货延迟，就会发生缺货或供货中断。为防止由此造成的损失，需要多储备一些存货，以备应急之需，称为保险储备（安全存量）。这些存货在正常情况下不动用，只有当存货过量使用或送货延迟时才动用。保险储备如图6-5所示。

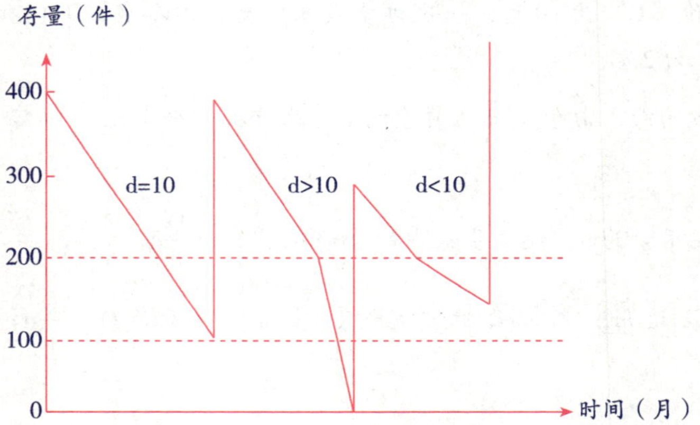

图6-5　保险储备图示

在图6-5中，年需要量（D）为3 600件，已知算出的经济订货量为300件，每年订货12次。又知全年平均日需求量（d）为10件，平均每次交货时间（L）为10天。为防止需求变化引起缺货损失，该保险储备量（B）为100件，再订货点R由此而相应提高为：

R=交货时间×平均日需求量+保险储备

和　　=Ld+B=10×10+100=200（件）

在第一个订货周期里，d=10，不需要动用保险储备；在第二个订货周期内，d>10，需求量大于供应量，需要动用保险储备；在第三个订货周期内，d<10，不仅不需动用保险储备，正常储备亦未用完，下次订货即已送到。

建立保险储备，固然可以使企业避免缺货或供应中断造成的损失，但存货平均储备量加大却会使储备成本升高。研究保险储备的目的，就是要找出合理的保险储备量，使缺货或供应中断损失和储备成本之和最小。在方法上，可先计算出各不同保险储备量下的总成本，然后对总成本进行比较，选定其中最低的。

如果设与此有关的总成本为TC（S，B），缺货成本为C_s，保险储备成本为C_B，则：

$TC（S，B）=C_s+C_B$

设单位缺货成本为K_n，一次订货缺货量为S，年订货次数为N，保险储备量为B，单位存货存储成本为K_c，则：

$C_s=K_nSN$

$C_B=BK_c$

$TC（S，B）=K_nSN+BK_c$

在现实中，缺货量具有随机性，其概率可根据历史经验估计得出，保险储备量B可选择。

【例6-25】假定D为3 600件，K_c为2元，K_n为4元，交货时间L为10天；已经计算出经济订货量Q为300件，每年订货次数N为12次。交货期的存货需要量及其概率分布见表6-28。

表6-28 不同保险储备量的总成本

需要量（10×d）	70	80	90	100	110	120	130
概率（P_1）	0.01	0.04	0.20	0.50	0.20	0.04	0.01

首先，计算不同保险储备量的总成本：

（1）不设置保险储备量。

即B=0，仍以100件为再订货点。此种情况下，当需求量为100件或者以下时，不会发生缺货，其概率为0.75（0.01+0.04+0.20+0.50）；当需求量为110件时，缺货10件（110-100），其概率为0.20；当需求量为120件时，缺货20件（120-100），其概率为0.04；当需求量为130件时，缺货30件（130-100），其概率为0.01。因此，B=0时缺货的期望值S_0、总成本TC（S，B）可计算如下：

$S_0=（110-100）\times0.2+（120-100）\times0.04+（130-100）\times0.01=3.1$（件）

$TC（S，B）=K_nS_0N+BK_c=4\times3.1\times12+0\times2=148.8$（元）

（2）保险储备量为10件。

即B=10，以110件为再订货点。此种情况下，当需求量为110件或其以下时，不会发生缺货，其概率为0.95（0.01+0.04+0.20+0.50+0.20）；当需求量为120件时，缺货10件（120-110），其概率为0.04；当需求量为130件时，缺货20件（130-110），其概率为0.01。因此，B=10时缺货的期望值S_{10}、总成本TC（S，B）可计算如下：

$S_{10}=（120-110）\times0.04+（130-110）\times0.01=0.6$（件）

$TC（S，B）=K_nS_{10}N+BK_c=4\times0.6\times12+10\times2=48.8$（元）

（3）保险储备量为20件。

同样运用以上方法，可计算S_{20}、TC（S，B）如下：

$S_{20}=（130-120）\times0.01=0.1$（件）

$TC（S，B）=4\times0.1\times12+20\times2=44.8$（元）

（4）保险储备量为30件。

即B=30，再订货点130件。此种情况下，可满足最大需求，不会发生缺货。因此，可计算如下：

$S_{30}=0$

$TC（S，B）=4\times0\times12+30\times2=60$（元）

然后，比较上述不同保险储备量的总成本，以最低者为最佳。

当B=20时，总成本为44.8元，是各总成本中最低的，故应确定保险储备量为20件，或者说应确定以120件为再订货点。

以上举例解决的是由于需求量变化引起的缺货问题。至于由于延迟交货引起的缺货，也可以通过建立保险储备量的方法来解决。其保险储备量的确定，可将延迟的天数折算为增加的需求量，其余计算过程与前述方法相同。如前例，若企业延迟到货3天的概率为0.01，则可认为缺货30件（3×10）或者交货期内需求量为130件（10×10+30）的概率为0.01。这样就把交货延迟问题换算成了需求过量问题。

四、存货控制与评价

（一）存货控制

存货控制是要对存货的库存情况进行反映与监督，报告当前存货的水平，提供进货决策所需要的信息，使存货数量在不断变化中维持良好状态。这显然是存货管理的一个重要方面。

1.永续存货控制

永续存货控制是对存货数量进行持续的记录，并在存货降至某一特定水平时进货。

永续系统存货变化的一般情况为：当存货在耗用中降至再订货点R时，按订货批量Q发出订单；在订货提前期L内，若每日耗用量正常，存货量降至保险库存量B时新的订货入库，存货量上升到较高水平；若每日耗用量高于正常水平，订货提前期L结束时存货量降至保险库存量B以下，到货以后库存水平比耗用量正常的水平低一些；若每日耗用量低于正常水平，新的订货入库前库存量高于保险库存量B，入库后库存量也相应较高。

永续系统的主要变量特征为：

（1）再订货点R是固定的，计算方法为：

R=保险库存+每日需求量×订货提前期

（2）订货批量Q固定，根据具体情况选择经济订货量模型加以计算确定。

（3）订货提前期L固定，根据过去订货至到货的时间间隔分析确定。

（4）订货时间间隔t变化，每日需用量大时，订货间隔缩短；每日需用量小时，订货间隔延长。

（5）保险库存较小，只满足订货提前期内的超量使用，计算方法为：

B=（每日最大需求量-每日平均需求量）×订货提前期

永续存货控制系统主要适用于单位价值高、领用次数少的存货，或者使用电子计算机的存货控制系统。

2.双堆存货控制

双堆存货控制不对存货进行永续记录，而是将存货置于两个空间（如码成两堆或置于两个容器中），当一个空间的存货耗用完后即发出订单，同时从第二个空间供货；第二个空间存货耗用完，第一个空间已经到货可供使用。如此交替存货，不断循环。

双堆控制是永续控制的特殊形式，其存量变化情况与永续控制类似，主要变量特征为：

（1）再订货点与订货批量相同，即每堆数量为：

R=Q

（2）订货提前期超过订货至到货的天数：

$$订货提前期=\frac{Q}{d}>L$$

（3）平均存货：

最高存货=2Q

最低存货=Q-Ld

$$平均存货=\frac{2Q+Q-Ld}{2}=1.5Q-\frac{Ld}{2}$$

其他变量特征与永续系统相同。

双堆控制节约了永续记录的成本，但由于不进行逐笔记录，存货容易丢失，因而主要适用于低值、连续使用的标准件或办公用品。

3.定期存货控制

定期存货控制就是按固定的间隔时间对存货数量进行检查，凡领用过的存货都做补充，订货量即最高存货量与当前存货量的差额。

定期控制的主要变量特征是：

（1）有一个固定的检查间隔期t，事先确定每年检查存货量的次数n。在此时间内检查存货的间隔期为：

$$t=\frac{360}{n}$$

（2）保险储备量比较大，需要克服检查期与订货提前期的需求量波动。保险库存量的公式为：

B=（每日最大需求量-每日平均需求量）×（检查期+订货提前期）

（3）需事先确定最高库存量E，公式为：

E=B+dT

（4）订货的批量是变动的：

Q=E-检查时存货量

（5）再订货点变动。凡是检查时被领用过的存货，即小于最高存储量的存货都要订货。

（6）订货提前期可能是固定的，也可能是变动的。

定期控制可以减少订货次数，若干种存货一起订货可以合并运输，节约成本，但要求的保险库存量大。因此，它主要适用于货源集中于少数供应者，以及使用集中仓库的情况。

4.选择补充存货控制

选择补充存货控制是永续控制和定期控制的混合。这种控制定期检查库存水平，对存货降至再订货点的品种进货，进货批量是最高存货量与检查时存货量之间的差额。

选择补充控制有固定的最高存货量E、再订货点R和检查期t，变动的订货批量Q=E-库存量。保险库存量要满足检查期t的最大用量及订货提前期内的领用波动，故数量较大。

该种控制与定期控制比较，订货次数少但批量较大。若检查期很长，且每次检查时各项存货均要补充，则与定期控制没有区别。与永续控制比较，记录成本低但保险库存量大。因此，它主要适用于不便用永续控制和定期控制的中间类型存货。

5.计划需用量存货控制

计划需用量存货控制就是按最终产品和生产计划安排进货时间和数量。使用这种控制的前提条件是，预知各种存货使用的数量和时间。就工业企业来讲，需要知道最终产品的交货期以及构成的零部件数量，还需要知道每个零部件所需材料的时间和数量。这就要有完备的存货使用计划。

例如，最终产品在某月交货，由A、B两个部件构成，A部件又需要使用甲、乙两种材料，B部件需要使用丙、丁两种材料。每种原料就要在使用前进货，其数量按生产计划和原料消耗计划确定，每种部件则要在最终产品装配前生产出来，具体时间按生产作业计划确定。经过这样的安排，交货后相关的存货全部用完，储备时间也尽可能地缩短了。

计划需用量存货控制能做到“工完料净”，节约资金，但一旦计划变动便会造成积压或短缺。所以，这种控制适宜于按合同生产或计划比较完善、可靠的情况。

6.ABC分析

存货按照ABC分析法进行分类，有助于掌握重点，区别不同情况，分别采取相应的控制措施，这是对存货实现有效控制的一个重要条件。其基本点是，将企业的全部存货区分为A、B、C三类。属于A类的是少数价值高的最重要的项目，品种少，而单位价值却较大。也就是说，从品种数看，这类存货的品种数只占全部存货总品种数的10%左右；而从一定期间出库的金额看，这类存货出库的金额要占全部存货出库总金额的70%左右。属于C类的是为数众多的低值项目。其特点是，从品种数看，这类存货的品种数大约要占全部存货总品种数的70%；但从一定期间出库的金额看，这类存货出库的金额只占全部存货出库总金额的10%左右。而B类存货，则介于这二者之间，从品种数和出库金额看，只占全部存货总数的20%左右。把这些情况在直角坐标系上作图，将形成所谓“非正态分布图”。下面举例进行具体的说明。

【例6-26】假设某厂生产中所用的材料，按年平均出库金额的大小区分为A、B、C三类：年平均出库金额在40 000元以上的，归入A类；15 001~40 000元的，归入B类；15 000元及以下的，归入C类。该厂2021年的材料耗用情况，见表6-29（为便于举例，人为地减少了材料物资的品种数）。

表6-29 材料耗用情况表

材料编号	领用数（单位）	单位成本（元）	总成本（元）	类别
1	3 000	20.00	60 000	A
2	2 000	22.00	44 000	A
3	15 000	1.00	15 000	C
4	11 000	2.00	22 000	B
5	10 000	3.00	30 000	B
6	30 000	0.50	15 000	C
7	2 000	8.00	16 000	B
8	8 000	12.00	96 000	A
9	5 000	9.00	45 000	A
10	45 000	0.30	13 500	C
11	60 000	0.10	6 000	C
12	18 000	2.00	36 000	B

根据表6-29提供的资料重新进行组合，可分别按实物单位和总金额计算A、B、C各类在总量中所占的百分比，见表6-30。

表6-30　各类在总量中所占百分比

类　别	实物单位		总金额	
	领用数（单位）	百分比（%）	总成本（元）	百分比（%）
A	18 000	8.6	245 000	61.5
B	41 000	19.6	104 000	26.1
C	150 000	71.8	49 500	12.4
合　计	209 000	100.0	398 500	100.0

依据表6-30提供的数据作图，如图6-6所示。

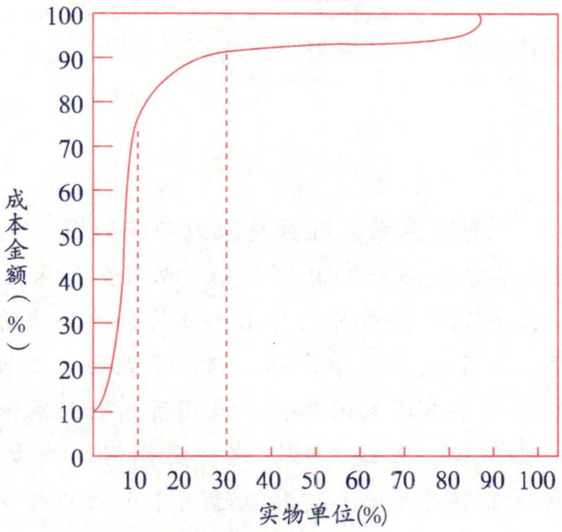

图6-6　各类在总量中所占百分比图示

（二）存货评价

对企业存货状况的评价可以通过一些综合性指标的计算与分析进行。

1.存货周转率

存货周转率是衡量企业购、产、销平衡的一种尺度，它是销售成本被平均存货所除而得的比率。其公式为：

$$存货周转率=\frac{销售成本}{平均存货}$$

公式中的分母为存货的平均值，即（期初存货+期末存货）÷2。这是因为分子的销售成本是在一定时期内发生的，而如果分母简单地用某一特定时点的存货价值（如某一天的存货余额），就会使构成两者的时间基础有差异。这是在使用这一指标时应当注意的。

一般来说，存货周转速度越快，存货的占用水平越低，流动性就越强，即存货转换为现金或应收账款的速度越快，存货管理的业绩就越好。但是，也不能完全忽视存货批量的因素。在存货批量（包括材料采购批量和产成品生产批量）很小的情况下，存货会很快地转换，但批量过小，订货成本或生产准备成本便会上升，甚至造成缺货成本，反而使总成本增加，产生负效应。因此，财务人员应正确地运用这一指标，不可绝对地认为存货周转率越快越好。实际上，对任何财务问题，都应当全面、辩证地处理，这样才能取得满意的总体效益。

存货周转率的快慢，要与其他企业或行业的平均水平比较而定。高于行业平均水平（或有代表性的典型企业的平均水平），表明企业的存货管理效果好；否则，表明企业的存货管理效果尚未达到一般的应有程度，存在较多有待改进的方面。

2. 存货周转天数

存货周转天数是存货周转率的时间表现，表明在正常的存货周转率下，存货转换为现金或应收账款所需要的天数。其公式为：

$$\text{存货周转天数}=\frac{360}{\text{存货周转率}}$$

当存货周转率高时，存货周转天数就少；当存货周转率低时，存货周转天数就多。一般来说，存货周转天数越短，说明企业的存货管理越佳；反之，则说明企业的存货管理越差。

随堂测

判断决策正误

德技兼修

《孙子兵法》在经营决策中的应用

《孙子兵法》在我国经济领域的应用由来已久。据《史记·货殖列传》记载，最早将孙子兵法引入经营管理的是战国魏文侯时的白圭。他将孙子兵法的原理用于生产经营，善观时变，采取“人弃我取，人取我与”等策略，取得了成功。目前，有许多企业家和经济学家对孙子兵法的商战应用价值有深刻的体会。我国著名企业家张瑞敏对孙子兵法也有深入的研究。他认为，“知己知彼，百战不殆”这一规律不仅为古今中外许多军事家所推崇，作为一种智慧、一种决策制胜方略，它特别适用于企业的经营决策分析。商业竞争激烈，企业之间竞争讲究对实际情况进行详细、准确、全面、深入的了解，做到知己知彼，以进行周密严谨的分析，制定切合企业实际的战略和应对措施，以获得最佳经营成效。他运用孙子兵法的战略思想，在激烈的商业竞争中获得巨大成功，使中国的海尔集团走向世界。杭州娃哈哈公司成功运用了孙子兵法中“势者，因利而制权也”，免费给郑州每位小学生一顶黄色小帽子，在过马路时起到明显的造势作用，以最低的成本投入获得最优的回报，为打开中原市场起到积极作用。

中国孙子兵法研究会已经进行过大量的孙子兵法应用研究与海外交流。国外许多国家将《孙子兵法》作为研究经营战略经典的参考书，他们认为战略中的许多思维方式早在两千多年前就解决了。日本学者村山孚说过：“日本企业的生存和发展有两个支柱：一个是美国的现代管理制度；另一个是《孙子兵法》的战略和策略。”日本企业家非常推崇孙子“上下同欲者胜”的思想，并将其与儒家思想结合创立了温情主义的合作型管理模式。日本的“经营之神”松下幸之助，公开宣称孙子兵法是他们成功的法宝。他说：“中国古代先哲孙子，是天下第一神灵。我公司职员必须顶礼膜拜，对其兵法认真背诵，灵活应用，公司才能兴旺发达。”美国当今著名经营战略学家哈默在他的文章中多次引用孙子的语录。他说：“孙子，一位中国军事战略家，两千年前就曾论证道：‘出其不意，攻其不备’。”美国通用汽车公司董事会主席罗杰·史密斯在1984年销售汽车830万辆，居世界首位。他公开申言其成功的法宝是《孙子兵法》，使他获得了一个“战略家的头脑”。

“兵无常势，水无常形，能因敌变化取胜者，谓之神。”市场是瞬息万变的，经营者应依据市场变化灵活应对。孙子兵法中很多军事战略适合于企业经营决策，使世界很多发达国家对其顶礼膜拜，我们中国的企业更应该从中找到文化自信。

资料来源　陈黎琴.《孙子兵法》与现代企业经营决策［J］.西北民族学院学报（哲学社会科学版.汉文），2000（1）：80-85.

第七章　长期投资决策分析

内容提要及教学目标

长期投资投资规模大，收回时间长，其决策正确与否对企业的生存发展尤为重要。本章主要介绍年平均投资报酬率法、非贴现的回收期法、贴现的回收期法、净现值法、获利能力指数法、内含报酬率法、固定资产更新决策等长期投资决策分析方法在长期投资中的应用。通过本章教学，实现学生掌握长期投资决策分析方法的知识目标，能够进行固定资产投资决策的技能目标，以及树立新发展理念的价值目标。

第一节　长期投资决策分析方法

长期投资决策分析方法，按是否考虑货币时间价值，可以分为非贴现的决策分析方法和贴现的决策分析方法两大类。所谓非贴现的决策分析方法就是决策分析时不考虑货币时间价值，计算简单，便于理解；所谓贴现的决策分析方法就是决策分析时要考虑货币时间价值，虽然计算稍微复杂，但更贴近实际，更为科学合理。

一、非贴现的长期投资决策分析方法

（一）年平均投资报酬率法

年平均投资报酬率是指平均每年的现金净流量或净利润与投资额的比率。年平均投资报酬率是正指标，这个指标越高，说明投资方案的获利能力越强。

年平均投资报酬率有两种公式：

$$年平均投资报酬率=\frac{年均现金净流量}{投资额}\times100\%$$

$$年平均投资报酬率=\frac{年均净利润}{投资额}\times100\%$$

从上面的公式可以看出，公式中的分子可以用净利润指标，也可以用现金净流量指标。用净利润指标作为分子，是只把净利润作为投资的报酬，这符合传统会计观念。用现金净流量指标作为分子，是把利润、折旧等均作为投资的报酬，因为折旧是固定资产投资的回收额，也可看作是投资的报酬。分母中的投资额包括固定资产投资、流动资金投资及资本化利息。

在采用年平均投资报酬率法进行决策分析时，首先要确定企业所希望达到的期望投资报酬率，然后计算投资方案的年平均投资报酬率。如果投资方案的投资报酬率达到或超过期望投资报酬率，则该方案可行；反之，则不可行。在多方案决策时，如果有两个或两个以上方案的投资报酬率超过了期望报酬率，则应选择投资报酬率最高的方案。

【例7-1】某企业准备增加一条生产线，有一个投资方案，固定资产投资500 000元，

具体资料见表7-1。该企业希望达到的年平均投资报酬率为12%，该企业的期望投资报酬率是按利润与投资额的比率确定的。要求：计算该方案的年平均投资报酬率，并分析该方案的可行性。

表7-1　　利润预测资料表　　单位：元

年　份	金　额
1	60 000
2	75 000
3	85 000
4	80 000
5	70 000

由于期望投资报酬率是按利润与投资额的比率确定的，也就是把利润作为分子，投资额作为分母，所以，计算该投资方案的年平均投资报酬率也要保持相同的口径。

$$年平均投资报酬率=\frac{\frac{60\,000+75\,000+85\,000+80\,000+70\,000}{5}}{500\,000}\times 100\%$$

$$=\frac{74\,000}{500\,000}\times 100\%=14.8\%$$

该方案年平均投资报酬率为14.8%，大于该企业的期望年平均投资报酬率（12%），所以，该方案可行。

【例7-2】某企业准备新建一个分厂，有甲、乙两个备选方案，两个方案的具体资料见表7-2。该企业是把现金净流量作为投资报酬，在不考虑资本化利息的情况下，把原始投资额直接作为投资额，该企业期望的年平均投资报酬率为28%。要求：计算甲、乙两个投资方案的年平均投资报酬率，评价甲、乙方案的可行性，并选择最优方案。

表7-2　　投资方案预测资料表　　单位：万元

年份	甲方案				乙方案			
	固定资产投资	流动资产投资	利润	折旧	固定资产投资	流动资产投资	利润	折旧
0	500	200			450	200		
1			90	80			60	73
2			100	80			80	73
3			120	80			100	73
4			110	80			90	73
5			100	80			80	73
6	20（残值）	200（回收）	90	80	12（残值）	200（回收）	80	73

该企业计算年平均投资报酬率的分子是年平均的现金净流量，分母是投资额。因此，计算甲、乙方案年平均投资报酬率的口径应与此一致。

甲方案原始投资额=500+200=700（万元）

甲方案利润总额=90+100+120+110+100+90=610（万元）

甲方案折旧总额=80×6=480（万元）

$$\text{甲方案年平均投资报酬率}=\frac{\frac{610+480+200+20}{6}}{700}\times 100\%\approx 31.19\%$$

乙方案原始投资额=450+200=650（万元）

乙方案利润总额=60+80+100+90+80+80=490（万元）

乙方案折旧总额=73×6=438（万元）

$$\text{乙方案年平均投资报酬率}=\frac{\frac{490+438+200+12}{6}}{650}\times 100\%\approx 29.23\%$$

甲、乙方案的年平均投资报酬率分别为31.19%和29.23%，都超过了该企业期望的年平均投资报酬率（28%），所以，两个方案都具有投资可行性。由于甲方案的年平均投资报酬率较高，因此，应选择甲方案。

年平均投资报酬率法的优点是计算简单，指标直观，便于理解。其缺点是没有考虑货币时间价值，忽视了各年现金净流量（或利润）在时间上的差异，不能反映投资方案的风险程度。

（二）非贴现的回收期法

回收期是指收回原始投资所需要的时间，也就是用每年现金净流量抵偿原始投资所需要的全部时间。非贴现的回收期就是不考虑货币时间价值的回收期。投资回收期包括两种形式：一种是包括建设期的投资回收期；另一种是不包括建设期的投资回收期。一般来说，备选方案的回收期越短越好。

运用回收期法进行投资决策分析时，首先应计算备选方案的回收期，然后将备选方案的回收期与企业主观上既定的期望回收期相比较，若：

投资方案回收期<期望回收期，则投资方案可行；

投资方案回收期>期望回收期，则投资方案不可行。

如果有两个或两个以上的方案均可行的话，应选择回收期最短的方案。

1.每年现金净流量相等时的回收期计算方法

当投资方案生产经营期每年的现金净流量相等时，回收期的计算公式是：

$$\text{回收期}=\frac{\text{原始投资额}}{\text{年现金净流量}}$$

注意：❶当生产经营期各年现金净流量除了最后一年外均相等时，可把此种情况看成是各年现金净流量相等。因为补偿原始投资是从前到后依次进行的，最后一年因有残值，所以与前几年不等，但对计算回收期没有影响。❷按公式计算的投资回收期是不包括建设期的投资回收期。如果要计算包括建设期的投资回收期，则应在公式计算结果的基础上再加上建设期。

【例7-3】某投资方案建设期为1年，生产经营期为10年，该方案各年现金净流量见表7-3。假定期望的投资回收期（含建设期）为4年。要求：运用非贴现的回收期法做出该投资方案是否可行的决策。

表7-3 **投资方案现金净流量** 单位：万元

年 份	原始投资	年利润	年折旧	回收残值	年现金净流量
0	-400				400
1	0				0
2		62	38		100
3		62	38		100
4		62	38		100
5		62	38		100
6		62	38		100
7		62	38		100
8		62	38		100
9		62	38		100
10		62	38		100
11		62	38	20	120

该投资方案生产经营期内只有最后一年有残值，其年现金净流量为120万元，其余各年现金净流量均为100万元，因此，可按每年现金净流量相等的方法计算回收期。

$$回收期=\frac{400}{100}=4（年）$$

含建设期的回收期=4+1=5（年）

投资方案回收期5年>期望回收期4年，因此，该投资方案不可行。

2.每年现金净流量不相等时的回收期计算方法

当生产经营期各年现金净流量不相等时，就不能采用前面所介绍的公式计算。在此种情况下，先计算累计现金净流量，当累计现金净流量为0时，此年限即为回收期；当累计现金净流量无法直接找到0时，可利用累计现金净流量最接近0的相邻的正值和负值，用插值法计算回收期。

注意：此种方法计算的回收期包括建设期，要计算不包括建设期的回收期，应在此基础上减去建设期。

【例7-4】某企业要进行一项投资，有甲、乙两个备选方案，两个投资方案的现金净流量见表7-4。该企业期望的投资回收期（含建设期）为4.5年。要求：运用非贴现的回收期法做出决策。

表7-4 投资方案现金净流量 单位：万元

年份	甲方案各年现金净流量	乙方案各年现金净流量
0	-500	-500
1	0	0
2	120	160
3	180	190
4	200	200
5	200	180
6	190	160
7	180	160
8	170	150
9	160	150
10	200	200

首先计算甲、乙两个方案累计的现金净流量，具体计算见表7-5。

表7-5 投资方案累计现金净流量 单位：万元

年份	甲方案		乙方案	
	各年现金净流量	累计现金净流量	各年现金净流量	累计现金净流量
0	-500	-500	-500	-500
1	0	-500	0	-500
2	120	-380	160	-340
3	180	-200	190	-150
4	200	0	200	50
5	200	200	180	230
6	190	390	160	390
7	180	570	160	550
8	170	740	150	700
9	160	900	150	850
10	200	1 100	200	1 050

从表7-5可知，甲方案在第4年年末的累计现金净流量为0，也就是说甲方案的投资回收期为4年。而乙方案在表中无法找到0，但可知回收期在第3年至第4年之间，运用插

值法计算如下：

$$乙方案回收期=3+\frac{150}{200}=3.75\ (年)$$

甲、乙方案的投资回收期均小于该企业的期望投资回收期（4.5年），所以，两个方案均是可行的。但乙方案的投资回收期较短，因此，应选择乙方案。

非贴现的回收期法的优点是：❶方法简便，易于广泛采用。❷可在一定程度上反映备选方案的风险程度。一般来讲，投资回收期越短，说明投资方案的风险越小；反之，则投资方案的风险越大。

非贴现的回收期法的缺点是：❶没有考虑货币时间价值因素。❷没有考虑回收期满后继续发生的现金净流量的变化情况，忽视了投资方案的获利能力。

二、贴现的长期投资决策分析方法

（一）贴现的回收期法

贴现的回收期是指按投资项目设定的折现率计算的生产经营期现金净流量现值补偿原始投资现值所需要的全部时间，也就是考虑货币时间价值的投资回收期。贴现的回收期法一般只计算包括建设期的回收期。其方案是否可行的标准与非贴现的回收期法相同。

【例7-5】某企业一项固定资产投资的现金净流量见表7-6，该企业设定的折现率为8%，期望贴现的回收期为4年。要求：采用贴现的回收期法评价该方案是否可行。

表7-6　投资方案现金净流量　金额单位：万元

年份	金额
0	-200
1	-100
2	120
3	130
4	150
5	130
6	120
7	100
8	120

根据已知资料进行计算，见表7-7。

表7-7　计算表　金额单位：万元

年份	年现金净流量	复利现值系数	折现的现金净流量	累计折现的现金净流量
0	-200	1	-200	-200
1	-100	0.926	-92.60	-292.60
2	120	0.857	102.84	-189.76
3	130	0.794	103.22	-86.54

续表

年　份	年现金净流量	复利现值系数	折现的现金净流量	累计折现的现金净流量
4	150	0.735	110.25	23.71
5	130	0.681	88.53	112.24
6	120	0.630	75.60	187.84
7	100	0.583	58.30	246.14
8	120	0.540	64.80	310.94

从表7-7中可以看出，该方案的投资回收期在第3年至第4年之间，利用插值法计算如下：

回收期=3+$\frac{86.54}{110.25}$≈3.78（年）

该方案贴现的投资回收期为3.78年，小于期望贴现的回收期（4年），所以，该投资方案可行。

贴现的回收期法考虑了货币时间价值，能够更加客观地评价投资方案，但仍具有无法揭示回收期后继续发生的现金流量变动情况的缺点，有一定的片面性。

（二）净现值法

微课

净现值法

净现值是指投资方案生产经营期各年现金净流量的现值合计与投资额的现值合计之间的差额。净现值的基本计算公式如下：

净现值=生产经营期各年现金净流量的现值-投资额的现值

净现值是一个正指标，该指标越大，说明投资方案的投资效果越好；该指标越小，则说明投资方案的投资效果越差。当净现值>0时，说明投资方案实现期望报酬率后还有剩余；当净现值<0时，说明投资方案不能实现期望报酬率；当净现值=0时，说明投资方案正好实现期望报酬率。因此，只有当投资方案净现值≥0时，投资方案才可以接受；否则，只能拒绝投资方案。当有两个或两个以上投资额相同的投资备选方案的净现值均大于0时，应选择净现值最大的方案。

【例7-6】某企业进行一项固定资产投资，建设期为2年，生产经营期为5年，设定的折现率为10%，各年现金净流量见表7-8。要求：采用净现值法评价该投资方案是否可行。

表7-8　　投资方案现金净流量　　单位：万元

年　份	投资额	年利润	年折旧	回收残值	年现金净流量
0	30				-30
1	20				-20
2	0				0
3		11	9		20
4		13	9		22
5		14	9		23
6		12	9		21
7		10	9	5	24

采用净现值法评价该投资方案时，要把生产经营期各年的现金净流量都折现为第1年年初（第0年）时的价值，同时也要把建设期各年的投资额都折现为第1年年初（第0年）时的价值，然后计算二者现值的差额，即为该投资方案的净现值，具体计算见表7-9。

表7-9　折现的投资方案现金净流量　金额单位：万元

年份	年现金净流量	复利现值系数	折现的年现金净流量
0	-30	1	-30
1	-20	0.909	-18.180
2	0	0.826	0
3	20	0.751	15.020
4	22	0.683	15.026
5	23	0.621	14.283
6	21	0.564	11.844
7	24	0.513	12.312

净现值=（15.020+15.026+14.283+11.844+12.312）-（30+18.180）

=68.485-48.180=20.305（万元）

该投资方案的净现值为20.305万元，大于0，因此，该投资方案可行。

【例7-7】某企业购置一条生产线，第1年年初购入安装完毕并投入生产，设定的折现率为9%，各年现金净流量见表7-10。要求：采用净现值法评价该方案是否可行。

表7-10　投资方案现金净流量　单位：万元

年份	投资额	利润	折旧	回收残值	现金净流量
0	200				-200
1		32	38		70
2		32	38		70
3		32	38		70
4		32	38		70
5		32	38	10	80

如果剔除第5年年末回收的残值，每年年末的现金净流量均为70万元，属于普通年金，求其现值，用年金乘以年金现值系数即可。另外，把残值10万元乘以5年的复利现值系数，折现为第1年年初的现值，与70万元的年金现值相加，得出生产经营期现金净流量现值合计。

$$净现值=70\times\frac{(1+9\%)^5-1}{9\%\times(1+9\%)^5}+10\times\frac{1}{(1+9\%)^5}-200$$

=70×3.89+10×0.65-200=78.8（万元）

该投资方案的净现值为78.8万元，大于0，因此，该投资方案可行。

【例7-8】某企业进行一项固定资产投资，有甲、乙两个备选方案可供选择。甲方案建设期为2年，乙方案建设期为1年，甲、乙方案的生产经营期均为5年，设定的折现率为9%。甲、乙方案的各年现金净流量见表7-11。要求：采用净现值法进行决策分析。

表7-11 投资方案现金净流量 单位：万元

年份	甲方案现金净流量	乙方案现金净流量
0	-200	-300
1	-100	0
2	0	90
3	90	100
4	90	110
5	90	80
6	90	60
7	90	

甲方案净现值=90×（5.033-1.759）-（200+100×0.917）

=294.66-291.7=2.96（万元）

甲方案生产经营期各年年末现金净流量均为90万元，属于递延年金，求其第1年年初的现值可采取计算递延年金现值的方法。甲方案第2年年初（即第1年年末）的投资额100万元也要折现为第1年年初的价值，可采取计算复利现值的方法。

其中：5.033为n=7、i=9%的年金现值系数；1.759为n=2、i=9%的年金现值系数。

乙方案生产经营期各年的现金净流量不相等，只能采取计算复利现值的办法将各期现金净流量逐期折现为第1年年初的价值。

乙方案净现值=90×0.842+100×0.772+110×0.708+80×0.650+60×0.596-300

=318.62-300=18.62（万元）

甲、乙方案的投资额相同，乙方案的净现值（18.62万元）大于甲方案的净现值（2.96万元），因此，应选择乙方案。

净现值法的优点是：❶充分考虑了货币时间价值，使不同时间发生的现金流量的差异得以体现。❷项目计算期内的全部现金净流量都被列入了计算范畴，避免了回收期法的缺点。

净现值法的缺点是：此方法只能应用于各备选方案投资额相等的情况下。如果各备选方案投资额不相等的话，单纯看净现值的绝对额不能做出正确评价。因为在投资额不同的情况下，不同方案的净现值不具有可比性。

（三）获利能力指数法

获利能力指数是指投资方案生产经营期各年现金净流量的现值与投资额的现值之比。获利能力指数是相对数，是反映投资方案投资效果的相对指标。获利能力指数的计算公式如下：

$$获利能力指数=\frac{生产经营期现金净流量的现值合计}{投资额的现值合计}$$

如果将获利能力指数公式中的分子与分母相减的话，就是净现值。因此，上式中分子、分母的现值计算与净现值法的现值计算相同。

如果获利能力指数大于1，表明方案报酬率超过期望报酬率。该指标越大，则投资效益越好。

如果获利能力指数小于1，表明方案不能实现期望报酬率。

如果获利能力指数等于1，表明方案正好能实现期望报酬率。

采用获利能力指数法评价投资方案时，只有当获利能力指数大于1时，投资方案才可行。如果有两个或两个以上投资方案的获利能力指数都大于1，应选择获利能力指数最大的方案。

【例7-9】某企业进行一项固定资产投资，现有一个投资方案，该方案建设期为2年，生产经营期为6年，设定的折现率为8%，投资方案各年现金净流量见表7-12。要求：采用获利能力指数法评价该方案是否可行。

表7-12　投资方案现金净流量　单位：万元

年　份	投资额	利　润	折　旧	回收残值	现金净流量
0	600				-600
1	400				-400
2	0				0
3		100	160		260
4		110	160		270
5		120	160		280
6		110	160		270
7		100	160		260
8		100	160	40	300

生产经营期各年现金净流量不相等，只能采取求系列复利现值的方法折现为第1年年初的价值。第2年年初（即第1年年末）的投资额400万元也要采取求复利现值的方法折现为第1年年初的价值。折现计算见表7-13。

表7-13　折现的投资方案现金净流量　金额单位：万元

年　份	现金净流量	复利现值系数	折现的现金净流量
0	-600	1	-600
1	-400	0.926	-370.40
2	0	0.857	0
3	260	0.794	206.44
4	270	0.735	198.45
5	280	0.681	190.68
6	270	0.630	170.10
7	260	0.583	151.58
8	300	0.540	162

$$获利能力指数=\frac{206.44+198.45+190.68+170.10+151.58+162}{600+370.40}=\frac{1\,079.21}{970.40}\approx1.11$$

该方案获利能力指数为1.11，大于1，所以，该方案可行。

【例7-10】依【例7-8】资料，要求：计算甲、乙方案的获利能力指数，并做出决策。

$$甲方案获利能力指数=\frac{294.66}{291.7}\approx1.01$$

$$乙方案获利能力指数=\frac{318.62}{300}\approx1.06$$

甲、乙方案的获利能力指数均大于1，两个方案均可行，但乙方案获利能力指数较高，应选择乙方案。

获利能力指数是相对经济效益指标，它可以应用于投资额不相等的各备选方案决策分析。因此，获利能力指数法的应用范围比净现值法更为广泛。

（四）内含报酬率法

内含报酬率是指投资方案实际期望达到的报酬率，是在生产经营期现金净流量的现值正好等于投资额的现值的假设下所求出的折现率，也就是使投资方案的净现值等于零时的折现率。

企业进行投资所需的资金如果是借入资金，其贷款利息率就是资金成本；如果是用自有资金进行投资，也存在资金成本问题。贷款利息率作为投资方案的机会成本，也就是投资方案的资金成本。内含报酬率法的基本原理是：当一个投资方案的内含报酬率高于资金成本时，说明该方案在考虑货币时间价值的情况下，收回投资后还会产生剩余的现金净流量，此时，该投资方案的净现值为正值，投资实现期望报酬率后有剩余；若内含报酬率低于资金成本，说明该方案在考虑货币时间价值的情况下，投资不能全部收回，此时，该投资方案的净现值为负值，投资方案不可行；若内含报酬率等于资金成本，则该投资方案的净现值为零，投资正好达到期望报酬率。

在采用内含报酬率法进行决策分析时，应根据下列标准进行决策：当内含报酬率大于资金成本时，方案可行；当内含报酬率小于资金成本时，方案不可行。如果两个或两个以上方案的内含报酬率均大于资金成本，应选取内含报酬率最高的（或选择内含报酬率与资金成本的差最大的）方案。

内含报酬率的计算方法有两种：一种是根据计算的年金现值系数求得内含报酬率；另一种是采用逐次测试的方法计算内含报酬率。

1.根据计算的年金现值系数求得内含报酬率

当投资方案的全部投资均于建设起点一次投入、无建设期、生产经营期每年年末现金净流量均相等时，生产经营期各年现金净流量就是普通年金，如果把投资额看成年金现值的话，能使净现值为零的折现率就是内含报酬率。在这种情况下，内含报酬率的计算步骤如下：

（1）计算年金现值系数。

$$年金现值=年金\times年金现值系数$$

$$年金现值系数=\frac{年金现值}{年金}$$

如果把投资额作为年金现值，各年年末现金净流量为普通年金的话，则有如下公式：

$$年金现值系数=\frac{投资额}{年金}$$

（2）查年金现值系数表，若能直接查到上面所计算的年金现值系数，其对应的折现率即为内含报酬率；如果不能直接查到对应的折现率，则查其相邻的两个年金现值系数，然后用插值法求得内含报酬率。

当生产经营期各年现金净流量不相等时，就只能采取逐次测试的方法计算内含报酬率。

【例7-11】某企业进行一项固定资产投资，投资于建设起点一次投入，无建设期，生产经营期为5年，该投资来源于银行贷款，贷款年利息率为6%，每年计一次复利。该投资方案现金净流量见表7-14。要求：采用内含报酬率法做出方案取舍的决策。

表7-14 投资方案现金净流量 单位：万元

年 份	现金净流量
0	-8 000
1	2 000
2	2 000
3	2 000
4	2 000
5	2 000

该方案生产经营期各年年末现金净流量均相等，无建设期，每年现金净流量2 000万元属于普通年金，如果把投资额8 000万元看成普通年金现值，则可以按公式计算年金现值系数如下：

$$年金现值系数=\frac{8\,000}{2\,000}=4$$

查年金现值系数表，在n=5的一行中，找到最接近4的年金现值系数为3.993，其对应的折现率为8%，因此，该投资方案内含报酬率约等于8%。由于该投资方案的内含报酬率（8%）大于资金成本（6%），因此，该投资方案可行。

【例7-12】某企业进行一项固定资产投资，投资于建设起点一次投入，无建设期，生产经营期为8年，该投资方案资金成本为10%，各年现金净流量见表7-15。要求：采用内含报酬率法做出方案取舍的决策。

表7-15 投资方案现金净流量 单位：万元

年 份	现金净流量
0	-1 500
1	327.50
2	327.50
3	327.50

续表

年　份	现金净流量
4	327.50
5	327.50
6	327.50
7	327.50
8	327.50

计算年金现值系数如下：

$$年金现值系数=\frac{1\,500}{327.50}\approx 4.58$$

查年金现值系数表，在n=8一行中，无法直接查到4.58，查得与其相邻的年金现值系数和对应的折现率，见表7-16。

表7-16　　年金现值系数及折现率

年金现值系数	折现率
4.639	14%
4.58	?
4.344	16%

采用插值法计算内含报酬率：

$$投资方案的内含报酬率=14\%+\frac{4.639-4.58}{4.639-4.344}\times(16\%-14\%)=14.40\%$$

该投资方案的内含报酬率（14.40%）大于资金成本（10%），因此，该方案可行。

2.采用逐次测试的方法计算内含报酬率

【例7-13】某企业进行一项固定资产投资，资金成本为9%，投资分两次投入，建设期2年，生产经营期5年，各年现金净流量见表7-17。要求：采用内含报酬率法评价该方案是否可行。

表7-17　　投资方案现金净流量　　单位：万元

年　份	现金净流量
0	-200
1	-200
2	0
3	130
4	150
5	150
6	140
7	140

本例生产经营期各年的现金净流量不相等，不是年金，而且投资分两次投入，有建设期，不能采用计算年金现值系数再计算内含报酬率的方法，只能采取逐次测试法。所谓逐次测试法，就是先设定一个折现率，然后计算投资方案的净现值。如果净现值为正值，则应提高折现率，再重新计算净现值；如果净现值为负值，则应降低折现率，并重新计算净现值。上述步骤一再重复，直至找到净现值最接近于0的一个正值和一个负值，然后用插值法求得净现值等于0时的内含报酬率。

在本例中，先设折现率为10%，计算其净现值：

净现值=130×0.751+150×0.683+150×0.621+140×0.564+140×0.513-（200+200×0.909）

=444.01-381.80

=62.21（万元）

按折现率10%计算的净现值为62.21万元，是正值，为使净现值接近于0，应提高折现率。再设折现率为12%，计算其净现值：

净现值=130×0.712+150×0.636+150×0.567+140×0.507+140×0.452-（200+200×0.893）

=407.27-378.60

=28.67（万元）

按折现率12%计算的净现值为28.67万元，仍然是正值，应再提高折现率。再设折现率为15%，计算其净现值：

净现值=130×0.658+150×0.572+150×0.497+140×0.432+140×0.376-（200+200×0.87）

=359.01-374

=-14.99（万元）

经过三次测试，取得的测试资料见表7-18。

表7-18　测试资料表

净现值	折现率
62.21万元	10%
28.67万元	12%
0	?
-14.99万元	15%

通过表7-18可知，该方案的内含报酬率在12%~15%之间。下面采用插值法计算具体的内含报酬率：

$$内含报酬率=12\%+\frac{28.67-0}{28.67-(-14.99)}\times（15\%-12\%）=13.97\%$$

该投资方案的内含报酬率为13.97%，高于9%的资金成本，因此，该投资方案可行。

（五）净现值、获利能力指数和内含报酬率之间的关系

净现值、获利能力指数和内含报酬率三个指标均是贴现的投资决策评价指标，它们之间的关系如下：

若净现值>0，则获利能力指数>1，内含报酬率>资金成本；

若净现值=0，则获利能力指数=1，内含报酬率=资金成本；

若净现值<0，则获利能力指数<1，内含报酬率<资金成本。

第二节 固定资产更新的决策

固定资产更新决策不同于一般的投资决策，一般来说，设备更换并不改变企业的生产能力，不增加企业的收入。更新决策的现金流量主要是现金流出。即使有少量的残值变价收入，也可视为支出的抵减，而非实质上的收入增加。由于只有现金流出，而没有现金流入，因此无法计算方案的净现值、获利能力指数、内含报酬率、回收期等决策指标，而且在一般情况下，新旧设备的未来使用年限不同，方案之间缺乏可比性，因而用第一节的知识很难对更新方案的优劣做出判断。因此，对于固定资产更新决策，普遍的分析方法是比较继续使用和更新的年成本，以其较低者作为较优方案。

一、固定资产的平均年成本

固定资产的平均年成本是与该资产相关的现金流出的年平均值。其计算公式如下：

如不考虑货币时间价值：

$$平均年成本=\frac{设备投资额-残值}{使用年限}+年均营运成本$$

如考虑货币时间价值：

$$平均年成本=\frac{设备投资额-残值}{年金现值系数}+年均营运成本+机会成本（残值占用的利息）$$

【例 7-14】假设某企业的机器 A 是 5 年前购入的，购价 3 000 元，预计可使用 10 年，使用期满时还有残值 100 元，年运行成本 600 元；新的机器 B 购价 2 500 元，预计可使用 10 年，使用期终了尚有残值 600 元，年营运成本 400 元。假定该厂决定购入机器 B，则机器 A 可以出售，作价 500 元。该企业要求设备上的报酬率至少达到 15%。问该企业是否应购入机器 B?

$$机器A的平均年成本=\frac{500-100}{(P/A，15\%，5)}+100\times15\%+600=734.33（元）$$

$$机器B的平均年成本=\frac{2\,500-600}{(P/A，15\%，10)}+600\times15\%+400=868.58（元）$$

因为机器 A 的平均年成本低于机器 B 的平均年成本，故企业不应购入机器 B。

从【例 7-14】可以看出，使用平均年成本指标，投资者必须是站在“局外人”的角度进行观察，即从“局外人”角度出发，比较是用 500 元购买机器 A，还是用 2 500 元购买机器 B。计算结果表明，机器 A 的平均年成本比机器 B 的平均年成本低 134.25 元（868.58-734.33），5 年内可节约 671.25 元，因此应仍使用目前的机器 A，这在经济上是合算的。

二、不同原因的更新分析

固定资产更新的具体原因有许多种，主要有不宜大修、不适用以及陈旧引起的更新等。

（一）不宜大修引起的固定资产更新

固定资产可以通过大修理延长其物理使用寿命，但是，这样做在经济上是否合算，需要进行分析。

【例 7-15】某企业有一设备应该进行大修，预计修理费 3 000 元，修理后可使用 3 年，每年日常维护等运行费用 240 元。如果将其报废，购置同等能力的设备需要 13 000 元，预计可使用20年，每年运行费用40元。假设该企业的资金成本为8%，应选择哪个方案？如果该企业的资金成本为12%，应选择哪个方案？

（1）设资金成本为8%，两个方案比较如下：

$$大修方案平均年成本=\frac{3\,000}{(P/A，8\%，3)}+240=1\,404（元）$$

$$更新方案平均年成本=\frac{13\,000}{(P/A，8\%，20)}+40=1\,364（元）$$

因此，应选择购置新设备的方案。

（2）设资金成本为12%，两个方案比较如下：

$$大修方案平均年成本=\frac{3\,000}{(P/A，12\%，3)}+240=1\,489（元）$$

$$更新方案平均年成本=\frac{13\,000}{(P/A，12\%，20)}+40=1\,780（元）$$

因此，应选择修理旧设备的方案。

通过这个例子我们可以发现，资金成本越高，投资就越保守。银行提高利率，就会使更多的货币流向银行，抑制企业投资的总规模。与此相反，降低银行利率，就会刺激资金转向投资企业。

（二）不适用引起的固定资产更新

所谓不适用，在这里是指设备能力不足或不适应生产需要。也就是说，现有资产本身是良好的，只是由于情况变化，需要扩大生产能力或加以改造。

【例7-16】某企业现有设备能力不足，有两个可供选择的解决方案：（1）继续使用现有设备的同时添置一台能力较小的设备。现有设备现时重置成本2 700元，尚可使用8年，每年动力费300元、维修费75元，预计残值80元。新购置的小设备购价4 400元，预计使用年限10年，每年动力费320元、维修费45元，预计残值880元。（2）淘汰现有设备，购置一台较大的设备，满足全部生产需要。预计设备购价7 800元，可使用10年，每年动力费660元、维修费50元，预计残值1 560元。假设该企业投资要求的最低报酬率为6%，那么应选择哪个方案？

$$旧设备平均年成本=\frac{2\,700-80}{(P/A，6\%，8)}+80\times6\%+（300+75）=801.71（元）$$

$$新设备平均年成本=\frac{4\,400-880}{(P/A，6\%，10)}+880\times6\%+（320+45）=896.06（元）$$

第一方案平均年成本=801.71+896.06=1 697.77（元）

$$第二方案平均年成本=\frac{7\,800-1\,560}{(P/A，6\%，10)}+1\,560\times6\%+（660+50）=1\,651.42（元）$$

通过比较两个方案的平均年成本可知，选择第二方案较好。

（三）陈旧引起的固定资产更新

固定资产的陈旧是相对于新的资产来说的。陈旧有两种情况：一种是旧资产在使用中性能衰退了，如能耗增加、故障时间加大、维修成本上升等，运行费用比最初购置时逐步提高；另一种是旧资产本身的性能没有显著变化，由于技术上更先进的同类资产出现，相比之下旧资产运行费用高、性能比较差。但是，不能因此认为使用新的资产总是有利的，新资产的购置需要投入较多的资金，需要权衡投资与运行成本的大小，才能做出正确决策。

【例7-17】有一台旧设备，最初购置成本8 000元，预计使用15年，已经使用5年，尚可使用10年，每年运行费用1 500元，设备重置成本4 500元，报废时预计残值150元。目前市场上有一种新的同类设备，价格10 000元，预计可以使用10年，每年运行费用500元，预计残值500元。假设最低报酬率是10%，问该设备是否应更新？

$$旧设备平均年成本=\frac{4\,500-150}{(P/A，10\%，10)}+150\times10\%+1\,500=708+15+1\,500=2\,223（元）$$

$$新设备平均年成本=\frac{10\,000-500}{(P/A，10\%，10)}+500\times10\%+500=1\,546+50+500=2\,096（元）$$

因此，应当进行更新。

这个问题属于设备未来使用年限相同的类型，故也可以根据实际差量现金流量来进行分析。

设备更新需要追加的投资额=10 000-4 500=5 500（元）

年成本节约额=1 500-500=1 000（元）

残值差额=500-150=350（元）

可以将年成本节约额视为年现金流入量，残值差额视为第10年的现金流入量。因此，可计算净现值得：

净现值=1 000×（P/A，10%，10）+350×（P/F，10%，10）-5 500=780（元）

因为净现值>0，所以设备更新是可行的。

这种方法与第一种方法的结论是相同的。由第一种方法可知，设备更新可比不更新节约年成本127元（2 223-2 096），10年共节约780元（127×6.145），与净现值正好相同。

随堂测

做出正确判断

德技兼修

科学决策让中国一重集团有限公司重振雄风

2018年9月26日，习近平总书记到中国一重视察时强调，中国是有着近14亿人口、960万平方公里土地的大国，粮食要靠自己，实体经济要靠自己，制造业要靠自己。行百里路半九十，我们实现“两个一百年”目标，没有任何时期比现在更接近，也没有任何时期遇到现在这么多的挑战和困难。国际上，先进技术、关键技术越来越难以获得，单边主义、贸易保护主义上升，逼着我们走自力更生的道路，这不是坏事，中国最终还是要靠自己。

为解决重大技术装备“卡脖子”问题，把企业的技术、装备、制造及人才优势转化为大国竞争力和全球产业话语权，中国一重做出重大决策：加大投入，全力开展核电、火电、水电、轧辊等大型铸锻件制造技术专项攻关行动，强化了企业核心竞争力，提高了企业创新能力和研发效率。一是建构开放型创新体系主导创新。建立起以“企业为主体、市场为导向、产学研相结合”的开放式科技创新体系，完善奖励、分红、股权等不同形式的奖励分配机制，试点开展技术、研发人员项目分红制，促进科技成果转化。探索推进研发设计单位股份制改制，实行科技型企业员工持股计划。二是在实施重大科技专项中引领创新。完成了世界最大的镇海炼化2 400吨沸腾床渣油锻焊加氢反应器以及世界最大715吨特大钢锭的浇注制造。国内首支调相机转子研制成功，打破了国外企业一家独大局面，实现替代进口。三是实现从“跟跑”向“并跑”“领跑”的重大历史跨越。中国一重已累计获得国家级科技奖项近40项、省部科技奖项150余项、市级科技奖项80余项、有效专利496项（其中，发明专利226项），并且在核电、石化和冶金成套装备领域，制造能力已经达到了国际先进水平。

创新是引领发展的第一动力，是建设现代化经济体系的战略支撑。中国一重紧紧围绕习近平总书记在党的十九大报告中的讲话要求，科学决策、精准施策，把科技创新摆在企业发展的核心位置，解放思想，深化改革。实现了从2016年公司利润总额巨亏57亿元、面临退市风险，到2017年扭亏为盈、2019年盈利近12.88亿元、2020年盈利13.05亿元的转变，完成了浴火重生，重振了国企雄风。

资料来源 王振儒，李淑霞，杨盛远.中国一重：重振国企雄风［J］.奋斗，2018（22）：30-32.

第八章　全面预算

内容提要及教学目标

全面预算具有计划、协调和控制三个职能。全面预算有多种编制方法和基本编制要求。本章主要介绍全面预算的基本编制方法、弹性预算的编制方法、零基预算的编制方法和滚动预算的编制方法。通过本章教学，实现学生掌握生产经营全面预算基本体系的知识目标、全面预算编制方法应用的技能目标，以及勇于实践创新的价值目标。

第一节　生产经营全面预算的基本体系

一、全面预算的概念

一个企业通过长期决策和短期决策，确定了较优方案，为企业各有关方面的活动确定了具体目标。但是，为了达到并完成既定的目标，还必须研究实现目标的途径和方法，以保证目标在实际中贯彻执行，这就需要编制预算。所谓预算，就是用货币来计量，将决策的目标具体地、系统地反映出来。所以，预算是经营决策的具体化，经营决策的经济效益还要进一步体现、落实到有关的长、短期预算中。

长期预算主要是指1年以上的预算。此问题主要结合长期决策论述。本章主要阐述短期预算，以及全面预算的主要内容及编制方法。全面预算又称总预算，是关于企业在一定时期内（一般不超过1年）经营、财务等方面的总体预算。全面预算是一种执行预算，数据要尽量具体化，以便各职能部门落实执行。

二、编制全面预算的意义

全面预算为企业整体及其各个方面确立了明确的目标和任务。它规划了每个职能部门的管理人员在计划期间的具体工作，从而保证了各部门和整个企业工作的顺利运行。举例来说，首先，由销售部门根据已确立的目标利润，预测目标销售量，再通过市场调查进行销售预测，并千方百计地增加花色品种、提高产品质量、降低产品成本，以保证目标销售量和目标利润的实现。其次，生产部门根据销售部门确定的预计销售量，结合产品的期初、期末存量，计算出计划期的预计产量。产量既不能过多，也不能过少。产量过多势必造成仓库积压，增加费用；过少则会造成市场脱销，减少企业的利润。同样，采购部门必须根据计划期的预计产量，考虑期初、期末材料存量，购进足够的合格材料，以满足产品生产的需要。人事部门必须根据计划期的生产任务配备足够的工人和技术力量。财务部门要根据以上各业务部门在计划期间的经济活动，很好地安排资金、调动资金，保证有足够的货币资金支付到期的贷款、工资和其他费用，以及偿还债务、购买固定资产、支付红利和股息等。可见，编制全面预算可以把以上所有经济活动协调起来，为实现总的战略目标而努力。

三、编制全面预算的作用

编制全面预算的作用概括起来主要有以下几个方面：

1.明确目标、控制业务

全面预算的编制就是把整个企业和各个职能部门在计划期间的工作分别定出目标，并将制定目标所依据的主要设想，以及达到目标所拟采取的方法和措施都详细列举出来，从而达到指导和控制业务的目的。

2.内部协调、综合平衡

现代企业的各个职能部门的经济活动之间，存在着一个局部和整体的关系。各职能部门在安排计划时不能各自为政，否则难以实现总的战略目标。编制全面预算可以促使各部门管理人员了解本部门在全局中所处的地位、所起的作用，协调和平衡各职能部门的计划，从而实现最佳的经济效益。

3.分析比较、评价业绩

预算是目标的具体化，同时也是评价企业生产经营各个方面工作成果的基本尺度。在生产经营过程中，把实际成果同预算目标进行对比，考核和分析实际成果同预算之间的差异，既可以考核各部门或有关人员的工作业绩，同时也有助于促进各方面及时采取有效措施，消除薄弱环节，保证预定目标更好地完成。

四、全面预算的基本体系

为适应市场经济的要求，企业生产经营的全面预算是以对市场需求的研究和预测作为基础，以销售预算为主导，进而包括生产、成本和现金收支等各个方面，并特别重视生产经营活动对企业财务状况和财务成果的预期影响，最后以编制预计的财务报表作为终结的这样一种整体预算。其特点是以销定产，使预算的每一个部分、每一项指标都紧紧围绕着企业经营决策的目标利润来制定。全面预算的基本组成包括以下方面：

（1）销售预算，包括现金收入的预算。

（2）生产预算。

（3）直接材料采购预算，包括现金支出的预算。

（4）直接人工预算。

（5）制造费用预算。

（6）期末存货预算。

（7）销售及管理费用预算。

（8）现金预算。

（9）预计利润表。

（10）预计资产负债表。

各项预算之间的相互关系如图8-1所示。

微课

全面预算体系及关系

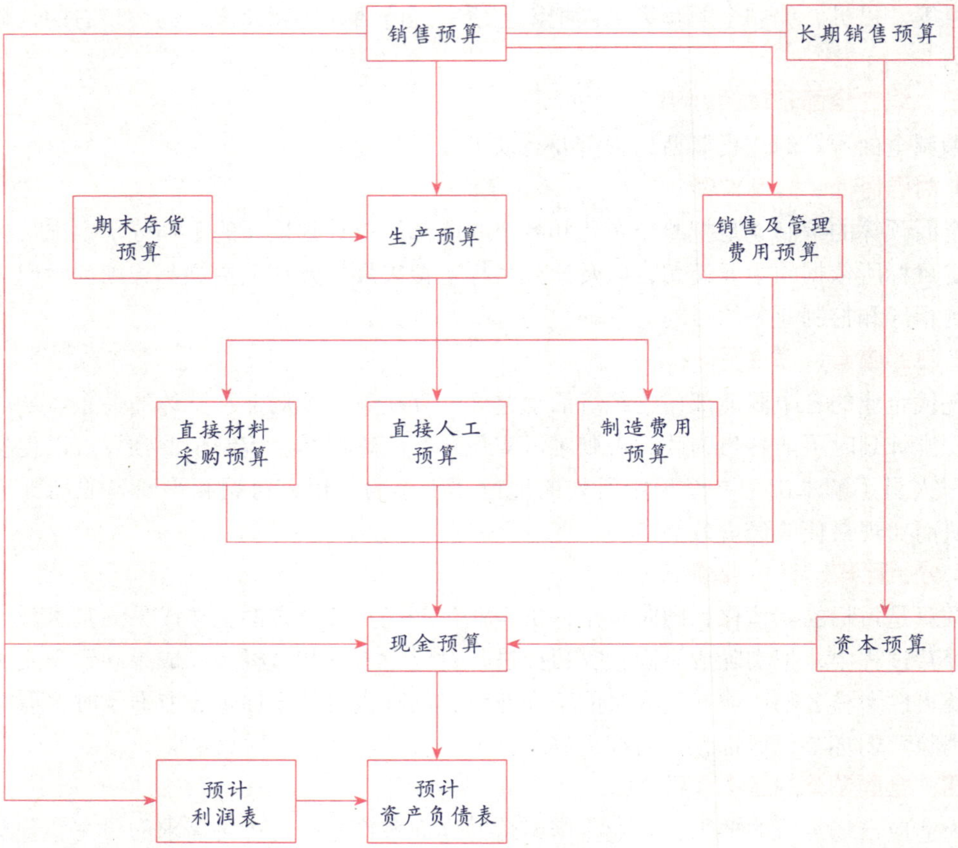

图8-1　各项预算之间的相互关系图

第二节　全面预算编制的基本方法

编制预算的方法有很多，如固定预算法、弹性预算法、零基预算法、滚动预算法等。其中，固定预算法为常用的传统方法，它是根据预算期间内计划预定的一种业务水平确定相应的数据，因此亦称静态预算。它适用于非营利组织和业务水平较为平稳的企业。本节具体介绍固定预算法下全面预算的编制。

一、销售预算

销售预算是规定预算期内销售目标和实施计划的一种预算。它是全面预算的出发点，也是全面预算的关键。因为现代企业都是以销定产的，产品的生产数量、材料、人工、设备和资金需要量等，都由预期的商品销售量所决定。在编制过程中，要根据市场动态和销售历史资料分析、预测计划期销售收入。

在销售预算中通常还包括预期的现金收入的计算，包括上期销售将于本期收到的现金和本期销售可于本期收到的现金，为编制现金预算提供必要的资料。

【例8-1】假定达成机械制造厂于计划年度2022年只生产和销售一种产品，每季的商品销售在当季收到货款的占50%，其余的50%在下季收讫。基期（2021年）期末的应收账款余额为25 000元。该企业计划年度的分季销售预算见表8-1。

表8-1 销售预算

2022年度

	第一季度	第二季度	第三季度	第四季度	全年合计
预计销售量（件）	1 100	1 200	1 500	1 200	5 000
销售单价（元/件）	70	70	70	70	
预计销售收入（元）	77 000	84 000	105 000	84 000	350 000
预期的现金收入					单位：元
应收账款（2021年年末）	25 000				25 000
第一季度销售额	38 500	38 500			77 000
第二季度销售额		42 000	42 000		84 000
第三季度销售额			52 500	52 500	105 000
第四季度销售额				42 000	42 000
现金收入合计	63 500	80 500	94 500	94 500	333 000

二、生产预算

生产预算主要用来具体安排企业在预算期内的生产活动，确定预算期内有关产品的生产数量及其分布状况。根据销售预算的具体内容来编制生产预算，要注意计划期初、期末存货的预计水平。产品的生产量与销售量之间的关系按下式计算：

预计生产量=预计销售量+预计期末存货量-预计期初存货量

【例8-2】依【例8-1】资料，假定该企业预算年度内每季末产成品存货占其下季销售量的10%，预算年度末存货量预计为100件，预算年度初产成品存货量为110件，据此编制的生产预算见表8-2。

表8-2 生产预算

2022年度　　单位：件

项目	第一季度	第二季度	第三季度	第四季度	全年合计
预计销售量	1 100	1 200	1 500	1 200	5 000
加：预计期末存货量	120	150	120	100	100
减：预计期初存货量	110	120	150	120	110
预计生产量	1 110	1 230	1 470	1 180	4 990

三、直接材料采购预算

确定了生产预算并安排好生产进度之后，就应据以编制直接材料采购预算。编制直接材料采购预算也要考虑计划期间的期初及期末存料水平。直接材料预计采购量按下式计算：

预计采购量=预计生产需用量+预计期末材料存货量-预计期初材料存货量

在直接材料采购预算中，通常还包括材料方面预期的现金支出的计算，为编制现金预算提供必要的资料。材料方面预期的现金支出包括上年度采购本期付款和本期采购本期支付的现金支出。

【例8-3】依【例8-2】资料，假定该企业直接材料消耗定额为2千克，每千克价格为5元，预算期内每季末存料量占其下季生产需要量的20%，预算期末材料存量为500千克，预算期初材料存量为400千克，每季材料采购在当季付款的占60%，其余部分在下季付款。该企业预算期初应付款余额为7 000元。根据上述资料编制该企业的预算年度直接材料采购预算，见表8-3。

表8-3 直接材料采购预算

2022年度

数量单位：千克

金额单位：元

项目	第一季度	第二季度	第三季度	第四季度	全年合计
预计生产量（件）	1 110	1 230	1 470	1 180	4 990
单位产品消耗材料消耗定额	2	2	2	2	2
预计生产需要量	2 220	2 460	2 940	2 360	9 980
加：预计期末存料量	492	588	472	500	500
减：预计期初存料量	400	492	588	472	400
预计材料采购量	2 312	2 556	2 824	2 388	10 080
材料计划单价	5	5	5	5	5
预计材料采购金额	11 560	12 780	14 120	11 940	50 400
预期的现金收入					单位：元
应付账款（2021年年末）	7 000				7 000
第一季度采购额	6 936	4 624			11 560
第二季度采购额		7 668	5 112		12 780
第三季度采购额			8 472	5 648	14 120
第四季度采购额				7 164	7 164
现金支出合计	13 936	12 292	13 584	12 812	52 624

四、直接人工预算

直接人工预算也是以生产预算为基础编制的，以各期完成的产成品数乘以生产单位产品需要的工时，再乘以小时工资率，得出直接人工成本。在通常情况下，企业生产产品耗用的直接人工工种往往不止一种，由于工种不同，小时工资率也不一样，这时直接人工预算则必须按工种类别分别计算，然后汇总求得直接人工成本总数。

【例8-4】依【例8-3】资料，假定该企业计划期间所需直接人工只有一个工种，生产单位产品需用直接人工工时为5小时，每小时工资率为4元，该企业2022年度直接人工预算见表8-4。

表8-4 **直接人工预算**

2022年度

	第一季度	第二季度	第三季度	第四季度	全年合计
预计生产量（件）	1 110	1 230	1 470	1 180	4 990
单位产品直接人工工时（小时）	5	5	5	5	5
预计各期需用的直接人工总工时（小时）	5 550	6 150	7 350	5 900	24 950
单位工时工资率（元）	4	4	4	4	4
预计直接人工成本总额（元）	22 200	24 600	29 400	23 600	99 800

五、制造费用预算

制造费用包括生产成本中除直接材料、直接人工以外的一切费用。这些费用可以按成本性态划分为变动费用和固定费用两类。在全部成本计算法下，变动费用和固定费用都包括在产品成本中。在变动成本计算法下，只有变动费用计入产品成本，固定费用直接列入利润表作为当期产品销售收入的一个扣除项目。编制制造费用预算时，应以预算期的各季生产量为基础来规划各个费用项目的具体预算数。

在制造费用预算中，通常还包括费用方面预期的现金支出的计算，为编制现金预算提供必要的资料。由于固定资产折旧属于无须现金支出的项目，计算预期现金支出时应予以扣除。

【例8-5】依【例8-4】资料，假定该企业预算年度的制造费用预算见表8-5。

表8-5 **制造费用预算**

2022年度

成本明细项目		金额（元）	费用分配率
变动费用	间接人工	15 000	变动费用分配率 $=\dfrac{\text{变动费用合计}}{\text{直接人工工时}}=\dfrac{49\,900}{24\,950}=2$（元/小时）
	间接材料	8 000	
	维修费	10 000	
	水电费	12 500	
	机物料消耗	4 400	
	合计	49 900	
固定费用	维修费	5 200	固定费用为期间费用，按季分配每季固定费用支出 $=\dfrac{28\,800}{4}=7\,200$（元/季）
	折旧费	7 400	
	管理费	7 500	
	保险费	6 600	
	财产税	2 100	
	合计	28 800	

续表

预期的现金收入					单位：元
	第一季度	第二季度	第三季度	第四季度	全年合计
直接人工工时（小时）	5 550	6 150	7 350	5 900	24 950
变动费用分配率	2	2	2	2	2
变动费用现金支出	11 100	12 300	14 700	11 800	49 900
固定费用现金支出	7 200	7 200	7 200	7 200	28 800
减：折旧费	1 850	1 850	1 850	1 850	7 400
现金支出合计	16 450	17 650	20 050	17 150	71 300

注：每季折旧费 $=\frac{\text{年折旧费总额}}{4}=\frac{7\ 400}{4}=1\ 850$（元）。

六、产品单位成本和期末产成品存货预算

为正确计量预计利润表中的产品销售成本和预计资产负债表中的期末产成品存货，要根据以上五种预算编制产品单位成本和期末产成品存货预算。

【例8-6】依【例8-1】至【例8-5】资料，编制该企业产品单位成本和期末产成品存货预算，见表8-6。

表8-6 产品单位成本和期末存货预算

2022年度

成本项目	单位消耗定额	单价标准	单位成本（元）
直接材料	2千克	5元/千克	10
直接人工	5小时	4元/小时	20
变动制造费用	5小时	2元/小时	10
单位变动生产成本（元）			40
期末	期末存货数量（件）		100
存货	单位变动成本（元）		40
预算	期末存货余额（元）		4 000

七、销售及管理费用预算

这项预算应包括制造业务范围以外预计发生的各种费用项目。变动费用与固定费用需分开列示。这项预算通常也包括计划期间预计销售与管理费用的现金支出计算，以便编制现金预算。

【例8-7】根据达成机械制造厂的有关资料，编制费用预算，见表8-7。

表8-7　**销售及管理费用预算**

2022年度

费用明细项目		预算金额（元）	费用分配率
变动费用	销售人员工资及佣金	6 000	单位产品变动费用支出 $=\dfrac{\text{变动费用合计}}{\text{预计销售量}}=\dfrac{20\,000}{5\,000}=4$（元/件）
	运输费	9 000	
	办公费	5 000	
	合计	20 000	
固定费用	管理人员工资	8 000	每季固定费用支出 $=\dfrac{24\,000}{4}=6\,000$（元/季）
	广告费	10 000	
	保险费	3 000	
	财产税	3 000	
	合计	24 000	

预期的现金收入　　单位：元

	第一季度	第二季度	第三季度	第四季度	全年合计
预计销售量（件）	1 100	1 200	1 500	1 200	5 000
单位变动销售及管理费用	4	4	4	4	4
变动销售及管理费用	4 400	4 800	6 000	4 800	20 000
固定销售及管理费用	6 000	6 000	6 000	6 000	24 000
现金支出合计	10 400	10 800	12 000	10 800	44 000

八、现金预算

现金预算是概括地反映企业在整个预算期内现金收支余缺及其筹集与运用情况的预算，编制现金预算的主要目的是测算企业在预算期间现金收入与现金支出的吻合程度及不吻合的时间与数额，以便采取措施，避免资金的积压或短缺。

现金预算一般包括四个组成部分：

（1）现金收入。它包括计划期间的期初现金余额，加上本期预计可能发生的现金收入。一般来说，现金收入的主要来源是销售收入和应收账款的收回。该项资料可从销售预算中获得。

（2）现金支出。它包括计划期内预计可能发生的一切现金支出，如支付购料款、直接人工、制造费用以及销售与管理费用等。此项资料可分别从直接材料采购预算、直接人工预算、制造费用预算、销售及管理费用预算中获得．此外还有缴纳所得税、购置固定资产、支付股利等事项。

（3）现金剩余或不足。将现金收入总额与现金支出总额进行轧抵，如收入大于支出即出现剩余，可用来归还以前借款，或进行短期投资；如收入小于支出即出现短缺，则应通过向银行或其他单位举债等方式筹措。

（4）融通资金（或投放资金）。这部分是以现金余缺为出发点，包括计划期间需要在期初向银行借款的数额，以及在期末归还借款和偿付利息等事项。

在完成了初步的现金预算以后，我们就可以知道企业在计划期间需要多少经营资金，财务主管人员就可以据以预先安排和筹措，来满足各个时期的资金需要。

由此可见，为了有计划地安排和筹措资金，编制期间愈短愈好。西方国家有不少企业以星期为单位，逐周编制预算，但最常见的还是按年度分季或季度分月进行编制。

【例 8-8】假定达成机械制造厂预算期内现金余额最低限额为 10 000 元，最高限额为 15 000 元。预计每季度支付股利 2 000 元。专门决策计划第一季度购置设备支出 5 000 元，第二季度购置设备支出 17 000 元，第三季度购置设备支出 5 000 元，第四季度购置设备支出 7 000 元，预算期初现金余额为 10 000 元。编制现金预算见表 8-8。

表 8-8 现金预算

2022 年度

单位：元

	第一季度	第二季度	第三季度	第四季度	全年合计
期初现金余额	10 000	14 664	11 322	12 197.5	10 000
加：本期现金收入	63 500	80 500	94 500	94 500	333 000
合计	73 500	95 164	105 822	106 697.5	343 000
减：本期现金支出					
直接材料	13 936	12 292	13 584	12 812	52 624
直接人工	22 200	24 600	29 400	23 600	99 800
制造费用	16 450	17 650	20 050	17 150	71 300
销售及管理费用	10 400	10 800	12 000	10 800	44 000
预计所得税费用	3 850	4 500	6 403	4 328	19 081
预计设备购置	5 000	17 000	5 000	7 000	34 000
预计支付股利	2 000	2 000	2 000	2 000	8 000
合计	73 836	88 842	88 437	77 690	328 805
收支相抵结余（+）或不足（-）	-336	6 322	17 385	29 007.5	14 195
向银行借款	15 000	5 000			20 000
偿还借款			(5 000)	(15 000)	(20 000)
支付利息（年息率 5%）			(187.5)	(687.5)	(875)
期末现金余额	14 664	11 322	12 197.5	13 320	13 320

注：向银行借款数除需抵补现金支出轧抵的不足数外，还要保证期末最低余额 10 000 元。另外，如果结余现金超过 15 000 元的最高限额，就需归还借款并注意支付利息。借款、还款数额须为 5 000 元的整数倍；借款、筹资在期初，还款、支付各种利息在期末。第三季度利息为 187.5 元（5 000×5%×3÷4），第四季度利息为 687.5 元（10 000×5%+5 000×5%×3÷4）。

九、预计利润表

预计利润表是用来综合反映企业在计划期间生产经营的财务情况，并作为预计企业经营活动最终成果的重要依据，是企业财务预算中最主要的预算表之一。它的编制依据是表 8-1、表 8-5、表 8-6、表 8-7、表 8-8 以及专门决策资料等。

【例8-9】根据达成机械制造厂的有关预算资料，编制年度分季的预计利润表见表8-9。

表8-9 预计利润表

2022年度 金额单位：元

	第一季度	第二季度	第三季度	第四季度	全年合计
销售数量（件）	1 100	1 200	1 500	1 200	5 000
销售收入	77 000	84 000	105 000	84 000	350 000
减：变动成本					
制造成本	44 000	48 000	60 000	48 000	200 000
变动销售及管理费用	4 400	4 800	6 000	4 800	20 000
边际贡献	28 600	31 200	39 000	31 200	130 000
减：固定成本					
制造费用	7 200	7 200	7 200	7 200	28 800
固定销售及管理费用	6 000	6 000	6 000	6 000	24 000
营业利润	15 400	18 000	25 800	18 000	77 200
减：利息支出			187.5	687.5	875
税前利润	15 400	18 000	25 612.5	17 312.5	76 325
减：所得税费用（25%）	3 850	4 500	6 403	4 328	19 081
税后利润	11 550	13 500	19 209.5	12 984.5	57 244

十、预计资产负债表

预计资产负债表用来反映企业在预算期末的财务状况。它是以预算期初的资产负债表为基础，然后根据计划期间各项预算的有关资料加以分析、计算而编制的。

【例8-10】假定达成机械制造厂预算期初的资产负债表见表8-10。

表8-10 预计资产负债表

2021年12月31日 单位：元

资　产		负债及所有者权益	
流动资产		流动负债	
（1）货币资金	10 000	（8）应付账款	7 000
（2）应收账款	25 000	合　计	7 000
（3）材料存货	2 000		
（4）产成品存货	4 400	所有者权益	
合　计	41 400	（9）普通股	25 000
固定资产		（10）留存收益	31 400
（5）土地	20 000	合　计	56 400
（6）房屋及设备	26 000		
（7）累计折旧	24 000		
合　计	22 000		
资产总计	63 400	负债及所有者权益总计	63 400

根据期初的资产负债表及计划期间各项预算中的有关资料进行调整，编制计划期末的资产负债表，见表8-11。

表8-11 预计资产负债表

2022年12月31日　　单位：元

资　产		负债及所有者权益	
流动资产		流动负债	
(1) 货币资金	13 320	(8) 应付账款	4 776
(2) 应收账款	42 000	合　计	4 776
(3) 材料存货	2 500		
(4) 产成品存货	4 000		
合　计	61 820	所有者权益	
固定资产		(9) 普通股	25 000
(5) 土地	20 000	(10) 留存收益	80 644
(6) 房屋及设备	60 000	合　计	105 644
(7) 累计折旧	31 400		
合　计	48 600		
资产总计	110 420	负债及所有者权益总计	110 420

编表说明：

(1) 见表8-8，预算期末现金余额为13 320元。

(2) 见表8-1，预算期初应收账款余额为25 000元，预算期末应收账款余额为42 000元（84 000×50%）。

(3) 见表8-3，预算期初材料余额为2 000元（400×5），预算期末余额为2 500元（500×5）。

(4) 见表8-2和表8-6，预算期初产成品余额为4 400元（110×40），预算期末产成品余额为4 000元（100×40）。

(5)、(6) 见表8-8，预算期初固定资产（房屋及设备）原值为26 000元，预算期末固定资产（房屋及设备）原值为60 000元（26 000+34 000）。

(7) 见表8-5，预算期初累计折旧额为24 000元，预算期末累计折旧额为31 400元（24 000+7 400）。

(8) 见表8-3，预算期初应付账款余额为7 000元，预算期末应付账款余额为4 776元（11 940×40%）。

(9) 见表8-10，普通股股本期初数为25 000元，计划期股本数为25 000元。

(10) 见表8-8和表8-9，计算如下：

留存收益预算期末余额=预算期初余额+预算期间所获净利润-计划期间支付股利
=31 400+57 244-8 000=80 644（元）

第三节　全面预算编制的其他方法

一、弹性预算

上一节我们介绍全面预算的编制运用的是固定预算。这种传统方法有一个很大的缺点，那就是当实际发生的业务量与编制预算所根据的业务量发生差异时，各费用项目的实际数与预算数即无可比基础。而在实际工作中，由于市场形势变化或季节性原因，往往会使各月份的实际业务量水平起伏波动，致使实际的月份费用开支与原预算的平均每月开支不能相互比较。例如，企业预计生产量为1 500件，而实际生产量为2 000件。实际生产2 000件所发生的费用与预计生产1 500件所发生的费用的差异，既包括费用水平变动的影响，亦包括产量变动的影响，这使实际生产2 000件的费用开支与预计生产1 500件的预计费用开支缺乏可比性。这样，原来的预算也就不能起到协调和控制的作用。为了弥补这种方法的缺陷，产生了弹性预算。

所谓弹性预算，就是根据收入、成本、利润同生产经营活动水平之间的数量关系，按照预算期内可预见的多种业务量水平分别确定相应的预算数，使编制的预算随着经营活动水平的变化而变化，因此也称变动预算。弹性预算运用于情况不断变化的企业，能够真实、准确地反映一系列特定生产经营规模和业务量水平上所应当发生的费用开支和取得的相应收入及利润。因此，弹性预算比固定预算更便于落实任务、区分责任，并使预算执行情况的评价和考核建立在更加客观而可比的基础上，在预算管理工作中能发挥更大的作用。

编制弹性预算，首先要将有关预算中的全部成本费用分为固定部分和变动部分。对于固定成本而言，由于它不随业务量的增减变化而变化，因此在编制弹性预算时，不论业务量为多少，都无须变动原固定预算数。对变动成本而言，由于它随着业务量的变化而成正比例增减变化，因此在编制弹性预算时，应按不同的业务量对原定预算数进行适当调整。

假定原费用预算总数为y，其中，固定费用总数为a，原预计产量（按定额工时计算）为x，则变动费用总数为bx。

∵　单位产品应分摊的变动费用=bx÷x=b

∴　原预算中固定费用与变动费用的相互关系为：

$y=a+bx$

假定实际产量为x_1，按实际产量调整后的费用预算总数为y_1，则：

$y_1=a+bx_1$

应该注意，由于实际中有许多费用项目属于半变动和半固定性质，因此需要运用上述调整原理对每个费用子目甚至细目逐一进行分析计算，并据以编制出一套能适应多种不同业务量水平（一般每间隔5%或10%）的费用预算。

【例8-11】以上节所举例的表8-5“制造费用预算”的有关资料为依据（原预计产量为4 990件），分别制定出业务量每间隔10%，即22 500小时、24 950小时、27 500小时、30 000小时的制造费用弹性预算，见表8-12。

表8-12 **制造费用弹性预算**

2022年度 金额单位：元

成本明细项目		每工时费用分配率	业务量			
			22 500小时	24 950小时	27 500小时	30 000小时
变动费用	间接人工	0.60	13 500	15 000	16 500	18 000
	间接材料	0.32	7 200	8 000	8 800	9 600
	维修费	0.40	9 000	10 000	11 000	12 000
	水电费	0.50	11 250	12 500	13 750	15 000
	机物料消耗	0.18	4 050	4 400	4 950	5 400
	小　计		45 000	49 900	55 000	60 000
固定费用	维修费		5 200	5 200	5 200	5 200
	折旧费		7 400	7 400	7 400	7 400
	管理费		7 500	7 500	7 500	7 500
	保险费		6 600	6 600	6 600	6 600
	财产税		2 100	2 100	2 100	2 100
	小　计		28 800	28 800	28 800	28 800
制造费用合计			73 800	78 700	83 800	88 800

注：①22 500小时≈24 950−24 950×10%，27 500和30 000也均为取整数，以方便预算编制；②每工时费用分配率$=\frac{\text{变动费用各子项金额}}{\text{直接人工工时}}$。

必须指出，弹性预算表中固定费用部分在整个相关范围内均保持不变，故这部分仍属固定预算性质，所谓弹性预算实际上仅对变动费用部分而言。

总之，编制弹性预算可以根据实际业务量水平，选用相应业务量水平费用预算数与实际支付数进行对比，这样就便于管理人员在事前据以严格控制费用开支，也有利于在事后细致分析各项费用节约或超支的原因。凡完成得好的，要总结经验，普及推广；完成得不好的，要采取有效措施，及时加以解决。

二、零基预算

零基预算全称为“以零为基础的编制计划和预算的方法”，是由在美国从事财务预算工作的彼得·派尔在20世纪60年代提出来的，在当时的美国风行一时，引人瞩目。现已成为西方发达国家管理间接费用的一种有效方法。

零基预算又称零底预算，是指在编制预算时，对于所有的预算支出均以零为基底，不考虑以往情况如何，从根本上研究、分析每项预算有无支出的必要性和支出数额的大小。这种预算方法不以历史数据为基础，而以零为出发点，零基预算法因此而得名。

编制费用预算的传统方法，是以原有的费用水平为基础进行差量分析。其基本程序是：以本期费用预算的执行情况为基础，按预算期内有关业务量预期的增减变化，对现有费用水平做出适当调整，以确定预算期的预算数。在指导思想上，是以承认现实的基本合理性作为出发点。传统的预算方法比较简便，但它以过去的水平为基础，实质上就是缺乏对过去的支出是否必要、支出数额是否合理的认识，缺乏必要的分析和判断，简单地沿袭下来，所以容易造成新预算的不足或浪费。

零基预算针对传统预算的特点进行了改革，在指导思想上是一种全新的预算控制法。

采用零基预算法进行费用预算的编制，不是以现有的费用水平为基础，而是像新企业创立时那样，一切以“零”为起点，对每一项费用的发生都进行成本-效益分析，据以判定其开支的合理性和优先顺序，并依据企业现有资金的实际情况，在预算中对各个项目进行择优安排，有利于提高资金使用效益，节约费用开支，把预算控制建立在更加严密而健全的基础上，使之提高到一个新的水平。

零基预算的编制方法，大体上分为以下三个步骤：

1.提出预算项目

企业各部门的负责人和职工，首先应根据企业在预算期内的总体经营目标和本部门应完成的具体工作任务，在充分讨论研究的基础上，提出必须安排的预算项目，并对每一项目的性质、目的做出说明，同时以零为基础，详细提出各预算项目所需开支的数额。

2.进行成本-效益分析

由企业领导、总会计师等人组成的预算委员会应对各部门提出的预算方案进行成本-效益分析，将每一费用项目的所费与所得进行对比计算，对各个费用开支方案进行评价，然后把各个费用开支方案在权衡轻重缓急的基础上，分成若干层次，排出先后顺序。

3.分配资金、落实预算

根据成本-效益分析所确定的各费用项目的层次及先后顺序，将企业可动用的资金在各有关项目之间进行合理的分配。其原则是，既要优先保证重点预算项目的资金需要，又要使预算期内的各项生产经营活动得以均衡、协调发展。

【例8-12】假定达成机械制造厂在编制下年度销售及管理费用预算时，拟采用零基预算法。该企业预算年度计划可用于销售及管理方面的资金总额为30 000元。销售及管理费用零基预算编制方法如下：

首先，由销售及管理部门的负责人以及全体职工，根据预算年度的企业总体战略目标和本部门的具体工作任务，经过反复讨论研究，一致认为本部门预算期间需发生的费用项目及其预计的开支水平具体见表8-13。

表8-13 费用预算表 单位：元

广告费	18 000
销售人员培训费	11 000
外地销售机构租金	7 000
差旅费	6 000
办公费	3 000

其次，对以上费用项目进行分析研究，一致认为外地销售机构租金、差旅费及办公费均属于预算期间不可缺少的费用开支，必须全额保证它们的需要。而其余两项费用，根据历史资料进行成本-效益分析，其结果见表8-14。

表8-14 成本-效益分析结果 单位：元

明细项目	每期平均费用发生额	每期平均收益额	成本收益率（倍）
广告费	15 000	150 000	10
销售人员培训费	8 000	120 000	15

最后，把上述五个费用项目按照它们的具体性质和轻重缓急，排出如下的顺序和层次：

第一层次，外地销售机构租金、差旅费、办公费，属于约束性固定成本，在预算期间必不可少，需全额保证资金到位，故列为第一层次。

第二层次，销售人员培训费，属于酌量性固定成本，可根据预算期间企业可供应资金的多少酌情增减，由于它的成本收益率高于广告费的成本收益率，所以列为第二层次。

第三层次，广告费，亦属于酌量性固定成本，可根据预算期间企业可供应资金的多少酌情增减，同时由于它的成本收益率小于销售人员培训费的成本收益率，所以列为第三层次。

根据以上各项费用排列的层次和顺序，具体分配资金、落实预算，见表8-15。

表8-15　资金分配表　单位：元

外地销售机构租金	7 000
差旅费	6 000
办公费	3 000
合　计	16 000

以上三项必须全部得到保证。

那么尚可分配的资金，满足上述三项费用开支后剩余14 000元（30 000-16 000），根据成本收益率的比例分配给销售人员作为培训费以及广告费。

$$销售人员培训费可分配的资金=14\,000\times\frac{15}{15+10}=8\,400（元）$$

$$广告费可分配的资金=14\,000\times\frac{10}{15+10}=5\,600（元）$$

应该指出，采用零基预算法，是以零为起点来观察和分析一切生产经营活动，不存在现成的费用预算开支项目。因此，编制零基预算的工作量是相当繁重的。但零基预算不受现行预算的束缚，不仅能充分发挥各级管理人员的积极性和创造性，而且能促使各基层单位精打细算，量力而行，合理使用资金，提高资金的使用效果。

三、滚动预算

传统的预算编制一般以1年为期，与会计年度相适应。它的优点是便于将实际数与预算数进行对比，也有利于对预算的执行情况进行分析和评价。但是，固定以1年为期的预算也存在一些缺陷：

首先，预算通常都是在预算期开始前2、3个月进行编制，那时人们对预算期的某些经济活动的情况还不够明确，特别是对后半期的经济业务更是模糊不清，往往只能提出一个大概的轮廓和笼统的数字，因而在执行预算时往往会遇到许多困难。

其次，固定以1年为期的预算，在执行了一段时间之后，往往会使管理人员只考虑剩下来的几个月的经济活动，而缺乏长远打算。

为了纠正以上缺陷，目前正在推广一种“滚动预算”方法。滚动预算又称连续预算，它是指预算随着时间的推移而自行延伸并始终保持在某一特定的期限（通常为1年）之内的一种连续性预算。它的基本精神就是使预算期永远保持12个月，每过1个月，立即在期末增列1个月的预算，逐期往后滚动，因而在任何一个时期都使预算保持有12个月的时间幅度，故亦称“永续预算”。

滚动预算的理论依据是：第一，企业的生产经营活动是连续不断的，因此，企业的预算也应该全面反映这一连续不断的过程，使预算方法与生产过程相适应。第二，企业的生产经营活动是复杂的，随着时间的变迁，它将产生各种难以预料的变化。此外，人们对未来客观事物的认识也是由粗到细、由简单到具体的过程。滚动预算期中头一个季度或头几个月的数字详细完整，后几个季度或后几个月的数字可以粗略一些，能帮助人们克服预算的盲目性，避免预算与实际有较大的出入。

滚动预算具有以下一些优点：首先，保持预算的完整性、连续性，从动态预算中把握企业的未来。其次，能使各级管理人员始终保持对未来12个月的生产经营活动作周详的考虑和全盘的计划，保证企业的各项工作有条不紊地进行。再次，有利于外界对企业经营状况的持续性了解。最后，由于预算的不断调整与补充，使预算与实际更加适应，充分发挥了预算的指导和控制作用。

滚动预算的编制，主要采取长计划、短安排的方式进行。在基期编制预算时，先按年度分季，并将其中第一季度按月划分，建立各月的明细预算数字，以便监督预算的执行。至于其他三季度的预算数字可以粗一点，只列各季总数。到第一季度结束前，再将第二季度的预算按月细分，第三、第四季度以及增列的下一年度的第一季度，只需列出季度总数……如此类推。编制滚动预算的示意图如图8-2所示。

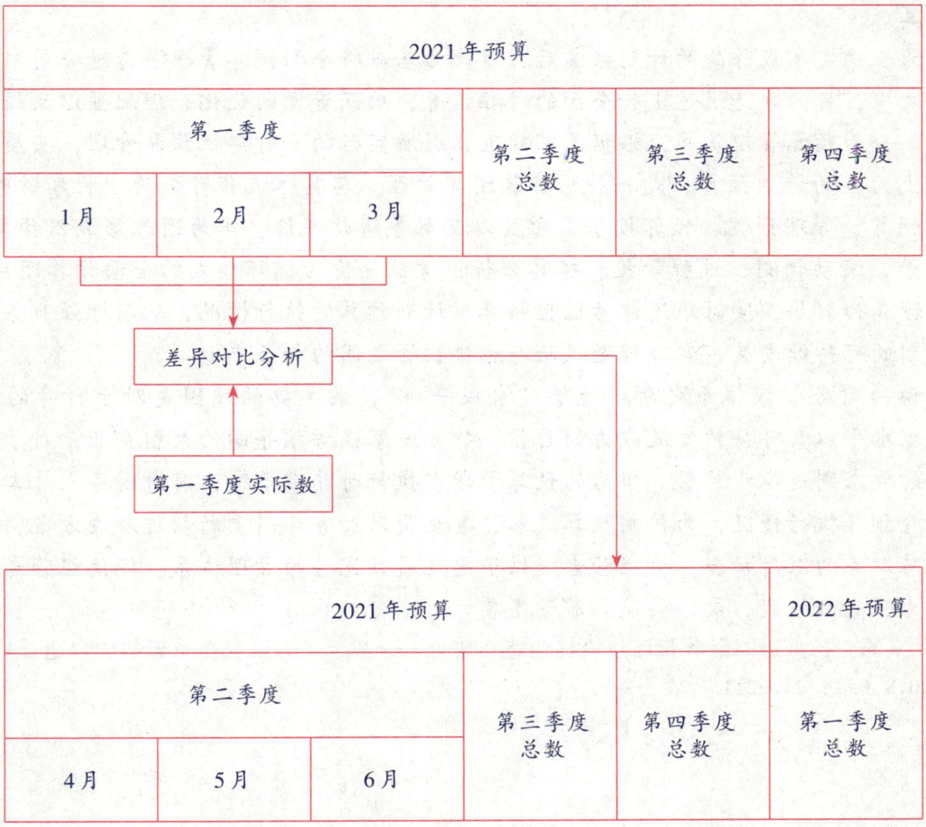

图8-2 滚动预算示意图

采用滚动预算的方法，预算编制工作比较繁重，所以企业应根据实际情况来决定是否有必要选择这种预算方法。

以上我们所介绍的几种预算编制方法各有其特点和适用性。至于企业选用哪种方法来编制预算，是采用一种方法，还是采用两种或两种以上的方法结合运用，应当视企业的实际情况和预算的目的和要求而定。

随堂测

请做出正确选择

德技兼修

华为“计算-预算-核算”财务管理体系

华为任正非曾表示：“计划是龙头，制订计划的人一定要明白业务。地区部要成立计划、预算与核算部，要让明白业务的人来做。只有计划做好了，后面的预算才有依据通过核算来修正、考核计划与预算。”

在华为的“计算-预算-核算”财务管理体系之中，首要的则是确定集成作战的计划系统。一方面，华为将战略计划作为公司长期发展战略主线，以业务计划与项目计划为辅，在稳定长期战略发展的同时，加强华为业务单元、市场单元以及功能单元等中长期战略发展能力，从而准确地与华为财务体系与管理机制相契合。另一方面，针对市场环境与竞争格局的不断发展变化，华为以月度为一个单位进行滚动预测，通过月度经营分析会，加强“计算-预算-核算”闭环管理体系的运转效果，力求完善优化自身的战略计划以及全面预算。

华为在确定集成作战的计划系统后，以此为基础将全面预算管理渗透进公司内部各环节运转之中，目的则是通过进行全面的过程监督，确保资源的优化合理配置以及经营目标的达成。全面预算管理是华为根据国家政策指引所实行的一种弹性预算管理，实质上是以自下而上为主的计划预算，是一种预核算闭环管理。其具体流程可分为中长期财务规划、计划及预算、管理预测、预算授予、管控以及财务绩效评价。华为因此形成以预算生成、季度授予、滚动预测、过程管控、核算分析、考核评价为循环模式的全面预算闭环管理，以计划预算为引导，实时跟进评估监控核算对计划预算的执行情况，从而增强业务计划与项目计划的可持续发展，实现规避风险与积极投资之间的相互平衡。

华为的财务管理体系之所以能够“自成一派”，最主要的原因是对于自身的创新能力、管理水平以及可持续发展能力的自信。作为一家强考核导向的大型企业，对于全面预算管理的要求则是步步为营。华为的预算管理在执行时非常严格，有时财务人员需亲临现场，监督预算执行情况，为控制预算成本，甚至帮助业务部门重新制订解决方案，真正做到业务与财务的深度融合，为经营者提供了更优质且完善的管理体系，促使经营者将压力转为动力，直面挑战，最终实现高质量发展。

资料来源 杨兴运. 财务管理建设优化路径研究——基于华为财经体系架构的启迪 [J]. 现代商业，2018（5）：210-211.

第九章　标准成本法

内容提要及教学目标

标准成本法是指将事先制定的标准成本与实际成本进行对比以揭示成本差异，进而对成本差异进行因素分析，并据此加强成本控制的一种会计信息系统和成本控制系统。标准成本法是管理会计的雏形，在管理会计的各种方法中出现得最早。它不仅是会计信息系统的一个分支，更重要的是被用来加强成本控制。本章主要介绍标准成本的制定、成本差异分析和成本差异的账务处理。通过本章教学，实现学生掌握标准成本内含及制定方法的知识目标，能够进行成本差异计算及处理的技能目标，以及具有工匠精神与民族自信的价值目标。

第一节　标准成本的制定

一、标准成本

标准成本是事先制定的、经过努力能达到的目标成本。根据标准成本达到的难易程度和修订的频率，可把标准成本分为以下几种：

知识延伸

标准成本追踪溯源

1.基本标准成本

这类标准成本是根据正常的耗用水平、正常的价格和正常的生产经营能力利用程度而制定的。也就是根据过去一段时期实际成本的平均值，剔除其中生产经营活动中的异常因素，并考虑今后的变动趋势而制定的。在国内外经济形势稳定的条件下，可以使用基本标准成本。但由于它几年制定一次并保持不变，因此随着科学技术的日益发展，劳动生产率不断提高，原有标准成本将逐渐过时，难以在成本管理中发挥应有的作用。

2.理想标准成本

这类标准成本是根据最少的耗用量、最低的价格水平和可能实现的最高生产经营能力利用程度等条件而制定的，也就是在排除一切失误、浪费和耽搁的基础上制定的。由于这类标准成本要求过高，不考虑在生产中可能发生的上述实际情况，如果用它们来计算成本的话，就会挫伤职工的生产积极性。因此，这种标准成本在实际工作中很少采用。

3.现实标准成本

它是根据企业最可能发生的生产要素耗用量、生产要素价格和生产经营能力利用程度而制定的。由于这种标准成本包含企业一时还不能避免的某些不应有的低效、失误和超量消耗，因此它是一种经过努力可以达到的既先进又合理、最切实可行且接近实际的成本，因而被广泛采用。

二、标准成本法的作用

标准成本法的作用主要表现在以下几个方面：

1.便于成本控制

在标准成本法下，预先制定企业在一定时期内应达到的成本标准，及时反映和分析成本差异及其原因，使成本计算和成本控制有机结合起来。由于成本差异是按原因反映，并按责任单位归集，它不仅能说明成本升降的原因，而且能直接说明成本升降是由哪些责任单位的工作好坏所致。这就为正确评价各个责任单位的工作成绩提供了可靠的依据，既加强了经济责任制，又有利于成本控制。

2.为企业决策提供依据

标准成本法中制定的标准成本，是通过科学的分析、预测得到的企业成本目标，它剔除了很多不合理因素，因此不论是进行长期投资决策还是短期经营决策，都是衡量经济效益的一个重要参考和依据。

3.可以简化成本核算

一套完整的标准成本法通常伴有生产操作的标准化，这样就不需要对许多领料单和工作时间卡予以分类和汇总，因为标准数额已经记入汇总成本单。在生产任务完工时，只需为差异额在标准工作单上做出分录。另外，在标准成本法下，将标准成本和成本差异分别列示，材料、在产品、产成品和产品销售成本都可以按标准成本入账，成本差异数额较小时可作为期间费用处理，这样就使核算工作量大为减少，既可以及时提供成本资料，又可以使会计人员从繁重的核算工作中解脱出来。

4.便于编制预算和考核

因为标准成本是一种预计成本，可以作为编制预算的依据，明确企业在预算期的目标。另外，标准成本是事先制定的、在正常生产经营条件下应当发生的成本，通过对实际成本背离标准成本的差异分析，可以评价各有关部门和工作人员的业绩，分清他们的管理责任，确定经济活动的效果，并进一步采取相应的改进措施。

三、标准成本的制定

产品成本是由直接材料、燃料和动力、直接人工和制造费用四个成本项目组成的，应按照这些项目的特点分别制定其标准成本。其基本形式是数量标准乘以价格标准得到各有关项目的标准成本。

（一）直接材料标准成本的制定

直接材料标准成本包括直接材料数量标准和价格标准两方面。

某产品的直接材料标准成本=该产品所需某材料的数量标准×该材料的价格标准

确定生产某一特定单位产品所耗用的材料数量，可根据产品的图纸等技术文件进行研究，还可以过去经验为根据科学地制定标准。在某些工业企业里，对材料数量标准的确定必须考虑关于废料、损耗和残料的数量。在对过去的记录进行分析时，可选择耗用材料的平均数作为标准：❶某一期间相似各批产品的平均耗用量；❷使用标准前最高、最低耗用量的平均数；❸以前关于材料用量的最节省数量。

材料的价格标准可以采用现行或预期价格标准，也可采用正常价格标准。前者是最合乎需要和最有效的标准，后者往往是材料的统计或平均价格标准。当采用现行或预期价格标准时，要视有无长期购料合同、库存材料价格及市场预测等来确定，应包括运输途中损耗、挑选费等在内。另外，还应注意考虑以下几个方面的问题：确定最佳采账批量获得的价格优惠；实现最低成本所采用的装运和储藏的最佳方法；使用商业信用可能节约的成本和降低的价格。

（二）直接人工标准成本的制定

直接人工标准成本包括直接人工用量标准和直接人工价格标准两方面。直接人工用量标准即直接人工标准工时，直接人工价格标准即直接人工标准分配率。

某产品的直接人工标准成本=该产品耗用的标准工时×工时标准工资率

在制定直接人工标准成本时，首先要对产品生产过程加以研究，如有哪些工艺。其次要对企业的工资形式、制度进行研究，以便结合实际情况来制定标准。

标准工时的制定往往受工厂布局、生产计划、选购材料等因素的影响，它的制定通常采用下列程序中的一个或几个来完成：

（1）计算过去工时的平均值。

（2）对预期正常情况下的制造程序进行实验性测试。

（3）根据产品和制造过程中的过去经验和知识，进行一次合理的估计。

（4）对工作时间和动作进行研究以进行估计。

标准工资率往往受劳动力的平均经验、操作情况的变化、人工结构比例等因素的影响，采用不同的薪金制度同样影响标准工资率的制定。采用计时工资制，工资率在当期较少变动，标准较易制定。采用计件工资制，可以将计件工资的数额作为产品直接人工成本。

（三）制造费用标准成本的制定

制造费用标准成本包括制造费用价格标准和制造费用用量标准两方面。制造费用用量标准即标准工时，与上述直接人工用量标准的制定相同。制造费用价格标准即制造费用标准分配率，其公式为：

$$\text{制造费用标准分配率}=\frac{\text{制造费用预算总额}}{\text{生产量标准}}$$

制造费用标准成本通常分变动制造费用和固定制造费用两部分。在全部成本法下，固定制造费用预算可参照历史资料并考虑预算期生产能力利用程度加以估算，相应的生产量标准通常应选择预算产量标准工时。在变动成本法下，固定制造费用属于期间成本，不存在分配率标准的问题。无论在哪种成本法下，变动制造费用分配率标准均可按上式计算，此外还可按历史资料考虑变动制造费用的变化趋势，估算确定。

标准成本一经确定就应编制标准成本卡。标准成本卡的内容与核算方法有关。在变动成本法下，标准成本卡只包括直接材料、直接人工和变动制造费用三项内容。在全部成本法下，标准成本卡还要包括固定制造费用。由于大多数企业在对外报告中仍使用全部成本法，所以，标准成本卡大都填写直接材料、直接人工、变动制造费用和固定制造费用四个项目的有关数字。

企业通常要为每一产品设置一张标准成本卡，并在该卡中分别列明各项成本的用量标准与价格标准，通过直接汇总的方法来求得单位产品的标准成本。

【例9-1】2022年年初某企业制定的甲产品的标准成本卡见表9-1。

表9-1 甲产品标准成本卡

项　目	单价标准	用量标准	标准成本
直接材料			
A材料	50元/千克	10千克/件	500元/件
B材料	20元/千克	30千克/件	600元/件
小计	—	—	1 100元/件
直接人工	1.5元/小时	200人工小时/件	300元/件
变动制造费用			
动力费	0.5元/小时	200台时/件	100元/件
间接人工费	0.5元/小时	200台时/件	100元/件
直接人工费	10元/千克	12千克/件	120元/件
小计	—	—	320元/件
固定制造费用	0.8元/小时	200台时/件	160元/件
单位甲产品标准成本			1 880元/件

第二节 成本差异分析

一、成本差异的种类

产品的标准成本是一种预定的目标成本，是用来控制实际成本的。但在成本发生的具体过程中，由于种种原因，产品的实际成本与预定的标准成本会发生偏差或差额，这种差额称为成本差异。

根据形成的原因及性质，成本差异可具体分为以下不同差异：

（一）价格差异与数量差异

对直接材料、直接人工和变动制造费用而言，成本差异分为价格差异和数量差异两部分。

1.价格差异

价格差异是指实际价格脱离标准价格所产生的成本差异。价格差异在直接材料成本差异中称材料价格差异，在直接人工成本差异中称工资率差异，在变动制造费用成本差异中称变动制造费用预算差异。

其基本计算公式为：

价格差异=（实际价格-标准价格）×实际产量下的实际用量

=价格差×实际产量下的实际用量

在计算直接材料价格差异时，价格是指直接材料的单价，用量是指直接材料的耗用量；在计算直接人工价格差异——工资率差异时，价格是指直接人工工资率，用量是指生产产品所需人工小时数；在计算变动制造费用价格差异——变动制造费用预算差异时，价格是指变动制造费用分配率，用量是指生产产品所需机器台时数。

2.数量差异

数量差异是指实际的单位耗用量脱离标准单位耗用量所产生的成本差异。数量差异在直接材料成本差异中称材料用量差异，在直接人工成本差异中称人工效率差异，在变动制造费用成本差异中称变动制造费用效率差异。

其计算基本公式为：

数量差异=标准价格×（实际产量的实际用量－实际产量的标准用量）

=标准价格×实际产量下的用量差

在分别计算材料用量差异、人工效率差异和变动制造费用效率差异时，公式中的价格和用量与计算价格差异公式中的含义相同。

（二）预算差异与能量差异

固定制造费用成本差异可分为预算差异与能量差异。

1.预算差异

由于固定制造费用不随业务量的变动而变动，所以，只要实际发生的固定制造费用与固定制造费用预算额不同，就应该认为产生了固定制造费用成本差异。这种成本差异就是预算差异。

2.能量差异

能量差异是指预算产量标准工时与实际产量标准工时不同所产生的成本差异，可进一步分解为能力差异和效率差异。能力差异是指预算产量标准工时与实际产量实际工时不同所产生的成本差异。效率差异是指实际耗用总工时与实际产量应耗用的标准工时不同所产生的成本差异。

（三）有利差异与不利差异

成本差异按其数量特征可分为有利差异与不利差异。有利差异是指因实际成本低于标准成本而形成的节约差，用 F 表示。不利差异则指因实际成本高于标准成本而形成的超支差，用 U 表示。企业应采取相应的措施，消除不利差异，发展有利差异，以实现对成本的有效控制，不断降低成本，提高经济效益。

二、成本差异的计算与分析

微课

成本差异的计算与分析

标准成本是分别按直接材料、直接人工和制造费用制定的，而制造费用又分为变动制造费用和固定制造费用，所以成本差异计算与分析也应从四个方面进行。根据成本差异的分类，分别计算与分析如下：

（一）直接材料成本差异的计算与分析

1.直接材料成本差异的计算

直接材料成本差异是指在实际产量下直接材料实际总成本与其标准总成本之间的差额。它可分解为直接材料用量差异和直接材料价格差异两部分，有关计算公式如下：

直接材料成本差异=实际产量直接材料实际成本－实际产量直接材料标准成本

=直接材料用量差异+直接材料价格差异

$$\text{直接材料用量差异}=\text{直接材料标准价格}\times(\text{实际产量直接材料实际用量}-\text{实际产量直接材料标准用量})$$

$$\text{直接材料价格差异}=(\text{直接材料实际价格}-\text{直接材料标准价格})\times\text{实际产量直接材料实际用量}$$

【例9-2】依【例9-1】资料，假设该企业2022年10月份生产甲产品100件，实际耗用A材料11千克/件，A材料实际单价为48元。要求：计算A材料成本差异。

A材料成本差异=100×11×48-100×10×50=2 800（元）

进一步计算可得：

A材料用量差异=50×（100×11-100×10）=5 000（元）

A材料价格差异=（48-50）×11×100=-2 200（元）

显然：

A材料成本差异=A材料用量差异+A材料价格差异

=5 000+（-2 200）=2 800（元）

2.直接材料成本差异分析

影响直接材料消耗数量的因素是多种多样的，如工人的技术熟练程度和责任感、加工设备的完好程度、产品质量控制制度、材料的质量和规格、材料的安全保管工作等。一般来说，生产中直接材料用量差异应由生产部门负责，但有时也可能是采购部门的工作所引起的，如采购部门以较低的价格购进了质量较差的材料，由于不完全适合原定的生产需要，也会引起耗用量的增长，由此而形成的直接材料用量的不利差异，就应由采购部门负责。

影响直接材料价格变动的因素也是多方面的，如市场环境、价格变动状况、材料采购方式、运费、批量和运输方式，以及材料供应者的选择等。只要其中任何一个因素脱离了制定标准成本时的预定要求，就会影响价格差异。对价格变动的原因和责任，还需根据具体情况作进一步的分析。也就是说，其中某些差异可能是由采购工作所造成的，也可能是由生产上的原因所引起的，如为适应生产上的要求对某项材料进行小批量的紧急订货，并由陆运改为空运，因此而形成的不利差异，应由生产部门负责。

（二）直接人工成本差异的计算与分析

1.直接人工成本差异的计算

直接人工成本差异是指在实际产量下直接人工实际总成本与其标准成本总额的差额。它可分解为直接人工效率差异与直接人工工资率差异两部分，有关计算公式如下：

直接人工成本差异=实际产量直接人工实际成本-实际产量直接人工标准成本

=直接人工效率差异+直接人工工资率差异

其中：

$$\text{直接人工效率差异}=\text{直接人工标准工资率}\times(\text{实际产量直接人工实际工时}-\text{实际产量直接人工标准工时})$$

$$\text{直接人工工资率差异}=(\text{直接人工实际工资率}-\text{直接人工标准工资率})\times\text{实际产量直接人工实际工时}$$

【例9-3】依【例9-1】资料，假设该企业2022年10月份生产甲产品100件，实际工时用量为20 500小时，实际工资分配率为1.4元/小时。要求：计算直接人工成本差异。

直接人工成本差异=20 500×1.4-100×200×1.5=-1 300（元）

其中：

直接人工效率差异=1.5×（20 500-100×200）=750（元）

直接人工工资率差异=（1.4-1.5）×20 500=-2 050（元）

显然：

直接人工成本差异=直接人工效率差异+直接人工工资率差异=750+（-2 050）=-1 300（元）

2.直接人工成本差异分析

直接人工工资率通常较少变动，主要影响原因是工人工资结构和工资水平变动，如将技术熟练、工资级别较高的工人安排在不需要高技术的工作岗位上，就会出现工资率差异。

影响直接人工工时用量的因素包括工人的劳动生产率、加工设备的完好程度、动力供应情况、材料半成品供应保证程度、材质规格等。如果是由于生产部门安排不周，把技术不熟练的工人安排去进行复杂的工作，必然会造成实际工时超过标准工时，这应由生产部门负责。但如果由于采购了不适用的材料，加工时花了较多的工时，或由于生产工艺过程的改变，需延长或缩短加工时间等，这些都不是生产部门所能控制的因素，应由有关部门承担责任。

（三）变动制造费用成本差异的计算与分析

1.变动制造费用成本差异的计算

变动制造费用成本差异是指在实际产量下变动制造费用实际发生总额与其标准发生总额之间的差额。它又可分解为变动制造费用预算差异和变动制造费用效率差异两部分，有关计算公式如下：

变动制造费用成本差异=实际产量实际变动制造费用-实际产量标准变动制造费用

=变动制造费用预算差异+变动制造费用效率差异

其中：

$$\text{变动制造费用预算差异}=\left(\text{变动制造费用实际分配率}-\text{变动制造费用标准分配率}\right)\times\text{实际产量实际工时}$$

$$\text{变动制造费用效率差异}=\text{变动制造费用标准分配率}\times\left(\text{实际产量实际工时}-\text{实际产量标准工时}\right)$$

【例9-4】依【例9-1】资料，假设该企业2022年10月份生产甲产品100件，实际工时20 500小时，实际动力费分配率为0.48元/小时。要求：计算动力费成本差异。

动力费成本差异=20 500×0.48-100×200×0.5=-160（元）

进一步计算可得：

动力费预算差异=（0.48-0.50）×20 500=-410（元）

动力费效率差异=0.50×（20 500-100×200）=250（元）

显然：

动力费成本差异=动力费预算差异+动力费效率差异

=-410+250=-160（元）

变动制造费用成本差异计算可以按其费用项目分别计算再汇总，也可以按各项费用合计计算。但为便于成本差异分析，一般要按费用项目具体计算成本差异。其他项目成本差异计算同理（略）。

2.变动制造费用成本差异分析

在计算出全部变动制造费用成本差异的基础上应结合实际进行具体分析，以查清费用超支或节约的原因，并明确责任。

以上三项成本差异均属变动成本差异，其计算的归纳总结见表9-2。

表9-2　变动成本差异计算

<table>
<tr><th>项　目</th><th>价　格</th><th>用　量</th><th colspan="2">价格差异计算公式</th><th colspan="2">用量差异计算公式</th></tr>
<tr><td>①直接材料</td><td>直接材料单价</td><td>直接材料耗用量</td><td>①材料价格差异</td><td rowspan="3">（实际价格-标准价格）×实际用量</td><td>①材料用量差异</td><td rowspan="3">（实际用量-标准用量）×标准价格</td></tr>
<tr><td>②直接人工</td><td>直接人工工资率</td><td>工时用量</td><td>②直接人工工资率差异</td><td>②直接人工效率差异</td></tr>
<tr><td>③变动制造费用</td><td>变动制造费用分配率</td><td>工时用量</td><td>③变动制造费用预算差异</td><td>③变动制造费用效率差异</td></tr>
</table>

（四）固定制造费用成本差异的计算与分析

1.固定制造费用成本差异的计算

固定制造费用与变动制造费用不同，它主要同生产能力的形成及正常维护相联系，具有在相关范围内固定不变的性质。因此，对于固定制造费用，通常编制固定预算而非弹性预算。按全部成本法制定标准成本时，标准固定制造费用分配率是按下式进行计算的：

$$\text{标准固定制造费用分配率}=\frac{\text{固定制造费用预算总额}}{\text{预算产量标准总工时}}$$

固定制造费用成本差异是指在实际产量下固定制造费用实际发生总额与其标准发生总额之间的差额，用公式表示如下：

$$\text{固定制造费用成本差异}=\text{实际产量实际固定制造费用}-\text{实际产量标准固定制造费用}$$

$$=\frac{\text{固定制造费用}}{\text{实际分配率}}\times\frac{\text{实际产量}}{\text{实际工时}}-\frac{\text{固定制造费用}}{\text{标准分配率}}\times\frac{\text{实际产量}}{\text{标准工时}}$$

固定制造费用总差异的分解具体有两种方法：一种是两差异法；另一种是三差异法。

（1）两差异法。

两差异法是将总差异分解为预算差异和能量差异两部分，其计算公式分别是：

$$\begin{matrix}\text{固定制造费用}\\\text{预算差异}\end{matrix}=\begin{matrix}\text{实际产量实际固定}\\\text{制造费用(即实际总额)}\end{matrix}-\begin{matrix}\text{预算产量标准固定}\\\text{制造费用(即预算总额)}\end{matrix}$$

固定制造费用能量差异=固定制造费用标准分配率×（预算产量标准工时-实际产量标准工时）

（2）三差异法。

三差异法要求将固定制造费用成本总差异分解为预算差异、能力差异和效率差异三种，其计算公式分别是：

固定制造费用预算差异=实际产量实际固定制造费用-预算产量标准固定制造费用

固定制造费用能力差异=固定制造费用标准分配率×（预算产量标准工时-实际产量实际工时）

固定制造费用效率差异=固定制造费用标准分配率×（实际产量实际工时-实际产量标准工时）

显然，将两差异法中的能量差异进一步区分为能力差异和效率差异（即固定制造费用能力差异+固定制造费用效率差异=固定制造费用能量差异），就成为三差异法。

固定制造费用差异的计算公式中的各项指标计算的归纳总结见表9-3。

表9-3 固定制造费用差异计算公式中各项指标计算

项目	产量	工时	分配率
固定制造费用实际总额=①×②×③	①实际产量	②实际工时/件	③实际分配率
固定制造费用预算总额=④×⑤×⑥	④预算产量	⑤标准工时/件	⑥标准分配率
标准固定制造费用总额=①×⑤×⑥	①实际产量	⑤标准工时/件	⑥标准分配率

【例9-5】依【例9-1】资料，假设该企业2022年10月份生产甲产品100件，实际工时20 500小时，预算产量110件，固定制造费用预算总额17 600元，固定制造费用实际支出17 000元。要求：分别用两差异法和三差异法计算固定制造费用成本差异。

两差异法：

固定制造费用成本差异=17 000-100×160=1 000（元）

其中：

固定制造费用预算差异=17 000-110×200×0.8=-600（元）

固定制造费用能量差异=0.8×（110×200-100×200）=1 600（元）

显然：

固定制造费用成本差异=固定制造费用预算差异+固定制造费用能量差异

=-600+1 600=1 000（元）

三差异法：

固定制造费用成本差异=17 000-100×160=1 000（元）

其中：

固定制造费用预算差异=17 000-110×200×0.8=-600（元）

固定制造费用能力差异=0.8×（110×200-20 500）=1 200（元）

固定制造费用效率差异=0.8×（20 500-100×200）=400（元）

显然，在两差异法中：

固定制造费用能量差异=固定制造费用能力差异+固定制造费用效率差异

=1 200+400=1 600（元）

在三差异法中：

固定制造费用成本差异=固定制造费用预算差异+固定制造费用能力差异+固定制造费用效率差异

=-600+1 200+400=1 000（元）

即将能量差异分为能力差异和效率差异，便使两差异法进一步成为三差异法。

2.固定制造费用成本差异分析

对固定制造费用预算差异来说，其产生的原因可能是：资源价格的变动，如工资率增加或减少、税率变动等；某些酌量性固定成本，如职工培训费、差旅费等，因管理上的新决策而有所增减；资源的数量比预算增加或减少，如增加或减少职工，以及部门领导有的怕完不成预算而延缓酌量性成本的支出，有的怕实际支出过少会削减下期经费预算，而增加不必要的开支等。所有这些，应分别对具体情况采取相应的对策。

对于固定制造费用能量差异，从理论上说，只反映计划生产能量的利用程度，一般不能说明固定制造费用的超支或节约。故西方有些会计学家主张只用工时或机器小时表示。若预算产量标准总工时等于实际产量应耗标准工时，即反映该公司的生产能量已得到充分利用。若预算产量标准总工时大于实际产量应耗标准工时，即说明该公司的生产能量未被充分利用，应进一步查明原因，以便确定由谁负责；反之，若实际产量应耗标准工时大于预算产量标准总工时，即表示该公司的计划生产能量已得到超额利用，应总结经验，巩固成绩。

第三节 成本差异的账务处理

成本差异可为成本控制和考核提供必要的信息，管理人员在对差异进行分析的基础上，应分清并落实责任，采取相应的有效措施。对成本差异进行账务处理，也是标准成本制度的重要环节。

一、成本差异核算使用的账户

成本差异核算使用的账户既可以按大的成本项目设置，又可以按具体成本差异的内容设置。在全部成本法下，按大的成本项目设置的核算成本差异的会计科目包括“直接材料成本差异”“直接人工成本差异”“变动制造费用成本差异”“固定制造费用成本差异”，每个科目下再按差异形成的原因分设明细科目。在变动成本法下，可以不设置“固定制造费用成本差异”科目。

按具体差异设置的会计科目应包括“直接材料用量差异”、“直接材料价格差异”、“直接人工效率差异”、“直接人工工资率差异”、“变动制造费用预算差异”、“变动制造费用效率差异”、“固定制造费用预算差异”、“固定制造费用能量差异”（或分为“固定制造费用能力差异”和“固定制造费用效率差异”）等。

每月月末根据各种成本差异账户的借贷方余额，编制“成本差异汇总表”。另将各种成本差异相互轧抵后的净额列入当月利润表，作为“销售成本”或“销售毛利”的调整项目，以便将利润表上原列的标准数转换成实际数。

在年终决算时，如成本差异净额数字不大，可全部转入当月销售成本；若差异净额较大，或库存产品较多时，原则上应将差异净额按比例分配列入“在产品”和“产成品”账户，以便正确计算当年损益，并将有关存货账户的年终余额从原来的标准成本调整为实际成本。但在实际工作中，由于“在产品”和“产成品”账户的期末余额一般不会太大，为了简化核算手续，仍可将成本差异净额转入本期“销售成本”或“销售毛利”，不再进行分配。

二、应用举例

依【例9-1】资料，该企业制造甲产品的标准成本见表9-1，其本月实际发生业务综合以上各例如下：

（1）生产甲产品100件，已完工入库，定价2 100元/件。

（2）购进A材料1 100千克，单价48元/千克；B材料3 000千克，单价20元/千克。全月共领用A材料1 100千克，B材料3 000千克。

（3）直接人工的实际工时用量为20 500小时，每小时工资率为1.4元。

（4）变动制造费用中，动力费9 840元，间接人工10 000元，间接材料12 000元，共计31 840元。

（5）固定制造费用实际发生17 000元；销售费用实际发生8 000元，其中，变动销售费用5 000元，固定销售费用3 000元；财务及管理费用4 000元（全部为固定费用）。

（1）有关业务的账务处理如下：

❶购入直接材料：

借：直接材料　112 800
　贷：银行存款　112 800

❷耗用直接材料：

借：在产品　110 000
　直接材料用量差异　5 000
　贷：直接材料　112 800
　　直接材料价格差异　2 200

❸发生直接人工成本：

借：直接人工　28 700
　贷：应付职工薪酬　28 700

❹结转直接人工：

借：在产品　30 000
　直接人工效率差异　750
　贷：直接人工　28 700
　　直接人工工资率差异　2 050

❺支付变动制造费用：

借：变动制造费用——动力费　9 840
　　——间接人工　10 000
　　——间接材料　12 000
　贷：银行存款　31 840

❻结转变动制造费用成本：

借：在产品　32 000
　变动制造费用效率差异——动力费　250
　贷：变动制造费用预算差异——动力费　410
　　变动制造费用　31 840

❼实际支付固定制造费用：

借：固定制造费用　17 000
　贷：银行存款　17 000

❽分别在两差异法和三差异法下，结转固定制造费用（按全部成本法）：

a.两差异法：

借：在产品　16 000
　固定制造费用能量差异　1 600
　贷：固定制造费用预算差异　600
　　固定制造费用　17 000

b.三差异法：

借：在产品　16 000

　　固定制造费用能力差异　1 200

　　固定制造费用效率差异　400

　贷：固定制造费用预算差异　600

　　　固定制造费用　17 000

❾结转本月制成甲产品成本：

a.按全部成本法：

借：产成品　188 000

　贷：在产品　188 000

b.按变动成本法：

借：产成品　172 000

　贷：在产品　172 000

注：若按变动成本法则将固定制造费用转入期间成本。

❿出售甲产品100件，并收到货款210 000元：

借：银行存款　210 000

　贷：销售收入　210 000

结转销售甲产品100件的成本：

a.按全部成本法：

借：销售成本　188 000

　贷：产成品　188 000

b.按变动成本法：

借：销售成本　172 000

　贷：产成品　172 000

（2）月末编制成本差异汇总表，见表9-4。

表9-4　**成本差异汇总表**　单位：元

成本差异账户名称	借方余额（U）	贷方余额（F）
1.直接材料价格差异		2 200
2.直接材料用量差异	5 000	
3.直接人工工资率差异		2 050
4.直接人工效率差异	750	
5.变动制造费用效率差异	250	
6.变动制造费用预算差异		410
7.固定制造费用预算差异		600
8.固定制造费用能量差异	1 600	
其中：固定制造费用能力差异	1 200	
固定制造费用效率差异	400	
合　计	7 600	5 260
成本差异净额	2 340（U）	

（3）分别按全部成本法和变动成本法编制利润表，见表9-5。

表9-5　　利润表

2022年10月　　单位：元

项　目（按全部成本法）	金　额
销售收入（100×2 100）	210 000
销售成本	
期初存货	0
加：本期生产成本（1 880×100）	188 000
减：期末存货	0
加：成本差异净额（U）	2 340
销售成本总额	190 340
销售毛利	19 660
减：营业费用	
销售费用	8 000
财务及管理费用	4 000
营业费用总额	12 000
税前净利	7 660

项　目（按全部成本法）	金　额
销售收入（100×2 100）	210 000
变动成本	
变动生产成本（100×1 720）	172 000
变动非生产成本	
变动销售费用	5 000
变动非生产成本总额	5 000
边际贡献总额	33 000
减：期间成本	
固定制造费用（100×160）	16 000
固定销售费用	3 000
固定财务及管理费用	4 000
期间成本总额	23 000
税前净利（标准）	10 000
减：成本差异净额（U）	2 340
税前净利（实际）	7 660

由于该企业本月期初、期末均无存货，使得按全部成本法与按变动成本法计算的税前净利相等。

德技兼修

万里长城蕴含的现代成本管理故事

我国万里长城历经两千多年十几个朝代的建造，大规模的修建在秦汉与明代，成为世界建筑文化史上的奇迹！是中华文明古国的重要历史标记！我们不禁要问这样大规模的建筑古人是怎样完成的呢？他们采用什么样的管理方法与技术手段才铸就了这伟大的工程？

虽然当时没有形成现代的成本管理理论与方法，但是已经实际应用了精准的成本管理。古人对于成本的控制煞费一翻苦心，因用砖建造长城的成本要比土筑城墙和石砌城墙高很多，因此仅在长城的重点防区才会使用墙砖。所用材料还因地制宜，就地取材，在有山的地方，尽量利用陡峭的山脊，外侧峭直，内侧平缓。开山取石，并且就地开窑厂烧砖，采石烧石灰，节约人工与运输成本。在黄土高原地带，采取用土夯筑，就地取材；在沙漠地带用芦苇和红柳枝条层层铺沙粒、小石子；在玉门关一带遗存的汉长城，就是沙粒与石子夯实在一起，不易被破坏，还有沙石与芦苇粘结在一起，历经两千多年风雨沧桑，仍然坚固异常。

明代建设的嘉峪关关城被称为“天下第一雄关”！它由内城、外城、城壕三道防线组成重叠并守之势。城墙以黄土夯筑而成，以砖包墙，雄伟壮观！内城墙上建有建楼、敌楼、角楼、阁楼、闸楼共14座。据说嘉峪关关城的预算用料之精准，最后只剩一块砖！按我们现代管理会计的理解就是嘉峪关关城的实际成本与其标准成本之间的成本差异就只剩“一块砖”，虽然有些传说之嫌，但依然令人惊叹！而且用来修建长城的青砖上刻有砖窑名称及生产年代，无论条砖还是方砖都有严格的尺寸标准，这样既便于计算材料成本，又便于追责与奖励，这可谓标准成本控制的典范！

有人按现在的标准成本法估算长城的实际成本：假设它全部用青砖砌成，一块青砖4元钱，一公里需要用六千块青砖，那么一公里的物料就是2.4万元，按两万里计算，折合约5亿元，要是再算上人工成本和辅料之类的成本，历朝历代成本合起来达上千亿元……真的是一个天文数字！中国素来就有“不到长城非好汉”的说法，它是人类文明历史上最巨大的单体建筑物，这一世界军事工程奇迹是中华民族智慧的结晶，也是我们文化自信的重要源泉。

资料来源　作者根据网络资料整理.

第十章　绩效分析

内容提要及教学目标

业绩分析是指运用数理统计和运筹学的方法，通过建立综合评价指标体系，对照相应的评价标准，将定量分析与定性分析相结合，对企业一定经营期间的盈利能力、资产质量、债务风险以及经营增长等经营业绩与战略发展能力等方面进行综合评判的管理活动。本章主要介绍绩效管理与绩效分析的内涵、绩效分析的关键绩效指标评价法、经济增加值评价法及平衡计分卡评价法。通过本章教学，实现学生掌握绩效管理理论的知识目标，科学运用关键绩效指标评价法、经济增加值评价法及平衡计分卡评价法进行绩效分析的技能目标，以及投身企业提质增效、管理创新的价值目标。

第一节　绩效管理概述

一、绩效管理与绩效分析

（一）绩效的含义

从管理学角度看，绩效（performance）是效率（efficiency）和效能（effectiveness）的总和。其中，效率是对产出与投入的比率进行测量；效能则是将实际成果与原定的预期成果进行比较。前者适用于一切能将投入和产出量化或货币化的比较；后者则适用于那些无法用货币来计量的收益的比较。绩效是以结果来评判的。影响绩效的因素很多，主要包括以下几种：

1.技能

技能是指员工的工作技巧和能力水平。一般来说，影响员工技能的因素有天赋、智力、经历、教育、培训等。因此，员工的技能并不是一成不变的。为了提高员工的整体技能水平，企业既可以在招聘与录用阶段进行科学甄选，也可以在员工进入企业后进行各种类型的培训或依靠员工个人主动地进行各种类型的学习。

2.激励

激励作为影响员工工作绩效的因素，是通过改变员工的工作积极性来发挥作用。激励的理论基础是马斯洛的需求理论。马斯洛认为，人的需求具有不同层次，而需求层次与员工个人的个性、感知、学习过程与价值观等特点是分不开的。从员工群体看，为了使激励手段能真正发挥作用，企业应摸清群体的需求结构、个性结构、价值观结构、文化层次结构等，针对多数人的倾向，提出激励措施。个体与群体的激励都是必要的。对个别人的激励，只有在不影响群体积极性的前提下，其效果才是积极有效的。企业应综合两方面情况，根据具体情况选择适当的激励手段和方式。

3.环境

影响工作绩效的环境因素可以分为组织的内部环境因素和外部环境因素两类。组织的内部环境因素一般包括劳动场所的布局和物理环境条件，工作设计的质量和工作任务的性质，工具、设备、原材料的供应，上级的领导作风和监督方式，公司的组织结构和政策，工资福利水平，培训机会，企业文化和组织氛围等。组织的外部环境因素包括社会政治、经济状况，市场的竞争程度等。无论是组织的内部环境还是外部环境，都会通过影响员工的工作能力（技能等）和工作态度（工作积极性等），从而影响员工的工作绩效。

4.机会

机会亦称机遇，俗称“运气”，指的是一种偶然性。对任何一名员工来说，被分配做什么样的工作往往在客观必然性之外，还带有一定的偶然性。在特定环境下，员工如果有机会完成特定的工作任务，可能就会使其达到在原有职位上无法实现的工作绩效。与前三种影响因素相比，机会是一种偶然因素，但这种偶然性是相对的。一个好的管理者应善于为员工创造这样的机会。从这个意义上说，所谓的机会实际上是可以把握的。

在上述因素中，环境与机会对员工来说都是客观的，但对企业而言则是可以创造和争取的；技能完全是由员工个人主观因素决定的；激励主要取决于主观因素，也与企业的正确决策有密切关系。一个员工技巧熟练、能干、敏捷、知识渊博，但仍然可能做不出优秀的绩效和贡献，尤其是当他的工作系统有缺陷或有严重阻碍时。在这种情况下，仅仅关注员工个人并不能改善绩效。如果我们能从广义角度来看待绩效，认识到绩效是由员工个人特质和外部系统特质以及两者间的相互作用决定的，才能使得绩效评估与管理过程更加公平。

（二）绩效管理的含义

绩效管理（performance management），是指企业与所属单位（部门）、员工之间就绩效目标及如何实现绩效目标达成共识，并帮助和激励员工取得优异绩效，从而实现企业目标的管理过程。绩效管理的核心是绩效评价和激励管理。

绩效管理是一个系统，也是一个过程，该过程通常被看作是一个循环，可分为四个环节：绩效计划、绩效辅导、绩效考核与评价、绩效考核结果的应用。本书将绩效考核与评价统称为“绩效分析”。

相对于绩效管理，绩效分析是重要环节。所谓绩效分析是指运用数理统计和运筹学的方法，通过建立综合评价指标体系，对照相应的评价标准，将定量分析与定性分析相结合，对企业一定经营期间的盈利能力、资产质量、债务风险以及经营增长等经营业绩与战略发展能力等方面进行综合评判的管理活动。绩效分析不是单纯为了考核与评价，而是通过绩效分析确认员工的绩效水平，并通过对分析结果的各种合理运用达到激励员工努力工作的目的。简言之，绩效分析是企业实施激励管理的重要依据。

绩效分析应用的管理会计工具方法，一般包括关键绩效指标法、经济增加值法、平衡计分卡等。企业可根据自身战略目标、业务特点和管理需要，结合不同工具方法的特征及适用范围，选择一种适合的绩效分析工具方法单独使用，也可选择两种或两种以上的工具方法综合运用。

二、绩效管理的基本原则

企业进行绩效管理，一般应遵循以下原则：

1.战略导向原则

绩效管理是一种目标导向的管理方法，要求每个成员的行动都要与企业的战略目标挂钩，通过系统化的管理机制，把企业的战略目标、核心价值观层层传递给员工，使之变成员工的自觉行为，从而使每个员工都清楚自己应该努力的方向，各级管理者都能明确自己应该更好地对员工进行有效的管理并提供支持和帮助。因此，只有绩效管理的目标明确了，各级管理者和员工的努力才会有方向，才会更加团结一致，共同致力于绩效目标的实现，共同提高绩效能力，更好地服务于企业的战略规划和远景目标。

2.客观、公正原则

绩效管理应实事求是，评价过程应客观公正，激励实施应公平合理。员工的实际工作表现和职务说明书中对工作内容的描述是绩效评价的依据，无论用什么方法进行绩效评价，都要以此为客观依据，对考评者实事求是地做出评价。同时，在考评中应一视同仁，避免人为因素对绩效评价的干扰。

3.系统全面原则

绩效管理是一个系统，因而需要具有系统全面的观点，需要重视目标制定、沟通管理等过程，需要掌握和使用许多相应的技巧与技能，在实施绩效管理中还需要克服各种困难与障碍。只有系统地、战略地看待绩效管理，形成系统性思维，绩效管理才能够摆脱在低层次徘徊的状况，实现战略目标。

4.科学有效原则

绩效管理通过设定科学、合理的组织目标、部门目标和个人目标，才能为员工指明努力方向，才能真正发挥激励作用。同时，管理方法科学有效，激励与约束并重，操作简便易行。

5.相对稳定原则

绩效分析的要素和方法一旦制定出来，就要保持其实施在一定的时段内的持续性。若朝令夕改，员工没有安全感，就不能长久激励员工，更不利于企业的稳定性。因此，在制订绩效评价方案以前，应进行充分的调查和详细的设计，并请专家进行论证，保证其有效性，使绩效管理系统持续地良性循环。

6.注重沟通原则

沟通在绩效管理中起决定作用。沟通过程包括：沟通企业的价值、使命和战略目标；沟通企业对每个人的期望结果和评价标准以及如何达成结果，沟通企业的信息和资源，使员工之间相互支持、相互鼓励。总之，制定绩效标准要沟通，帮助员工实现目标要沟通，评估考核要沟通，分析原因与改进绩效也要沟通。绩效管理的过程就是员工和组织持续不断沟通的过程。离开了沟通，绩效将流于形式。因此，好的绩效管理，必须全面提升各级管理者和员工的沟通意识，提高沟通技巧，进而改善企业管理能力和提高绩效管理水平。

三、绩效管理的业务流程

企业应用绩效管理工具方法，一般按照制订绩效计划与激励计划、执行绩效计划与激励计划、实施绩效评价与激励、编制绩效评价与激励管理报告等程序进行。

（一）制订绩效计划与激励计划

企业应根据战略目标，综合考虑绩效评价期间宏观经济政策、外部市场环境、内部管理需要等因素，结合业务计划与预算，按照上下结合、分级编制、逐级分解的程序，在沟通反馈的基础上，编制各层级的绩效计划与激励计划。

1.绩效计划

绩效计划是企业开展绩效评价工作的行动方案，包括构建指标体系、分配指标权重、确定绩效目标值、选择计分方法和评价周期、拟定绩效责任书等一系列管理活动。制订绩效计划是绩效管理流程的第一个环节，是绩效管理实施的关键与基础所在。绩效计划制订得科学、合理与否，直接影响绩效管理的实施效果。制订绩效计划通常从企业级开始，层层分解到所属单位（部门），最终落实到具体岗位和员工。

2.激励计划

所谓激励，就是组织通过设计适当的外部奖酬形式和工作环境，以一定的行为规范和惩罚性措施，借助信息沟通，来激发、引导、保持和归化组织成员的行为，以有效实现组织及其成员个人目标的系统活动。激励计划是企业为激励被评价对象而采取的行动方案，包括激励对象、激励形式、激励条件、激励周期等内容。激励计划按激励形式可分为薪酬激励计划、能力开发激励计划、职业发展激励计划、其他激励计划。

3.绩效计划与激励计划的管理要求

绩效计划与激励计划制订完成后，应经薪酬与考核委员会或类似机构审核，报董事会或类似机构审批。经审批的绩效计划与激励计划应保持稳定，一般不予调整。若受国家政策、市场环境、不可抗力等客观因素影响，确需调整的，应严格履行规定的审批程序。

（二）执行绩效计划与激励计划

审批后的绩效计划与激励计划，应以正式文件的形式下达执行，确保与计划相关的被评价对象能够了解计划的具体内容和要求；绩效计划与激励计划下达后，各计划执行单位（部门）应认真组织实施，从横向和纵向两方面落实到各所属单位（部门）、各岗位员工，形成全方位的绩效计划与激励计划执行责任体系。

绩效计划与激励计划执行过程中，企业应建立配套的监督控制机制，及时记录执行情况，进行差异分析与纠偏，持续优化业务流程，确保绩效计划与激励计划的有效执行。

1.监控与记录

企业可借助信息系统或其他信息支持手段，监控和记录指标完成情况、重大事项、员工的工作表现、激励措施执行情况等内容。收集信息的方法主要有观察法、工作记录法、他人反馈法等。

2.分析与纠偏

根据监控与记录的结果，重点分析指标完成值与目标值的偏差、激励效果与预期目标的偏差，提出相应整改建议并采取必要的改进措施。

3.编制分析报告

分析报告主要反映绩效计划与激励计划的执行情况及分析结果，其频率可以是月度、季度、年度，也可根据需要编制。

绩效计划与激励计划执行过程中，绩效管理工作机构应通过会议、培训、网络、公告栏等形式，进行多渠道、多样化、持续不断的沟通与辅导，使绩效计划与激励计划得到充分理解和有效执行。

当然，绩效计划与激励计划制订后并不是一成不变的，而是随着工作的开展不断调整。在整个绩效期间，需要管理者进行持续的绩效沟通。这种沟通是一个双方追踪进展情况、找到影响绩效的障碍以及得到使双方成功所需信息的过程。持续的沟通能够保证管理者与员工共同努力，及时处理出现的问题，修订工作职责。

（三）实施绩效评价与激励

绩效管理工作机构应根据计划的执行情况定期实施绩效评价与激励，按照绩效计划与激励计划的约定，对被评价对象的绩效表现进行系统、全面、公正、客观的评价，并根据评价结果实施相应的激励。考核期开始时签订的绩效合同或协议一般都规定了绩效目标和绩效衡量标准。绩效合同是进行评价的依据，一般包括工作目的的描述、员工认可的工作目标及其衡量标准等。在绩效实施过程中收集到的能够说明员工绩效表现的数据和事实，可以作为判断员工是否达到绩效指标要求的证据；可以根据具体情况和实际需要进行月度、季度、半年度和年度考核。

（四）编制绩效评价与激励管理报告

绩效管理是一个循环的动态系统，各环节紧密联系、环环相扣，任何一环脱节都将导致绩效管理的失败。因此，绩效管理工作机构应定期或根据需要编制绩效评价与激励管理报告，对绩效评价和激励管理的结果进行反映，对各环节工作进行审视与经验总结，提出改进意见，使未来绩效管理各环节更有效地整合，保证绩效能不断提升与改善。绩效评价与激励管理报告是企业管理会计报告的重要组成部分，应确保内容真实、数据可靠、分析客观、结论清楚，为报告使用者提供满足决策需要的信息。

绩效评价报告根据评价结果编制，反映被评价对象的绩效计划完成情况，通常由报告正文和附件构成。报告正文主要包括以下两部分：（1）评价情况说明，包括评价对象、评价依据、评价过程、评价结果、需要说明的重大事项等；（2）管理建议。报告附件包括评价计分表、问卷调查结果分析、专家咨询意见等报告正文的支持性文档。

绩效激励管理报告应根据激励计划的执行结果编制，反映被评价对象的激励计划实施情况。激励管理报告主要包括以下两部分：（1）激励情况说明，包括激励对象、激励依据、激励措施、激励执行结果、需要说明的重大事项等；（2）管理建议。其他有关支持性文档可以根据需要以附件形式提供。

绩效评价与激励管理报告可分为定期报告、不定期报告。定期报告主要反映一定期间被评价对象的绩效评价与激励管理情况。每个会计年度至少出具一份定期报告。不定期报告根据需要编制，反映部分特殊事项或特定项目的绩效评价与激励管理情况。

绩效评价与激励管理报告应根据需要及时报送薪酬与考核委员会或类似机构审批。企业应定期通过回顾和分析，检查和评估绩效与激励管理的实施效果，不断优化绩效计划和激励计划，改进未来绩效管理工作。

四、绩效管理的内部控制要求

（一）绩效管理的组织管理

绩效管理原来是人力资源管理的核心职能之一，与人力资源管理部门密切相关，但绩效管理功能真正的责任人应当是企业的各级管理人员，已超出了人力资源管理部门的职能范围。因此，企业进行绩效管理时，应设立薪酬与考核委员会或类似机构，主要负责审核绩效管理的政策和制度、绩效计划与激励计划、绩效评价结果与激励实施方案、绩效评价与激励管理报告等，协调解决绩效管理工作中的重大问题。薪酬与考核委员会或类似机构下设绩效管理工作机构，主要负责制定绩效管理的政策和制度、绩效计划与激励计划，组织绩效计划与激励计划的执行与实施，编制绩效评价与激励管理报告等，协调解决绩效管理工作中的日常问题。人力资源管理部门在绩效管理中的角色，是在具体操作中承担横向组织和协调等支持与服务工作。

（二）绩效管理的制度体系

企业应建立健全绩效管理的制度体系，明确绩效管理的工作目标、职责分工、工作程序、工具方法、信息报告等内容，建立一套完善的制度体系。首先，尽可能通过指标体系的设计对所有的工作过程和任务进行量化，减少管理人员在考核过程中的主观因素，达到考核的公正和公平。其次，要注意绩效管理中很难完全量化的部分，对于一些依靠知识、经验及技能从事创造性工作的员工，如研发人员，定性评价可能比定量考核更重要。制度体系一定要将定量与定性评价有机结合起来，从而对员工绩效做出客观公正且定性与定量相结合的评价。

（三）信息系统支撑

绩效管理对企业管理信息系统有较强的依赖性。例如，按照平衡计分卡模型建立的指标体系，需要处理大量的财务、运作流程及市场数据并使信息在组织内快速流动，才能使绩效指标及时反映企业的经营状况，提高经营绩效反馈和调整的效率。因此，企业应考虑建立有助于绩效管理实施的信息系统，为绩效管理工作提供信息支持。同时，绩效管理系统的设计与运作也要考虑信息系统的承载和处理能力，两者相辅相成、互相促进。

第二节 关键绩效指标评价法

一、关键绩效指标法的含义

关键绩效指标法，是指基于企业战略目标，通过建立关键绩效指标（key performance indicator，KPI）体系，将价值创造活动与战略规划目标有效联系，并据此进行绩效管理的方法。

关键绩效指标基于“二八原理”，即80%的业绩成果是由关键核心的20%的工作驱动形成的，20%的关键原因揭示了80%的工作成果。绩效管理要抓住核心的20%的关键行为，通过对其进行考核，引导达成关键成果。关键绩效指标链接组织战略和员工绩效，也是关键成功因素的量化，用于沟通和评估被考核者绩效。

关键绩效指标，是对企业绩效产生关键影响力的指标，是通过对企业战略目标、关键成果领域的绩效特征分析，识别和提炼出的最能有效驱动企业价值创造的指标。关键绩效指标体系是关键绩效指标的集合，并不是简单地堆积和相加，而是基于一定目标层次之上的合理选择，企业的关键绩效指标与部门的关键绩效指标，以及个人的关键绩效指标相互联系，从而构成了整个企业的关键绩效指标体系。

关键绩效指标所体现的衡量内容最终取决于企业的战略目标，是对企业战略目标的进一步细化和发展，并随着企业战略目标的发展演变而调整。总体而言，关键绩效指标是从企业战略目标出发，以事实为基础，从最高目标向下层层分解，建立团体和个人的绩效衡量指标体系，以制订检查绩效计划、促进行动过程、实现绩效结果，使各个绩效链条朝预期方向发展，促进企业目标达成的一种绩效管理工具。关键绩效指标法不仅成为一种激励约束的手段，更成为一种战略实施的工具。

KPI体系的出发点是将指标作为牵引所期望的行为和结果的内在动力，成为激励产生所期望业绩的风向标，注重把企业战略有效地转化成为企业的内部管理过程，尽量采用财务指标和其他能有效量化的指标来反映最终结果，并通过指标转化为企业成员的具体行动。KPI体系不仅能够成为企业员工行为的约束机制，同时能够发挥战略导向的牵引作用。战略导向的KPI体系在评价、监督员工行为的同时，强调战略在绩效管理过程中的核心作用。

KPI来自企业战略，是支撑企业战略目标的关键绩效因素。这正是关键绩效指标与一般绩效指标的主要区别所在。KPI体系与一般绩效指标体系的区别可以从假设前提、考核目的、指标产生、指标来源、指标构成及作用、收入分配体系与战略的关系这六个方面进行比较，见表10-1。

表10-1　　KPI体系与一般绩效指标体系的区别

比较项目	KPI体系	一般绩效指标体系
假设前提	假定人们会采取一切必要行动以达到事先确定的目标	假定人们不会采取行动实现目标；假定人们不清楚应采取什么行动以达到目标；假定制定和实施战略与一般员工无关
考核目的	以战略为中心，指标体系的设计都是为战略服务的	以控制为中心，指标体系的设计与运用来源于控制的意图，也是为更有效地控制个人的行为
指标产生	在组织内部自上而下地对战略目标进行层层分解产生	通常是自上而下根据个人以往的绩效和目标产生
指标来源	来源于组织的战略目标与竞争的需要	源于特定程序以及对过去行为和绩效的修正
指标构成及作用	通过财务指标和非财务指标相结合，体现关注短期利益和长期发展的原则；指标本身不仅传达了过去绩效存在的问题，绩效改进行动与战略需产生的结果，而且传达了产生结果的过程	以财务指标为主、非财务指标为辅，注重对过去绩效的评价，并且指导绩效改进的出发点是过去绩效存在的问题；绩效改进行动与战略需要脱钩
收入分配体系与战略的关系	与关键绩效指标的值、权重相匹配，有助于推进战略的实施	与组织战略的相关程度不高，但与个人绩效的好坏直接相关

关键绩效指标法可单独使用，也可与经济增加值法、平衡计分卡等其他方法结合使用。关键绩效指标法的应用对象可为企业、所属单位（部门）和员工。

关键绩效指标法的主要优点有：一是使企业业绩评价与战略目标密切相关，KPI抓住了企业关键问题，提高了绩效考评效率，便于动员员工将精力和时间投入到重要工作，有利于企业战略目标的实现；二是通过识别的价值创造模式把握关键价值驱动因素，能够更有效地实现企业价值增值目标；三是评价指标数量相对较少，简单明了，易于被员工理解和使用，实施成本相对较低，有利于推广实施；四是高度参与性，员工不再是被动执行者，而是成为主动参与者，目标明确，员工清楚知晓自己应该努力的方向，从而控制自己的行为，而且在KPI总结与反馈过程中，上级与下级共同探讨需要进行怎样的培训才能实现预期目标，这些都满足了员工自尊的需要，有利于激发员工的创新精神、主动性与积极性。

关键绩效指标法的主要缺点有：关键绩效指标的选取需要透彻理解企业价值创造模式和战略目标，有效识别核心业务流程和关键价值驱动因素，指标体系设计不当将导致错误的价值导向或管理缺失。在实施KPI绩效管理过程中，尤其是对部门考核时，考评指标往往倾向于定位在部门绩效结果，而忽视部门之间的相互配合以及与组织战略的关系，因而容易使职能部门强调自己专业的地位和贡献，会使部门领导和经理的眼光偏离企业的目标，从而导致各部门的努力变成一种离心力量。简言之，可能出现部门目标与战略、部门与部门之间脱节的现象。

二、制订以关键绩效指标为核心的绩效计划

企业应用关键绩效指标法，一般也按照制订绩效计划与激励计划、执行绩效计划与激励计划、实施绩效评价与激励、编制绩效评价与激励管理报告等程序进行。但最为关键的是制订以关键绩效指标为核心的绩效计划。

（一）构建关键绩效指标体系的业务流程

企业构建关键绩效指标体系，其建立过程可分为两大部分：

第一部分：进行总体性指标分解。首先要明确企业的战略目标，利用头脑风暴法和鱼骨图分析法找出企业的业务重点，找出这些关键业务领域的KPI，主要分为两个层次：企业级关键绩效指标和所属部门级关键绩效指标。企业应根据战略目标，结合价值创造模式，综合考虑内外部环境等因素，设定企业级关键绩效指标。根据企业级关键绩效指标，结合所属部门关键业务流程，按照上下结合、分级编制、逐级分解的程序，设定所属部门级关键绩效指标。

第二部分：制定岗位（员工）级关键绩效指标。根据所属单位（部门）级关键绩效指标，结合员工岗位职责和关键工作价值贡献，进行个别性指标分解，设定岗位（员工）级关键绩效指标。

通过以上两大部分的工作，从而建立完整的企业KPI体系。确立KPI体系的程序主要包括大致五个步骤：

第一，确定绩效指标。明确所辖部门和个人在一定时期内应该完成的职责和任务。绩效指标的确定应保证与组织目标相一致，并以客户需求为导向；绩效指标应尽量为某项活动的结果或关键行为。

第二，审核KPI。确定所选指标是否属于KPI，KPI能否全面、客观反映被考核者的工作绩效，以及是否适用于实际的绩效管理与考核操作。

第三，建立评价标准。KPI的建立既可以以企业战略规划、业务计划或任务协议书为依据，也可以以工作分析、工作说明书为基础，但无论来自何方，均应选择最能反映被考核者应该完成的工作绩效的评价指标。这些指标应该有比较客观、可靠、全面的评价标准和依据。建立评价标准时应同时考虑基本要求与卓越指标，以区分员工的不同绩

效表现。

第四，分配指标权重。关键绩效指标的权重分配应以企业战略目标为导向，反映被评价对象对企业价值贡献或支持的程度，以及各指标之间的重要性水平。指标权重的分配一般有两种方法：一种是将指标按照重要性原则进行排序，然后依据排序确定其相应的权重；另一种是采用权值因子法，即运用权值因子判断表对设计的各个指标进行两两比较并评估分值，以此确定相应指标的权重。无论采用何种方法，指标权重的确定都必须符合下列原则：所有KPI的权重之和为1%，单项指标的权重一般设定在5%～30%。各指标的权重比例应呈现一定的差异性，避免出现平均分配权重的状况。对特别重要的指标应适当提高权重，对特别关键、影响企业整体价值的指标可设立“一票否决”制度，即如果某项关键绩效指标未完成，无论其他指标是否完成，均视为未完成绩效目标。

第五，确定评价主体。根据360°考评反馈和责权对等原则，应该对不同的绩效指标安排相应的评价主体。如果没有合适、可靠的评价主体，再好的绩效指标设计也无法得到公正的执行。

（二）关键绩效指标的设计原则

设计关键绩效指标时应大体遵循以下原则：

1.战略导向原则

企业的关键绩效指标应来源于企业的战略，而且必须能够有效地支撑战略目标的实现。当企业的战略发生转移时，应该及时对KPI进行调整。

2.可操作性原则

KPI必须从技术上保证指标的可操作性，对每一指标都必须给予明确的定义，建立完善的信息收集渠道，同时，还应当简单明了，容易被执行人所理解和接受。

3.平衡性原则

涉及相关部门的配合和相互支持协助的目标，应由相关部门结合流程共同协调制定。

4.敏感性原则

KPI应能区分不同评价对象绩效的不同程度和差别，能够区分出不同个体工作成果的好坏、绩效水平的高低。

5.精炼性原则

设计KPI的数量不宜过多，每一层级的关键绩效指标一般不超过10个，应简洁、精炼，重点突出，避免过分细化与泛化；也不应过于全面，而在于聚焦和有效。

6.可控性原则

要注意员工应该对KPI的达成具有相当的控制力。

7.SMART原则

S代表具体（specific），指绩效考核要切中特定的工作指标，不能笼统；M代表可度量（measurable），指绩效指标是数量化或者行为化的，验证这些绩效指标的数据或者信息是可以获得的；A代表可实现（attainable），指绩效指标在付出努力的情况下可以实现，避免设立过高或过低的目标；R代表现实性（realistic），指绩效指标是实实在在的，可以证明和观察；T代表有时限（time bound），注重完成绩效指标的特定期限。

（三）关键绩效指标的分类

企业的关键绩效指标一般可分为结果类和动因类两类指标。结果类指标是反映企业绩效的价值指标，主要包括投资回报率、净资产收益率、经济增加值、息税前利润、自由现金流等综合指标；动因类指标是反映企业价值关键驱动因素的指标，主要包括资本性支出、单位生产成本、产量、销量、客户满意度、员工满意度等。

第三节 经济增加值评价法

一、经济增加值的含义

经济增加值（economic value added，EVA）又称经济附加值，是税后净营业利润扣除全部投入资本的成本后的剩余收益。经济增加值及其改善值是全面评价经营者有效使用资本和为企业创造价值的重要指标。经济增加值法，是指以经济增加值为核心，建立绩效指标体系，引导企业注重价值创造，并据此进行绩效管理的方法。

经济增加值源于剩余收益和经济利润，是对剩余收益加以调整后的结果。经济增加值的基本理念为：只有在企业的资本收益超过为获取该收益所投入资本的全部成本时，才能认为该企业为股东创造了财富。具体来说，如果EVA指标为正值，说明企业获得的收益超过了金融市场的一般收益，企业为股东创造了财富；反之，则表示企业收益尚不能弥补投入的资金成本，股东财富未能增加。从这一角度讲，EVA度量的是企业的资本利润，而不是通常的企业利润。进一步说，EVA度量的是资本的社会利润，而不是个别利润。因为它在实际计算时，考察的是已投入全部资本的加权平均资金成本，而不是有着不同来源的单项资本对获利的个性化要求。EVA度量的是资本的超额收益，即高出正常利润的那部分剩余利润，而不是通常的利润总额。

使用EVA指标评价企业绩效，不仅可以直观地看到企业是否为股东创造了财富，创造的财富有多少，而且可以引导被评价企业及其管理者在关注生产经营和利润增加的同时，关注对资金占用及其资本成本的控制，从而不断增强自身的股东财富和价值创造能力。

现代管理学之父彼得·德鲁克在《哈佛商业评论》发表的一篇文章中指出：“作为一种度量全要素生产率的关键指标，EVA反映了管理价值的所有方面。”EVA不仅是一个全面的绩效衡量指标，还是一个全面财务管理的框架、一种经理人的薪酬激励机制。从本质上说，EVA管理是基于价值管理，解释价值创造的途径，指出了创造财富的关键所在，是一种变革型战略。它通过影响一家企业从董事会到基层上上下下的所有决策，改善组织内部每一个人的工作环境，改变每一位员工的行为方式和企业文化，帮助管理者为股东、客户和自己带来更多的财富。

二、经济增加值的计算

EVA衡量的是企业资本收益和为企业带来经营利润的所有资本的成本之间的差额。其简略的计算公式如下：

经济增加值（EVA）= 税后净营业利润 − 加权平均资本成本×平均资本占用

经济增加值的另一种表现形式是：

经济增加值（EVA）= 资本效率×资本

其中，资本效率是指每单位资本所能产生的超过单位资本成本的收益，它是资本回报率和资本成本的差额，代表了单位资本创造财富的能力，只有单位资本效率为正时，企业才真正为投资人创造了新的财富。

经济增加值计算扩展了传统的剩余收益评价方法。首先，它基于金融经济学的最新发展，特别是通过“资本资产定价模型（CAPM）”可以推导出体现该行业的资本成本和部门风险特征。其次，它必须对按照公认会计原则编制的财务报告信息进行调整。在其计算过程中，权益成本被作为企业成本的一项而从收益中扣除，而在公认会计原则中则不把权益资本作为费用项目，因此，经济增加值计算的净收益要少于向股东报告的会计净收益。

经济增加值具有剩余收益的所有特点，同时克服了剩余收益的缺点，尽量剔除了会计信息失真的影响。剩余收益是按照公认会计原则计算得出的，在一定程度上存在信息失真的情况，而经济增加值计算公式中的税后净营业利润是针对公认会计原则中存在的缺陷进行调整后得出的，从而可以减少对企业真实的经济业绩的曲解。

三、经济增加值的调整

经济增加值计算的基本模型揭示了企业经济利润的本质，但其最终数值还需要以传统会计利润为基础对影响价值的相关项目进行调整，以消除根据会计准则编制的财务报表对企业真实情况的扭曲。

（一）税后净营业利润的确定

1.税后净营业利润的计算公式

经济增加值计算中的税后净营业利润，不同于利润表中的税后净利润，是对税后净利润进行一系列调整后得到的。国资委规定税后净营业利润按下列公式调整计算：

税后净营业利润＝税后净利润+（利息支出+研究开发费用调整项−非经常性收益调整项×50%）×（1−25%）

2.会计调整项目说明

（1）税后净利润是营业利润减去所得税后的余额，而我国现行制度中的税后净利润则是指利润总额减去所得税费用后的余额。

（2）营业利润是指息税前利润，即营业利润中包括利息费用，而我国现行制度中的营业利润却不包括利息费用，利润总额中也不含利息。因此，利息支出是指企业财务报表中的“财务费用”项下的“利息支出”。

（3）关于研究开发费用的调整，会计准则中的规定是研发过程分成两个阶段：研究阶段和开发阶段；研究阶段产生的费用全部费用化，开发阶段的费用符合条件的允许资本化。而EVA认为，这种划分涉及人的主观判断，结果不可靠，因此计算EVA时要对研发费用进行调整，即发生的费用全部资本化，然后按年分摊。类似的处理包括市场开拓费用和员工培训费用等。这样处理的目的就是减少人为干预。因此，研究开发费用调整项是指企业财务报表中的“研发费用”和当期确认为无形资产的研究开发支出。对于为获取国家战略资源、勘探投入费用较大的企业，经国资委认定后，将其成本费用情况表中的“勘探费用”视同研究开发费用调整项按照一定比例（原则上不超过50%）予以加回。

（4）非经常性收益调整项包括：

❶变卖主业优质资产收益：减持具有实质控制权的所属上市公司股权取得的收益

(不包括在二级市场增持后又减持取得的收益)；企业集团（不含投资类企业集团）转让所属主业范围内且资产、收入或者利润占集团总体10%以上的非上市公司资产取得的收益。

❷主业优质资产以外的非流动资产转让收益：企业集团（不含投资类企业集团）转让股权（产权）收益、资产（含土地）转让收益。

❸其他非经常性收益：与主业发展无关的资产置换收益、与经常活动无关的补贴收入等。

（二）总资本的确定

总资本是西方经济学中的资本含义，相当于我们通常所说的总资产，而不是会计平衡公式中的资本含义。

投入总资本是指投入企业的全部资本，包括权益资本和债务资本，但不是两者的简单相加，也需要进行相应的调整，如扣除无息流动负债、在建工程等。

调整后资本＝平均所有者权益＋平均负债−平均无息流动负债−平均在建工程

调整项说明：

（1）无息流动负债是指企业财务报表中的“应付票据”、“应付账款”、“预收款项”、“应交税费”、“应付利息”、“其他应付款”和“其他流动负债”；对于因承担国家任务等原因造成“专项应付款”和“特种储备基金”余额较大的，可视同无息流动负债扣除。

（2）在建工程是指企业财务报表中的符合主业规定的“在建工程”。

（三）加权平均资本成本的确定

加权平均资本成本是以资本（或股本）成本和负债成本为基数，以资本构成率和负债构成率为权数的一个加权平均数，正确确定资本（或股本）成本及负债成本是计算加权平均资本成本的关键。

加权平均资本成本＝负债资本成本×负债资本权重＋股权资本成本×股权资本权重

按照国资委的要求，资本成本应分情况而定：

（1）中央企业资本成本原则上定为5.5%。

（2）承担国家政策性任务较重且资产通用性较差的企业，资本成本定为4.1%。

（3）资产负债率在75%以上的工业企业和80%以上的非工业企业，资本成本上浮0.5个百分点。

（4）资本成本确定后，3年保持不变。

第四节 平衡计分卡评价法

一、平衡计分卡的设计理念

以收益为基础的财务数据只能衡量过去决策的结果，却无法评估未来的绩效表现，容易误导企业未来发展的方向。同时，当财务指标为企业绩效分析的唯一指标时，容易使经营者过分注重短期财务结果，不愿就企业长期目标进行资本投资。将目光投向公司的战略计划和未来发展，成为绩效分析的重大转变。这一转变表现为以战略目标为导向，通过指标间的各种平衡关系以及战略指标或关键指标的选取来体现企业的战略要求，其最大特点在于引入了非财务指标。

平衡计分卡（balanced scorecard，BSC），是由哈佛商学院的罗伯特·卡普兰和诺朗诺顿研究所所长大卫·诺顿提出的从公司战略角度对部门进行绩效分析的一种全新的组织绩效管理方法。平衡计分卡以公司战略为导向，寻找能够驱动战略成功的关键因素，建立与之密切联系的指标体系来衡量战略实施过程，并进行必要的修改以维持战略成功。

平衡计分卡主要是通过财务与非财务考核手段之间的相互补充，使绩效分析上升到组织的战略层面，成为组织战略的实施工具，同时在定量评价和定性评价之间、客观评价和主观评价之间、指标的前馈指导和后馈控制之间、组织的短期增长与长期增长之间、组织的各个利益相关者之间寻求平衡，在此基础上完成绩效管理与战略实施过程。平衡计分卡将战略置于中心地位，并使管理者看到了公司绩效的广度与总额。

因此，平衡计分卡是指基于企业战略，从财务、客户、内部业务流程、学习与成长四个维度，将战略目标逐层分解转化为具体的、相互平衡的绩效指标体系，并据此进行绩效管理的方法。平衡计分卡适用于战略目标明确、管理制度比较完善、管理水平相对较高的企业，其应用对象可为企业、所属单位（部门）和员工。平衡计分卡通常与战略地图等其他工具结合使用。

二、平衡计分卡的主要内容

按照我国财政部发布的《管理会计应用指引第603号——平衡计分卡》，平衡计分卡由四个部分组成：财务（finance）、客户（customer）、内部业务过程（international business process）、学习与成长（learning and growth），其框架如图10-1所示。

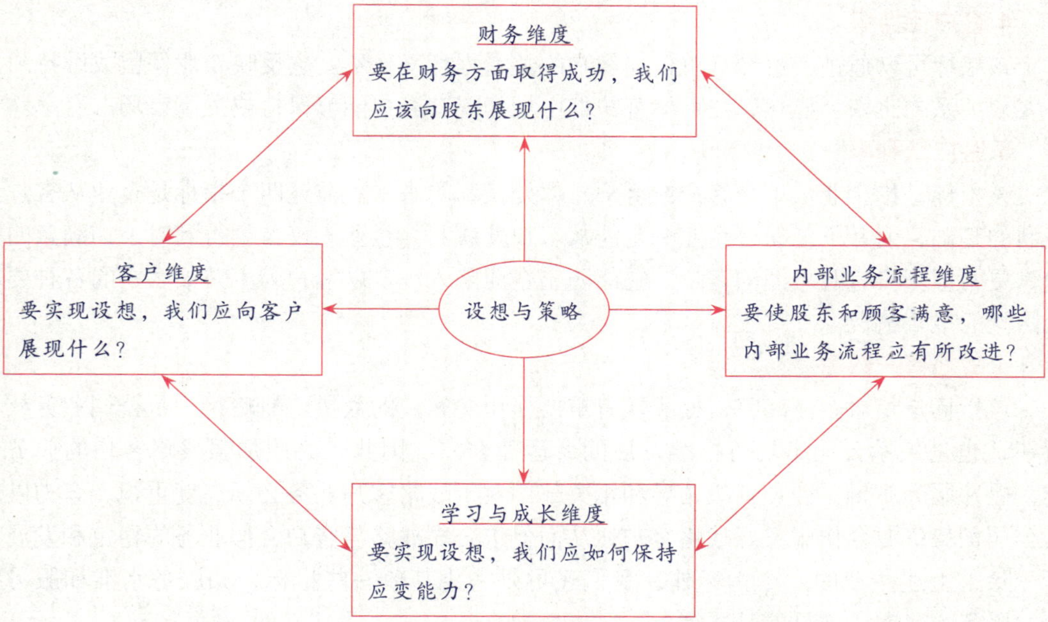

图10-1 平衡计分卡示意图

（一）财务维度

平衡计分卡保留有财务维度的内容，这是因为财务指标能够集中反映企业的财务状况和经营成果。企业经营的最终目的是追求利润，财务指标能够反映公司的经营策略对于利润的提高是否具有帮助。财务衡量指标主要包括投资资本回报率、净资产收益率、经济增加值、息税前利润；自由现金流、资产负债率、总资产周转率等。这些财务指标对外主要体现了财务会计的功能，即通过按照公认会计原则要求编制的会计报表向公众及投资者反映企业的盈利情况，而对于企业内部管理者而言，则体现了一种财务控制的思想。

（二）客户维度

在平衡计分卡的客户维度，管理者要确定本部门所要争取的竞争性客户对象以及市场份额，并计量在这个目标范围内的业绩情况。其核心指标包括市场份额、客户满意度、客户获得率、客户保持率、客户获利率、战略客户数量等。

1.市场份额（市场占有率）

该指标是指经营单位在市场上所占的业务比例（可以以客户数量、产品销售量进行计算），显示了一个企业在目标市场上的占有情况。市场份额最大化必须建立在利润目标的基础上才有意义，片面追求市场份额，不利于企业的长远发展。

2.客户满意度

该指标是典型的评价性指标，主要是客户的一种心理感受。只有当客户对他们的购买经历完全或特别满意时，企业才能指望他们再次购买自己的产品。要想保持现有客户并获得更多新客户，一个关键方面是提高客户对企业的满意程度。同时，因为该指标的主观性非常强，因此，它应与更为客观的客户保持和获得率相结合使用。

3.客户获得率

该指标反映和衡量企业赢得新客户和业务的比率。客户获得率既可以用新客户的数量来计算，也可以通过统计对新客户的销售额来计算。

4.客户保持率

该指标可以通过考察经营单位与客户的关系程度来计量。它反映企业保留或维持同现有客户关系的比率。显然，在目标客户群中增加现有客户能够保持或提高市场占有率。

5.客户获利率

该指标是指企业从单个客户或客户总体处获利的水平。前述四个指标是企业从客户处获利的基础，但并不能保证企业一定能从客户处获利。企业不仅希望得到对公司满意的客户，更希望获得有利可图的客户。它能防止企业陷入完全以客户为主并被客户的各种要求所困扰的极端情况。

6.战略客户数量

该指标是指对企业战略目标实现有重要作用的客户的数量。战略客户是公司业务核心所在，也是关系公司市场可持续发展的命运性客户。因此，必须加强战略客户的业务合作，提升服务质量。公司各级领导和相关部门对于战略客户业务必须高度重视，全力以赴集公司优势资源合作服务好战略客户，从而促进公司战略与客户合作业务的稳定和发展。

除了上述主要的六个指标外，我们还可以考虑其他一些指标，如服务水准和服务态度、服务的速度、产品的品质等。

（三）内部业务流程维度

传统业绩评价体系对企业内部业务流程所确定的目标往往是控制和改善现有职能部门的工作效率，而且仅仅根据财务指标来评价这些部门的经营业绩，或者是在财务评价的同时，附加评价产品质量、投资报酬率和生存周期等指标，但也仅仅是强调单个部门的业绩，而不是综合地考虑改善企业的经营过程。与其相比，平衡计分卡则强调评价指标的多样化，不仅包括财务指标，还包括非财务指标，同时也为企业整体定义了一个完整的内部业务流程价值链，协调各部门的工作，以激励管理者全面改善企业的内部业务流程。内部业务流程维度确定了对战略目标产生影响的关键流程。企业常用指标有交货及时率、生产负荷率、产品合格率、存货周转率、单位生产成本等。

每个企业都有自己独特的内部业务流程，总体来看，一般可分为三个阶段，创新阶段、经营阶段和售后服务阶段，其链接关系如图10-2所示。

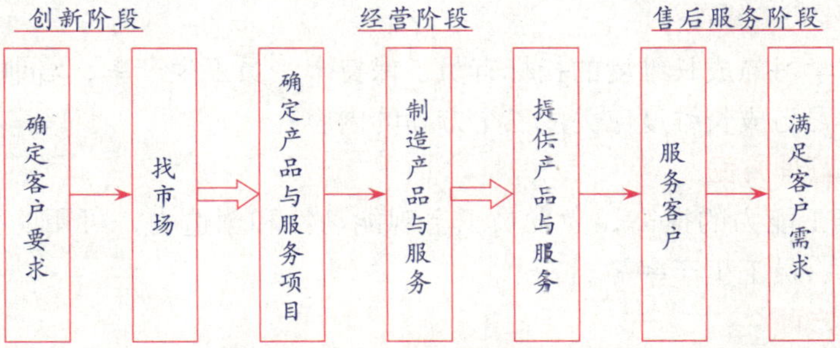

图10-2　企业内部业务流程价值链

1.创新阶段

创新过程由两部分组成。首先，管理者进行市场调查来确定市场的规模、客户的喜好、目标产品及服务的价格。其次，企业扩展所能提供的产品和服务以及潜在的机会和市场。企业的创新能力也决定了企业在未来的生存和发展能力。产品的设计和开发在创新中占有重要地位。现代管理理念认为，创新过程比良好的日常经营表现更为重要，因为在研究和开发阶段就已确定了大部分必须发生的生产成本，而在下一个阶段不大可能大幅度削减成本。可供选择的评价这一阶段的指标有：新产品在销售额中所占比例、专利产品在销售额中所占比例、在产品设计交付生产前需要被修改的次数、能否在竞争对手之前推出新产品、能否比原计划提前推出新产品、开发下一代新产品所需的时间等。

2.经营阶段

经营阶段指的是从收到客户订单到向客户出售产品和提供服务的过程。这一阶段强调向客户及时、有效、连续地提供产品和服务。平衡计分卡对经营阶段进行考核，所采取的衡量指标一般有三个：时间、质量、成本。时间主要指的是对客户需求的反应时间，也就是经营阶段的长短，企业应尽量缩短这段时间。提高经营阶段的质量一般意味着提高经营阶段的安全性，降低一定数量产品中的次品率，减少浪费情况和返工产品的数量等。通常完成一个经营阶段需要多个职能部门的合作。因此，企业应该使用以经营活动为中心的成本衡量体制，这样才有利于经理人员对经营阶段成本的把握。企业可采用作业成本分析法，尽量减少无附加值的作业。

3.售后服务阶段

售后服务阶段是企业内部业务流程的最后一个阶段。售后服务阶段包括提供担保、对产品进行修理和帮助客户完成结算过程等服务。在此阶段也可以采用时间（即接到客户请求到最终解决问题的时间）、质量（一般用售后服务一次成功的比率来衡量）、成本（指用于售后服务过程的人力和物力成本）等方面指标进行评价。

通过对内部业务流程的指标说明，我们可以看出，平衡计分卡与传统的业绩计量系统有两个显著性的差别：其一，传统方法是监督和改进现在的经营过程，而平衡计分卡则着眼于为达到企业财务目标、满足客户要求而对企业整个业务流程进行改造；其二，平衡计分卡重点考虑了创新的过程，将其结合到内部业务流程中，因为对于许多公司来讲，创新过程是未来企业财务结果的重要动因。也正因为综合考虑了创新、质量等因素，所以平衡计分卡比传统的业绩计量方法更加注重企业的长期业绩。

（四）学习与成长维度

企业常用的学习与成长维度的指标有员工保持率、员工生产率、培训计划完成率、员工满意度等。学习与成长维度应关注三个方面的内容：

1.员工能力管理方面

是否注重员工能力的提高，激发员工主观能动性和创造力，可用的指标有员工满意度、员工保持率、员工生产率等。

2.信息系统方面

是否做到信息沟通，使员工获得足够信息，以便及时、准确、全面了解客户的需求以及企业产品和服务的反馈信息，从而可以不断改进生产和服务过程。评价信息系统灵敏度的标准有：成本信息及时传递给一线员工所用的时间、一线员工了解信息的途径是否多样化等。

3.调动员工积极性和员工参与程度方面

企业的内部环境是否有利于激励员工发挥积极性，或者企业是否授权给员工。这一方面也可通过多种指标来衡量，如员工建议数量、员工建议质量、被采纳或执行建议的数量等。

财务、客户、内部业务流程、学习与成长四个维度构成了平衡计分卡的基础框架，可以说这四个维度是制定平衡计分卡时至少应该考虑的。针对具体企业，根据其行业状况和自身目标，结合内外环境，也许会增加一些其他方面。其原则是，凡是有利于企业建立长期优势、稳定发展、实现长期目标的方面，都可以予以考虑并制定衡量指标。具体方面和各方面的具体指标都是各不相同的。平衡计分卡不是一个控制系统，不是用来使个人和部门服从于一个事先制订好的计划，而是一个用来交流、沟通和学习的系统，从而使得从上到下不同层次的业绩评价主体明确评价目标，知道自己该如何为实现企业整体目标做出自己的贡献。

微课

平衡计分卡体系

三、平衡计分卡的编制

（一）平衡计分卡与企业战略管理的关系

战略管理是企业管理发展的高级阶段，它立足于企业的长远发展，根据外界环境及自身特点，围绕战略目标，采取独特的竞争策略，树立竞争优势，以取得经营上的成功。企业战略具有多元结构特征，不仅包括企业整体意义上的战略，而且也包括事业部层次和（或）职能层次上的战略。

平衡计分卡是把企业的战略与一整套财务与非财务指标联系在一起的手段，是进行战略管理的基石。建立平衡计分卡，明确了企业的远景目标，能协助管理人员建立一个得到大家认同的远景和战略，并将这些远景和战略转化为一系列相互联系的衡量指标，确保组织各个层面了解长期战略，驱动各部门采取有利于实现远景和战略的行动，将部门和个人目标与长期战略相联系。

平衡计分卡与战略管理之间的关系如图10-3所示。一方面，战略规划所制定的目标是平衡计分卡考核的一个基准；另一方面，平衡计分卡又是一个有效的战略执行系统，它通过引入四个程序，使得管理者能够把长期战略与短期行为联系在一起。

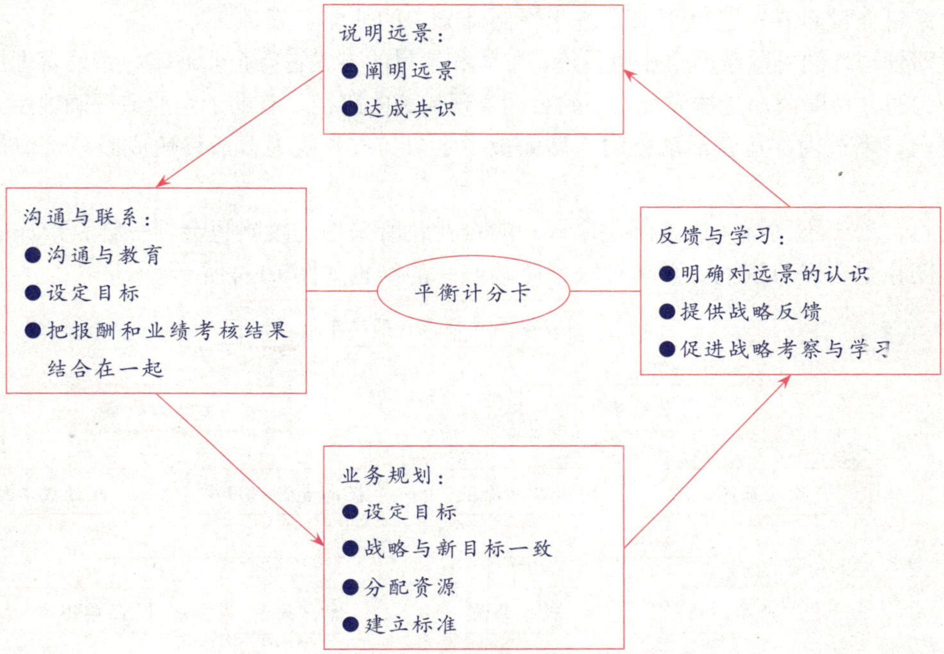

图10—3 平衡计分卡与战略管理之间的关系

第一个程序是说明远景。所谓远景，我们可以把它简单地理解为企业所需要达到的远期目标。有效地说明远景，可使其成为组织中所有行为的共同愿望和目标，从而有助于管理者组织的使命和战略达成共识，这样才能成为推动成功的长期因素。

第二个程序是沟通与联系，它使得组织中各级管理者能够对企业的战略进行相互沟通，从而能够把战略与各部门及个人的目标联系起来。

第三个程序是业务规划，它使得公司能实现业务计划与财务计划的一体化。

第四个程序是反馈与学习，它使得整个公司获得战略型学习与改进的能力。

（二）平衡计分卡与企业战略管理的结合

为了使平衡计分卡更好地与企业战略结合，必须做到以下几点：

第一，平衡计分卡的四个方面应互为因果关系，最终结果是实现战略。一个能发挥有效作用的平衡计分卡，不应仅仅是业绩衡量指标的结合，而应该使得各个衡量指标之间相互联系、相互补充，围绕企业战略建立完整的因果关系链，并贯穿于平衡计分卡的四个方面。这条因果关系链的最终目标和结果就是实现企业战略。

第二，平衡计分卡中不能只有具体业绩衡量指标，还要包括具体衡量指标的驱动因素，即如何实现这些指标；否则无法说明怎样行动才能实现目标，也不能及时显示战略是否得到顺利实施。出色的平衡计分卡应该把企业的战略结果（滞后指标）和驱动因素（先行因素）适当地结合起来，既界定战略目标，又界定实现目标的方法。

第三，平衡计分卡应该最终与财务指标联系起来，因为企业的最终目标是实现良好的经济利润。平衡计分卡必须强调经营成果，特别是同财务目标联系在一起的经营成果，如资本报酬率等，这关系到企业的未来生存和发展。

基于上述三点，平衡计分卡四个维度之间形成了一系列因果关系链以及各维度衡量指标形成的逻辑链，从而将企业战略所期望的结果和获得这些结果的驱动因素结合起来。将这些关系链条整合在一起就形成了基于平衡计分卡的战略管理地图。

战略管理地图可以帮助企业用系统、整体和连贯的方式看待企业战略，帮助管理层与员工进行沟通，帮助公司全体成员认识到公司实现盈利的路径，有助于企业更精确地定义顾客价值取向，增进内部运营活动能力，增强员工学习与成长能力，最终达成股东价值最大化目标。

当然，处于不同行业或不同生命周期的企业，所采用的战略也会不一样，形成的战略管理地图也是千差万别的。总体说来，比较统一的结构如图10-4所示。

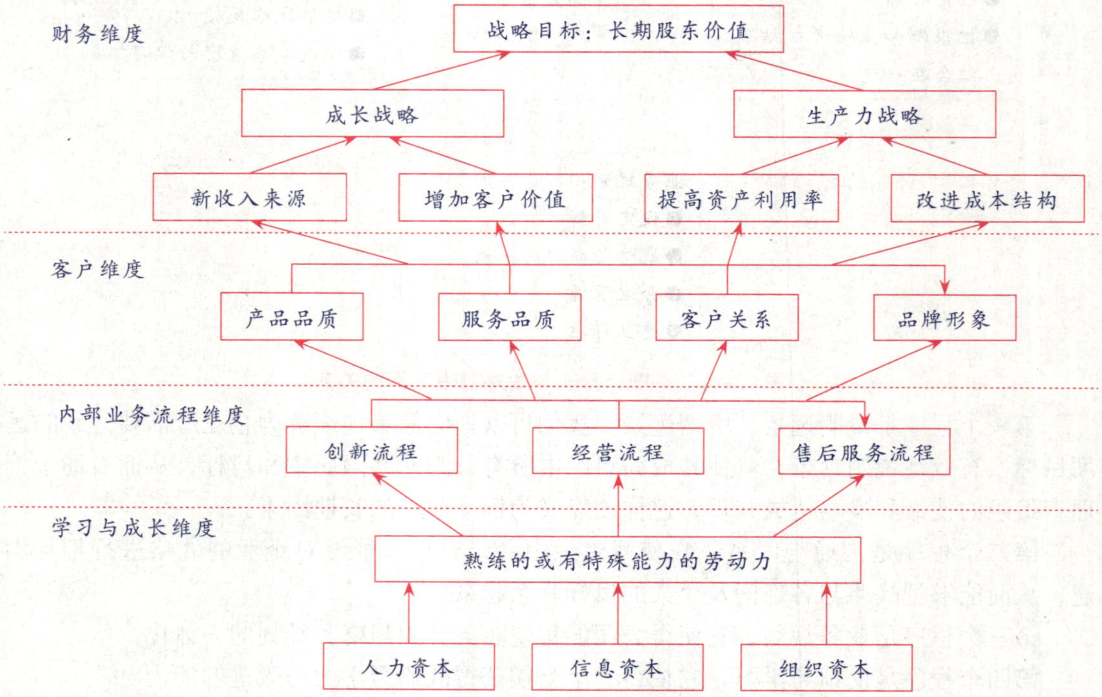

图10-4 战略管理地图

（三）平衡计分卡的编制程序

平衡计分卡对于企业来说不只是一套业绩指标，更重要的是一个战略管理的系统，它的制定与实施是一个复杂的过程，需要综合考虑诸多因素，并获得企业最高层管理人员到实际操作员工的全面支持。

要编制一套有效的平衡计分卡，关键在于将公司的使命、战略、长期与短期目标、策略、计划、预算、奖励制度等相结合。平衡计分卡的编制应遵循以下七个步骤：

第一，确定公司的使命、蓝图与战略。公司的使命、蓝图与战略应简单明了，并对每个部门来说均有实际意义，使每个部门可以采用一些绩效衡量指标去达成。

第二，设立平衡计分卡小组或委员会，解释公司的使命、蓝图和战略，并建立财务、客户、内部业务流程、学习与成长四类具体的目标。

第三，为四类具体目标找到最贴切的绩效衡量指标。

第四，公司内部沟通与教育。利用各种不同的沟通渠道，如定期或不定期的刊物、信件、公告、标语和会议等，让各阶层管理人员了解公司的使命、蓝图、战略和绩效衡量指标。

第五，确定每年、每季、每月的绩效衡量指标具体数字，并与公司的计划和预算相结合，注意各类指标间的关联性。

第六，将每年的报酬奖励制度与平衡计分卡相挂钩。如对应各类别指标，设计不同的权数，最后求出加权分数，并作为奖励考核的基础。

第七，采用员工的意见，修正平衡计分卡指标并改进公司策略。

一般来说，上述七个步骤中，难度最大的是建立公司战略、找到最贴切的评价指标和进行内部沟通。

四、平衡计分卡的优缺点

平衡计分卡的优点主要体现在：

第一，战略目标逐层分解并转化为被评价对象的绩效指标和行动方案，使整个组织行动协调一致。

第二，从财务、客户、内部业务流程、学习与成长四个维度确定绩效指标，使绩效评价更为全面完整。

第三，将学习与成长作为一个维度，注重员工的发展要求和组织资本、信息资本等无形资产的开发利用，有利于增强企业可持续发展的动力。

平衡计分卡的缺点主要体现在：

第一，专业技术要求高，工作量比较大，操作难度也较大，需要持续地沟通和反馈，实施比较复杂，实施成本高。

第二，各指标权重在不同层级及各层级不同指标之间的分配比较困难，且部分非财务指标的量化工作难以落实。

第三，系统性强、涉及面广，需要专业人员的指导、企业全员的参与和长期持续地修正与完善，对信息系统、管理能力有较高的要求。

延伸阅读

平衡计分卡的应用

德技兼修

“绩效管理强党建”，机制完备促协同发展

国网大兴安岭供电公司创建“国网53°红色电力”党建品牌，推动国有企业改革发展，设计出通过以党建促进公司治理制度建设、组织建设、能力建设的新路径：发挥党组织在公司治理中的重要作用，加强基层绩效管理，对标党建标准，推动公司治理具体业务标准升级；加强基层组织建设，发挥基层党支部书记、党员骨干作用，提质增效；提升员工基本能力，发挥党员示范作用，党员员工“师带徒”带动全员业务能力大幅度提高。将党建“软任务”与公司治理“硬指标”有机结合，党建引领企业管理制度创新成效显著。具体做法如下：

科学编制党支部月度工作任务量化清单，通过“党支部自评、现场督查、网上巡查、考评结果反馈、月度绩效挂钩”的闭环管理，建立常态监督绩效考核机制。坚持党建工作和生产经营业务工作策划、部署、推进全过程协同，依中国传统文化“24节气表”设计出党建工作“24节气表”，实行清单管理和“差异化”评比，建立月度绩效挂钩闭合性考

核机制，开展党建基础工作动态排查整顿，打造“信息化”党建平台。指导各部门、各班组做到挂图作战、逐项对标、按时销号。坚持“应建必建、应换必换”原则，规范党支部换届选举、届中调整等相关流程，提升党务工作者绩效待遇。强化运行管理体系，打牢管理基础，实施“支部书记一号工程”，推进支部书记会议和政工会议常态化。加强党员教育管理，制订“十四五”培训规划，打造“开放式主题党日”模式，实现以“理论课堂+教学基地+实践活动”的“3段式”学习，强化理论指导实践作用。完善制度保障、监督保证、责任落实、绩效考核体系。

国网大兴安岭供电公司积极发挥党建优势，引领企业改革与发展，始终坚持“人民电业为人民”的服务宗旨，以为客户提供优质高效的供电服务为目标，全体职工在守边戍边中踔厉奋发、笃行不怠。在2020年全省营商环境评价工作中，大兴安岭“获得电力”指标取得全省第一名的好成绩，公司取得了良好的社会效益，发挥了国企担当和服务精神，获得社会各界的高度认可。2020年至今，公司获得第六届全国文明单位荣誉称号、全国五一劳动奖章、全国企业文化优秀成果一等奖、全省先进基层党组织、全省国企党建示范点等诸多荣誉。

资料来源　企业调研.

第十一章　责任会计与管理会计报告

内容提要及教学目标

责任会计是企业为了强化内部经济责任而实施的一种内部控制制度，是把会计资料同各有关责任单位紧密联系起来的信息控制系统。管理会计报告是企业运用管理会计方法，根据财务和业务的基础信息加工、整理形成的、满足企业价值管理和决策支持需要的内部报告。本章主要介绍建立责任会计制度与管理会计报告的内容。

第一节　责任会计理论

一、责任会计概述

责任会计最早产生于19世纪末20世纪初。在这个时期，随着工业革命及资本主义经济的迅速发展，生产活动日益复杂，企业组织规模不断扩大，这些促使成本会计取得了引人瞩目的进展。成本会计的发展，尤其是以泰罗的“科学管理理论”为基础的标准成本制度的出现，使人们认识到，为控制成本必须将其作为各种责任赋予业务执行人员，充分地调动他们的积极性和创造性。与此同时，预算管理的出现使责任制度从成本控制领域扩展到利润和资金等管理领域，明确了对各部门预算建立责任制度的重要性。这些发展表明，会计数据与经济责任开始结合，责任会计的萌芽已经产生，尽管还不成熟，但为后来责任会计向业绩评价发展奠定了基础。

责任会计真正在实践中发挥作用，并且在理论和方法上日渐成熟，是20世纪40年代以后的事情。第二次世界大战以后，科学技术进步推动了生产力的发展，竞争日益加剧，强烈要求企业内部管理合理化。在这种形势下，许多大公司推行分权化管理，采用事业部制的公司组织体系。对事业部制的企业的管理控制，需要建立一套可以确定各责任层次工作业绩的考核和核算制度，以期达到控制成本、利润和资金的效果。这使责任会计受到普遍重视，并对其各种方法进行了细微的改进和新的应用，最终形成现代管理会计中的责任会计。

责任会计是一种管理制度，是管理会计的一个子系统。它是在分权管理的条件下，为适应经济责任制的要求，在企业内部建立若干责任单位，并对它们分工负责的经济活动进行规划与控制的一整套专门制度。责任会计的基本内容归纳起来有以下四个方面：

1.建立责任中心

根据企业的具体情况和内部管理的实际需要，把所属的各部门、各单位划分为若干责任中心，规定这些中心的负责人，并赋予他们相应的经济权力，同时这些负责人要对所负责的成本、收入、边际贡献、税前利润与投资效益等重要指标向上级管理当局承担经济责任。

2.确定各责任中心的目标

根据责任中心和责任范围的不同，在建立预算制度和实行标准成本计算的条件下，可为各责任中心确定目标。这种目标必须是某个责任中心能够控制的。

3.建立各责任中心的记录和报告制度

这种记录和报告应能对各责任中心的实际工作业绩起到信息反馈作用，使管理当局能够据以控制和调节各责任中心的经济活动，督促他们迅速采取有效措施，纠正缺点，巩固成绩，不断降低成本，压缩资金占用，借以扩大利润，提高经济效益。

4.通过记录和报告评价考核实际工作业绩

通过对各责任中心业绩报告的实际数与预算数的对比，来评价和考核各责任中心的工作业绩和经营效果，并分别揭示他们取得的业绩和存在的问题，以保证经济责任制的贯彻执行。

二、责任会计的原则

责任会计的原则是责任会计实质的体现，主要包括以下内容：

1.责权利效相结合原则

当企业内部根据管理需要划分责任层次后，首先要明确其责任和权限，做到使责任者有责有权。在为每个责任单位制定考评标准时，一定要重视对人的行为激励，充分调动各责任单位的工作积极性。将经济效益同他们的经营成果直接挂钩，以经济手段促使职工积极完成责任目标。在责任会计中，责任、权力、利益、效果是统一的，缺一不可，必须做到以责定权，权责促效，以效分利。

2.目标一致性原则

目标一致性是评价责任会计能否有效控制的重要标志。实行责任会计控制，首先必须保证企业的总目标与各责任实体目标一致。企业的总目标是制定各责任实体目标的依据，各责任实体目标是实现总目标的保证。

在责任会计中，目标一致性原则主要是通过选择恰当的考核和评价指标来体现的。也就是说，在为每个责任单位编制责任预算时，必须要求他们与企业的整体目标一致，然后通过一系列控制步骤，促使各责任单位自觉自愿地去实现目标。一般来说，单一的考核标准往往会导致各责任层次目标的不一致。因此，控制考核的标准必须具有综合性和完整性。各指标的计算口径、考核业绩的标准也要一致。

3.可控性原则

责任会计的实质就是把会计资料同责任单位紧密联系起来的信息控制系统，这一内部控制制度的贯彻执行，要求各责任单位必须突出其相对独立的地位，避免出现职责不清、功过难分的局面。因此，在建立责任会计制度时，应首先明确划分各责任单位的职责范围，使他们在真正能行使控制权的区域内承担经营责任，即每个责任单位只能对其可控的成本、收入、利润和资金负责。在责任预算和责任报告中，也只应包括他们能控制的因素。

4.反馈性原则

有效控制需要有反馈机制，而反馈机制的作用在很大程度上取决于反馈的速度和反馈信息的质量。责任会计在衡量了各责任中心的业绩之后，应及时将信息反馈给责任者，以使他们了解自己取得了哪些成就，还存在哪些问题，从而据以调整自己的行为。另外，及时的反馈还有助于迅速发现和调整出现在责任报告中的不可控因素，进而保证期末对责任者业绩进行综合评价的正确性。

反馈性原则还要求建立经常和定期相结合的责任报告制度。一般来讲，责任报告有周报、月报等固定的时间长度。但如果出现特殊问题，如例外的生产决策或投资决策时，应为例外的决策编制特殊报告。

5.例外管理原则

在管理工作中，时常遇到许多业务在实际执行上和预计情况上出现差异问题。对于这些差异不可能一一进行分析和评价，只能选其中差异较大、性质较重要的项目实行重点管理。这种只抓主要的、突出的问题，对一般合乎常规或离轨很小的问题不予花费较多精力处理，把主要精力放在超乎常规的问题上的管理原则，称为例外管理原则。

三、责任会计的作用

健全的责任会计是分权型管理的产物。分权型管理具有许多优点，对大多数企业来说，某种程度上的分权是必不可少的。但是，当下级管理人员被赋予决策自主权时，会引起一些值得注意的问题。他们可能以牺牲公司整体的和长远的利益为代价，来使自己的业绩达到最大；也可能为了避免风险，放弃某些可能获取的利润，或是各内部单位之间相互冲突、推卸责任而争取利益等。为了发挥分权型管理的优点，抑制其缺点，必须利用责任会计来规定各内部单位的目标，测定其工作成绩，控制其活动，防止滥用职权。可见，实行责任会计的主要作用有以下四点：

第一，有利于贯彻责任制，促使每个责任中心关心自己所控制的各项指标，了解自己执行工作的情况，及时调整，不断完善。

第二，有利于企业高层管理人员及时掌握所管辖范围内的工作人员的业务控制和考核情况，以便做到奖励先进、鞭策后进，从而调动每个成员的积极性。

第三，有利于将各责任层次的经营目标统一到企业总体目标上来，使各级管理人员的目标上下一致，和谐统一。

第四，有利于企业在经营管理上采取机动灵活的原则，使企业的高层管理人员能够集中精力对最关键问题进行研究。

第二节　责任中心的划分

为了有效地进行企业内部控制，有必要将整个企业逐级划分为许多责任领域，即责任中心。所谓责任中心，就是指承担规定责任和行使相应职权的企业内部单位。责任中心按照控制范围的大小及业务活动特点，一般可分为成本中心、利润中心和投资中心。

一、成本中心

企业内部能够控制成本的任何一级责任中心都是成本中心。也就是说，凡是有成本发生的，因而对成本负责并能进行核算的责任中心，都可称为成本中心。成本中心适用的范围最广，因为企业中各级组织，不论层次高低、责任大小，总要发生成本。小至一个车间、一个作业小组甚至个人，大至一个企业、一个部门、一个地区机构，只要有成本发生，而且能够进行核算，都可成为成本中心。至于企业中不进行生产而只提供一定专业性服务的单位，如人事部门、总务部门、会计部门、财务部门等，则可称为“费用中心”，它们实质上也属于广义的成本中心。

成本中心所计算与考核的是“责任成本”，而不是“产品成本”。为了计算责任成本，必须先把成本按其可控性分为“可控成本”与“不可控成本”两类。所谓可控成本，通常应符合以下四个条件：第一，属于责任中心能够预计发生的成本；第二，属于责任中心能够计量的成本；第三，属于责任中心能够控制并调整的成本；第四，责任中心能够将所有成本的控制责任分解落实，并进行考核评价。

凡是不能同时具备以上四个条件的，即为不可控成本，而责任中心可控成本的合计就构成了责任中心的责任成本。这种责任成本可以按实际发生的数额随时进行登记。

这里应该指出，一个成本中心的不可控成本往往是另一个成本中心的可控成本。例如，直接用于生产的原材料、燃料和动力、生产工人工资，以及车间经费中的变动部分，对于生产班组来说是可控的。至于车间经费的固定部分，虽然对生产班组来说是不可控的，但对车间来说则是可控的。又如，在材料供应正常的情况下，由于材料质量不好而造成的超过消耗定额使用的材料成本，就生产车间来说是不可控成本，而对供应部门来说则是可控成本。

成本中心分为技术性成本中心和酌量性成本中心。技术性成本是指发生的数额通过技术分析可以相对可靠地估算出来的成本，如产品生产过程中发生的直接材料、直接人工、间接制造费用等。酌量性成本是否发生以及发生数额的多少是由管理人员的决策所决定的，主要包括各种管理费用和某些间接成本项目，如研究开发费用、广告宣传费用、职工培训费用等。

成本中心只考评可控的成本费用。考核指标主要采用相对指标和比较指标，包括成本（费用）变动额和变动率两个指标，其计算公式是：

微课

成本中心考核指标

成本（费用）变动额=实际责任成本（费用）−预算责任成本（费用）

$$成本（费用）变动率=\frac{成本(费用)变动额}{预算责任成本(费用)}\times 100\%$$

二、利润中心

利润中心是指除了能够控制成本以外，还能控制销售和收益的责任中心。它不但有成本发生，而且还发生利润，因此它不但要对成本负责，还要对利润负责。这种中心一般适用于企业管理中具有独立收入来源的较高阶层。

利润中心有两种存在形式，即自然形成的利润中心和人为划分的利润中心。自然形成的利润中心是客观存在的，像一个独立的企业，可以在市场上进行销售活动。目前企业中具有一定生产经营管理权，能相对独立经营、核算盈亏的分厂、车间就属于这一类型。它们可以在市场上进行商品交换，同企业的外部单位发生经济关系。人为划分的利润中心主要是内部责任单位将制成品（指狭义的）按照内部转移价格，在各责任单位之间销售，形成内部利润。实际上，大多数成本中心都可成为人为划分的利润中心，因为它们总可以对其产品（零部件）制定出合适的内部转移价格。但需注意的是，在采用内部转移价格进行结转时，凡不属于本利润中心的收益和成本，尽管已由该中心收入和支付，仍应加以剔除，然后转移给相关的责任中心；相反地，凡属于本利润中心的收益和成本，尽管由其他中心收入和支付，但还是应由本利润中心核算。

利润中心的产品可能是物质产品，也可能是各种类型的劳务供应。为了计算和考核它们的经济效益，每个利润中心都必须进行独立的、完整的会计核算，以便提供必要的资料。

利润中心的考核指标为利润，通过比较一定期间实际实现的利润与责任预算所确定的利润，可以评价其责任中心的业绩。

当利润中心不计算共同成本或不可控成本时，其考核指标是利润中心边际贡献总额。该指标等于利润中心销售收入总额与可控成本总额（或变动成本总额）的差额。

当利润中心计算共同成本或不可控成本，并采取变动成本法计算成本时，其考核指标包括：利润中心边际贡献总额、利润中心负责人可控利润总额、利润中心可控利润总额等。

利润中心边际贡献总额=该利润中心销售收入总额-该利润中心变动成本总额

利润中心负责人可控利润总额=该利润中心边际贡献总额-该利润中心负责人可控固定成本

利润中心可控利润总额=该利润中心负责人可控利润总额-该利润中心负责人不可控固定成本

三、投资中心

投资中心是既对成本、利润负责，又对投资负责的责任中心。也就是说，它不仅能够控制成本和收益，而且能够控制资金的占用。从某种意义上讲，一个完善的投资中心既是一个投资中心，又是一个成本中心和利润中心。

投资中心一般适用于规模和经营权力较大的部门，如事业部、分公司、分厂等。在分权管理下，企业内部的分厂、分公司拥有充分的经营决策权和投资决策权，其管理者需对投资的经济效益负责。为了避免这些管理者的短期行为，促使其从长远利益关心投资，就必须对其进行严格的考核。只有这样，才能符合责任会计的要求。

对投资中心的考核指标有“投资报酬率”与“剩余收益”。

（一）投资报酬率指标

投资报酬率是全面评价投资中心各项经营活动的综合性指标。它既能揭示投资中心的销售利润水平，又能反映资产的使用效果。它的计算公式如下：

投资报酬率=销售利润率×投资周转率（资产周转率）

$$=\frac{营业利润}{销售收入}\times\frac{销售收入}{营业资产}$$

上述公式中的“营业资产”系指经营业务应用的全部资产的期初、期末平均余额。从公式的内容可以明显地看出，为了提高投资报酬率，不仅应千方百计地降低成本、增加销量、提高销售利润率，同时还应有效、经济地使用营业资产，努力提高投资周转率。

【例11-1】假定镇宁公司有一投资中心，本年第一季度的有关资料见表11-1。要求：计算其投资报酬率。

表11-1　第一季度相关资料　单位：元

销售收入	100 000
营业资产（期初余额）	50 000
营业资产（期末余额）	60 000
营业利润	10 000

营业资产平均余额=（50 000+60 000）÷2=55 000（元）

$$投资报酬率=\frac{10\,000}{100\,000}\times\frac{100\,000}{55\,000}\times100\%=18.18\%$$

投资报酬率能综合反映一个投资中心、一个企业，甚至一个行业的各方面的全部经营成果。通过这项指标可以在同一企业不同投资中心之间，或者在同一行业不同企业之间进行比较，从而做出最优投资决策。因此，投资报酬率是投资导向的最佳指标。投资者可以根据投资报酬率的高低，做出由某一企业转入另一企业、某一行业转入另一行业、某一国家转入另一国家的资本转移决策。但是，这项指标并非完美无缺，也有一定的局限性。

第一，各投资中心所采取的措施往往只着眼于本身利益，可能会放弃对整个企业有利的投资项目或接受有损于整个企业的投资项目，造成投资中心的近期目标与整个企业的长远目标相背离。

第二，为了计算各投资中心的投资报酬率，联合使用的资产必须在各投资中心之间进行分配，这很难做到完全公平合理。

第三，如果按照固定资产的净值计算投资报酬率，投资中心只要不进行新的投资或少投资，固定资产的净值就会下降。即使净利不变，投资报酬率也会随着时间的推移而不断上升，这样，投资中心的业绩会被夸大，而公司的长远利益就会受到损害。

第四，在通货膨胀的情况下，企业固定资产的账面价值过低而严重失实，并因此而少计折旧，虚增了净利。根据这种夸张了的净利和缩小了的资产价值所计算出来的投资报酬率，就不能反映真正的投资效果。

（二）剩余收益指标

由于投资报酬率有上述缺点，所以对投资中心的业绩考核指标还可以采用剩余收益。它的计算公式如下：

剩余收益=营业利润-营业资产×预期最低投资报酬率

剩余收益是用以衡量投资中心所获利润超过按预期最低投资报酬率计算的收益额的部分。按预期最低投资报酬率计算的收益额通常等于或大于资本的成本。一般来说，采用剩余收益作为考核标准时，所得报酬与所需最低报酬之间的正差越大，则投资中心业绩越好。剩余收益指标与投资报酬率指标相比较，其优点主要表现在：可以防止投资中心的本位主义，促使它们从整体利益出发，来接受比较有利的投资，努力多创造营业利润，使各投资中心的目标与整个企业的总目标趋向一致。

【例11-2】假如某公司有甲、乙两个投资中心，其有关资料见表11-2。

表11-2 某公司投资中心资料之一 金额单位：元

投资中心	收　益	投　资	投资报酬率（%）
甲	11 250	75 000	15
乙	2 500	50 000	5
全公司	13 750	125 000	11

第一，设甲投资中心遇到一次投资机会，投资额为50 000元，可期望获得收益为7 250元。这个投资机会可使公司获利，提高全公司的投资报酬率，但甲投资中心的投资

报酬率反而下降（见表11-3）。因此，如果只用投资报酬率来进行考核，甲投资中心就可能从本投资中心的得失来考虑，而毅然放弃。

表11-3　　　　某公司投资中心资料之二　　　　金额单位：元

投资中心	收　益	投　资	投资报酬率（%）
甲	18 500	125 000	14.8
乙	2 500	50 000	5
全公司	21 000	175 000	12

第二，又设乙投资中心遇到了一个投资机会，投资额为25 000元，可期望获得收益2 000元。这会导致乙投资中心投资报酬率上升，并会因此而获得好评，但这将降低全公司的投资报酬率，而乙投资中心很可能不顾全公司利益，从本投资中心利益考虑而接受该投资机会（见表11-4）。

表11-4　　　　某公司投资中心资料之三　　　　金额单位：元

投资中心	收　益	投　资	投资报酬率（%）
甲	11 250	75 000	15
乙	4 500	75 000	6
全公司	15 750	150 000	10.5

第三，如按剩余收益来考核甲投资中心，假设公司的预期最低投资报酬率为10%，则甲投资中心将不会拒绝对公司有利的那笔投资。因为这一投资机会也给它增加了剩余收益（见表11-5）。

表11-5　　　　某公司投资中心资料之四　　　　单位：元

项　目	未接纳新投资前的金额	接纳新投资后的金额
收益（a）	11 250	18 500
投资（b）	75 000	125 000
按预期最低投资报酬率计算的收益额（c）=（b）×10%	7 500	12 500
剩余收益（d）=（a）-（c）	3 750	6 000

第四，若公司的预期最低投资报酬率为10%，乙投资中心不但没有剩余收益，反而蒙受损失。如果按照剩余收益指标来评价乙投资中心，它更不会接受对公司不利的投资机会，否则其所蒙受的损失将会更大（见表11-6）。

表11-6 某公司投资中心资料之五 单位：元

项　目	接纳新投资前的金额	接纳新投资后的金额
收益（a）	2 500	4 500
投资（b）	50 000	75 000
按预期最低投资报酬率计算的收益额（c）=（b）×10%	5 000	7 500
剩余收益（d）=（a）-（c）	-2 500	-3 000

第三节 内部转移价格

企业内各利润中心或投资中心之间相互提供产品（半成品）或劳务时，应当按照适当的内部转移价格进行结算。一个成本中心向其他成本中心提供产品（半成品）或劳务时，也应当按适当的单位成本进行成本的结转或分配。这种单位成本可视同转移价格。

一、内部转移价格的意义及制定原则

在责任会计中，各责任中心相互结算所选用的计价标准称为内部转移价格。制定合理的内部转移价格，可以合理地划分各责任中心的责任，公正地评价责任业绩，并根据有关的数据，做出科学的决策，及时纠正各责任中心的生产经营活动，达到对生产经营的有效控制。

应该注意的是，企业制定内部转移价格通常需要遵守以下三条基本原则：

第一，内部转移价格必须是企业内部购销双方自愿接受的。也就是说，只要有一方不同意，那么所制定的价格也是难以成立的。因此，制定内部转移价格的前提是尊重各责任中心的主权。

第二，内部转移价格必须使购销双方都有利，即购销双方各责任中心都是从自己的利益出发来制定内部转移价格，剔除了利益的内部转移价格是根本不存在的。可见，确定内部转移价格必须以利益为基础。

第三，内部转移价格不能影响整个企业的利益。由于各责任中心大都是一个大企业或部门的组成部分，它经营得好与坏直接影响着企业全局的利益。因此，在制定内部转移价格时，必须以责任中心和整个企业的利益一致为条件，不能只顾一时的利益，而影响了企业全局的利益。

二、内部转移价格的制定方法

制定内部转移价格是一项复杂而细致的工作，它影响到各责任中心的责任和利益的划分。在实际工作中，内部转移价格的制定有以下四种方法：

（一）按市价制定转移价格

这种方法就是以产品或劳务的市场供应价格作为计价基础。在西方国家，通常认为市场价格是内部转移价格的最好依据，因为市价最能适应利润中心的基本要求，那就是

在一个企业内部造成一种竞争性的市场形势，使其中每个利润中心都成为独立的机构，各自经营，相互竞争，最后再利用利润指标衡量它们的经营成果。如果制定的转移价格确实能反映真正的市场情况，那么，利润中心的净利就能作为评价其经营成果高低的真正依据。

在采用市价为转移价格时，企业内部的买卖双方一般应遵守以下几条规则：

第一，若卖方愿意对内销售，且售价与市价相符，买方应有购买的义务，不得拒绝。

第二，若卖方售价高于市价，买方有改向外界市场购入的自由。

第三，若卖方宁愿对外界销售，则应有不对内销售的权利。

应该注意的是，凡属内部转让的产品或劳务，往往是专门生产的，或具有特定的规格。在这种情况下，就没有市价可作为准绳，这是采用这种方法的局限性。

（二）按议价制定转移价格

这种方法就是买卖双方以正常的市场价格为基础定期协商，确定出一个双方都愿接受的价格作为计价基础。一般情况下，议价可以比市价稍低一些，主要是由于：

第一，内部转移价格中所包含的推销和管理费用通常低于外购商品。

第二，内部转移的数量一般较大，因而其单位成本比较低。

第三，出售单位大多拥有多余的生产能力，因而议价只需略高于单位变动成本即可。

综上所述，市价一般只宜作为制定内部转移价格的上限，至于具体价格，应由买卖双方在参考市价的基础上协商议定。另外，在产品或劳务没有市价的情况下，也只能采用议价的方式来确定。

（三）按标准成本加成制定转移价格

这种方法就是根据产品或劳务的标准成本，再加一定的合理利润作为计价基础。它的优点是不仅简便易行，而且能分清买卖双方的经济责任，不会把供应单位的浪费和无效劳动转嫁给耗用单位负担，有利于激励双方降低成本的积极性。但是确定加成的利润率总难免带有一定的主观随意性，需要慎重研究，妥善制定。

（四）按实际成本加成制定转移价格

这种方法就是根据产品或劳务的实际成本，再加一定的合理利润作为计价基础。它的优点是能保证卖方单位有利可得，可调动其工作积极性。但这样做，必然会将卖方的功过全部转嫁给买方负担，削弱了双方降低成本的责任感，同时加成利润率的确定带有很大程度的主观随意性，它的偏高或偏低都会影响对双方业绩的正确评价。

上述方法各有千秋，企业可以根据自己的具体情况选用一种方法，或同时采用几种方法。如对材料采用市场价格，对自制半成品和备件采用标准成本加成的方法等。

另外，在制定内部转移价格时，可以根据管理的需要，人为提高或降低内部转移价格。如对生产需要量小、市场价格低的材料和半成品，内部转移价格可以定得高一些，以鼓励外购；对生产需要量大、市场价格高的材料和半成品，可以将价格定得低一些，鼓励自己生产，限制外部采购。

三、内部结算

在责任会计制度下，为明确各责任中心的业绩，为考核、评价与奖惩提供依据，企业内部各责任中心之间的经济业务往来，除了要以内部转移价格作为计价标准进行计量外，还必须按照一定的方式进行内部结算。

(一) 内部结算方式

按照内部结算采用的手段不同，企业内部结算方式通常包括以下几种：

1.内部支票结算

内部支票结算是指在发生内部交易后，由付款单位根据有关原始凭证或业务活动证明向收款单位签发内部支票，收款单位审核无误后将支票送存内部结算中心或内部银行，通知其从付款单位账户中转账划拨款项的内部结算方式。

在设立内部结算中心的企业中，由财务部门核定各责任中心的资金及其费用定额，然后由内部结算中心或内部银行分别为各单位开立存款账户，把核定的定额资金和费用存到各开户单位的存款户上，并向各责任单位签发统一的企业内部支票。

内部支票通常为一式三联，第一联为收款凭证，第二联为付款凭证，第三联为内部结算中心或内部银行的记账凭证。

内部支票结算主要适用于收、付款双方直接见面进行经济往来的业务结算，如车间到仓库领用原材料、上游部门将半成品交由下游部门进一步深加工、车间将完工产品交付入库等。这一结算方式可以使收付款双方一手“钱”、一手“货”，明确双方责任，避免由于产品数量、质量、价格等原因在结算过程中发生纠纷，影响责任中心正常的资金周转。

2.转账通知单结算

转账通知单结算是指收款单位提供产品或劳务后，根据有关原始凭证或业务活动证明签发转账通知单，通知企业内部结算中心或内部银行将转账通知单转给付款单位，让其付款的一种内部结算方式。

与内部支票类似，转账通知单通常也为一式三联，第一联为收款单位的收款凭证，第二联为付款单位的付款凭证，第三联为企业内部结算中心或内部银行的记账凭证。

转账通知单结算手续方便，结算及时，但因转账通知单是单向传递的，付款方如对产品或劳务的数量、质量或价格有异议，可能拒付。因此，这一结算方式适用于经常性的、质量与价格相对稳定的往来业务，如辅助车间向生产车间供气、供电、供水等业务。

3.内部货币结算

内部货币结算是指使用在企业内部发行的、仅限于在本企业内部流通的货币（如内部货币、资金本票、流通券、资金券等）进行内部往来结算的一种结算方式。

作为最为典型的一手“钱”、一手“货”的企业内部结算方式，内部货币结算比内部支票结算更为直观，更易被各责任单位及其员工接受，也有助于强化他们的经济责任意识和成本节约观念。但是，内部货币也具有携带不便、清点麻烦、保管困难等不足。因此，内部货币结算方式主要适用于对企业内部小额往来业务的结算。

(二) 内部结算中心

无论是内部支票结算、转账通知单结算，还是内部货币结算，都离不开企业内部结算中心的建立、规范和有序运行。内部结算中心是指由企业集团或控股公司内部设立的、用于处理集团或企业内部往来结算、资金调拨、资金筹集与运用等的企业内部资金管理机构。内部结算中心的设立，有助于完善企业的内部责任核算、明确各责任中心的经济责任，也有助于强化企业的资金管理，降低筹资成本，提高资金使用效率，改善企业内部经济效益。内部结算中心的主要业务有：

第一，设立内部结算账户，即为企业内的每一个责任中心在内部结算中心开立账户。

第二，发行内部支票、内部货币等结算工具，即根据企业实际需要印制和发行各种结算凭证。

第三，制定结算制度，实施内部控制，即通过制定统一的内部结算方式，规定统一的结算程序和结算时间，加强对各责任中心结算内容与结算行为的监督、规范与控制。

第四，发放内部贷款，即根据财务部门核定的资金和费用定额及有关规定，在企业范围内统一调配资金余缺，对各责任中心所需的资金发放有偿贷款，或全额贷款有偿使用，或只是超出定额部分的贷款有偿使用。

第五，筹措资金，即以整个集团或企业的名义，通过各种渠道，运用各种融资手段取得所需资金。

第六，建立信息反馈系统，即定期或不定期地将企业资金流通与余缺的情况以报表的形式反馈给各责任中心以及企业管理部门，以实现资金信息的及时传递与有效沟通。

四、责任成本结转

（一）责任成本结转的必要性

企业内部各责任中心在生产经营过程中，经常会出现发生责任成本的责任中心与实际承担责任成本的责任中心不是同一中心的情况。为划清责任、合理奖罚，就需要将这种责任成本按照一定的方式进行结转。如企业的生产车间与供应部门都是成本中心，如果生产车间多耗用的原材料是由于供应部门购入不合格的材料导致的，则生产车间多耗用的材料成本或发生的相应损失，应结转至供应部门，由供应部门承担。再如，前后工序所在的生产车间都是成本中心，由于前道工序流转下来的半成品不合格造成的后道工序的残次品损失、废品损失等，都应由前道工序的成本中心承担。

责任成本结转不同于内部结算转账。它不是在等价交换原则下进行的双向交易，而是责任承担中心向发生损失的责任中心提供的一种单向的经济补偿，包括承受相应的经济处罚。因此，责任结转有助于明确经济责任，增强责任中心与员工的责任感，减少可能发生的损失，提高企业的经济效益。

（二）责任成本结转的方式

进行责任成本结转时，需要首先依据各种准确的原始记录和合理的费用定额，准确计算应提供给损失发生责任中心的经济补偿，并编制责任成本结转表，作为责任成本结转的依据。

责任成本结转的方式包括直接的内部货币结算方式和内部结算中心转账两种。前者是将内部货币直接支付给损失方；后者是在损失发生责任中心与损失责任承担中心在内部结算中心设立的账户之间进行转账。

第四节　管理会计报告

管理会计报告是管理会计信息输出的呈现方式之一，它能够为企业各层级进行规划、决策、控制和评价等管理活动提供有用信息。管理会计报告概念的提出和受到的广泛重视，一方面体现了会计信息服务于企业内部管理决策的重要性；另一方面也表明了管理会计信息输出的呈现方式越来越被重视。

管理会计是面向未来进行预测、决策。因此，管理会计报告的编制不受固定会计期间（如月、季、年）的限制，而是根据管理层的需要编制不同期间经济活动的各种报告，这也体现管理会计报告的灵活性。

一、管理会计报告的定义

根据《管理会计应用指引第801号——企业管理会计报告》，管理会计报告是指企业运用管理会计方法，依据财务和业务的基础信息加工整理形成的，满足企业价值管理需要的内部报告。

企业内部流转着各种形式的报告文本，如战略规划报告、人力资源报告、研究开发报告、绩效评价报告等，但并非所有这些内部报告都是管理会计报告。管理会计所提供信息服务的方式有很多种，未必所有的信息都需要通过报告形式的文本来呈现。管理会计报告试图去归纳、设计、规范管理会计的信息输出，以更好地实现管理会计工作的目标。管理会计报告的边界与管理会计的边界相同，管理会计覆盖哪些内容和方面，作为管理会计工作呈现方式之一的管理会计报告就需要努力去覆盖哪些内容和方面。管理会计的目标就是管理会计报告的终极目标，是为企业各层级进行规划、决策、控制和评价等管理活动提供有用信息。企业可以通过管理会计报告去设计和打造一个上下联通的信息沟通和控制渠道，使管理者的决策能力和员工的执行能力在瞬息万变的经营环境下始终与公司战略保持一致，从而持续地提升公司价值。

企业应建立管理会计报告组织体系，根据需要设置管理会计报告相关岗位，明确岗位职责。企业各部门都应履行提供管理会计报告所需信息的责任。企业管理会计报告的形式要件包括报告的名称、报告期间或时间、报告对象、报告内容以及报告人等。

企业管理会计报告的对象是对管理会计信息有需求的各个层级各个环节的管理者。企业可根据管理的需要和管理会计活动的性质设定报告期间，一般应以日历期间（月度、季度、年度）作为企业管理会计报告期间，也可根据特定需要设定企业管理会计报告期间。

企业管理会计报告的内容应根据管理需要和报告目标而定，易于理解并具有一定灵活性。企业管理会计报告的编制、审批、报送使用等应与企业组织架构相适应。

二、管理会计报告与财务会计报告

管理会计报告和财务会计报告之间既有联系，又有区别。

（一）管理会计报告和财务会计报告的联系

管理会计报告和财务会计报告的联系体现在：

第一，两者均以企业整体经营活动为基础，通过财务信息以及非财务信息为企业内外的利益相关者提供决策支持，是现代会计信息系统中的两个核心子系统。

第二，管理会计报告弥补了财务会计报告的不足。管理会计报告更详尽和具体地揭示了公司运营管理、战略实施，乃至风险管理的各个方面。财务会计报告有一套规范的概念、准则、原则体系，一方面使得不同企业的会计信息可比，便于信息使用者比较分析；另一方面它却妨碍了内部管理者根据管理的需要从新的维度分析和阐释信息以及管理工作的机动性和灵活性。管理会计报告与财务会计报告相结合，可以为内部管理者和外部信息使用者提供更为动态、多维度的综合信息。

第三，管理会计报告与财务会计报告互相影响和促进。内部与外部的划分是相对的，有些本属于内部管理会计报告的内容在对外披露时，会作为财务会计报告的附属部分。外部信息使用者对信息的诉求会使得信息披露规则发生变化，原本管理会计报告的内容也可能会进入到对外披露的行列。企业会出于各种考虑，自愿披露一些管理会计报告的信息。企业管理者在进行管理会计决策时，也会利用财务会计报告。此时，财务会计报告就变成了管理会计报告的一部分。

（二）管理会计报告和财务会计报告的区别

管理会计报告和财务会计报告在编制基础、服务对象、报告内容、报告范围、报告期间、计量方式、信息类型、规范要求等方面存在诸多差异。两者之间的区别实质上就是管理会计与财务会计的区别在报告这一呈现形式上的体现。表11-7展示了管理会计报告与财务会计报告的区别。

表11-7　管理会计报告与财务会计报告的区别

项　目	管理会计报告	财务会计报告
编制基础	财务信息和非财务信息	财务信息为主
服务对象	服务于对管理会计信息有需求的各个层级、各个环节的管理者	主要服务于外部使用者
报告内容	管理会计报告不限于反映企业整体的经营活动情况，可以根据决策需要对某个局部、某个细节、某个流程、某个产品、某个责任人等编报各类相关信息	财务会计报告主要反映企业整体的财务状况、经营成果和现金流量情况
报告范围	不限于历史信息，将影响企业未来决策的重要信息都纳入报告范围	主要反映历史信息
报告期间	可以根据管理的需要和管理会计活动的性质设定报告期间，一般应以日历期间（月份、季度、年度）作为企业管理会计报告期间，也可以根据特定需要设定企业管理会计报告期间	定期编制，以月份、季度、年度作为会计报告期间
计量方式	不限于货币计量	货币计量
信息类型	数据信息与非数据信息并重，根据管理决策需要选取不同的信息类型	主要披露财务会计的数据信息，非数据信息只是数据信息的补充
规范要求	格式灵活	受会计准则等相关制度的规范，格式统一

三、管理会计报告的编报原则

为适应管理决策的需要，管理会计报告在报告内容、信息类型、表现形式等方面均有极大的弹性。这种弹性使得管理会计报告能够根据决策需要进行适当创新。这种常变常新也意味着需要更加明确的管理会计报告编报原则，以保证管理会计报告聚焦于支持管理决策、提升企业价值。管理会计报告的编报原则是在管理会计报告的设计、编制、传递等过程中需要遵循的基本原则，主要表现在以下几个方面：

（一）责任匹配原则

管理会计报告的使用者是企业内部各个层级的管理者，他们依据其管理权限承担不同的经济责任。因此，管理会计报告的内容应该与之匹配，针对不同责任中心的管理者提供不同的信息。这使得责任中心的管理者能够根据报告对其可控成本和收入做出正确的决策。管理会计报告应该从报告使用者的视角而不是会计人员的视角来设计和提供。例如，集团公司总经理关注的是整体的运行情况，子公司总经理关注的是子公司的业绩，而底层的管理者可能更关注现场工作的每个员工的表现。

（二）例外原则

为了避免管理者信息过载，日常经营活动中的常规事宜应该由制度化的流程予以控制。随着部门的扩展和复杂化，管理者不可能深入每个细节去监督、检查。因此，管理会计报告应该将那些进展符合预期、比较顺利的情况与进展不符合预期、需要管理者关注的情况区别开来，即管理会计报告应该强调例外原则。按照既定路线进展的项目，通常情况下不应该是管理会计报告的重点。例如，制造成本超过标准成本20%显然是例外，需要重点关注，而制造成本偏离标准成本0.1%就不应该是管理会计报告的重点。

（三）比较原则

只披露实际发生的数据往往不能直接服务于管理决策，实际数据应该与一定的参照对象进行比较，这样才能使信息使用者更好地对各种情况做出判断。常见的参照对象包括预算值、事先确定的标准、历史数据、行业数据等。管理会计报告应揭示重要指标的变化趋势和它们之间的联系，如不仅报告期末各类存货的数量，而且报告各类存货数量变化的趋势，还揭示存货数量上升与销售情况、供应链管理情况之间的联系。

（四）及时原则

由于管理决策本身的动态性，支持管理决策的信息必须及时。滞后提供的报告与没有提供报告一样对决策毫无用处。因此，企业需要确定管理会计报告提供的频率，针对不同类型的信息采用不同的方式和频率。

（五）标准化原则

为了降低管理会计报告所提供信息的复杂性，减少信息传递过程中的信息扭曲和理解偏差，便于管理者理解和准确把握，管理会计报告应尽可能地标准化。所谓标准化主要是指管理会计报告的风格、设计、篇幅、数据口径、名词界定等。由于管理会计报告服务于决策、价值创造的目的，其内容、指标等都要随着管理决策的需要而动态调整。因此，标准化并不意味着绝对固化，而是在保证决策支持目的得以实现的前提下，保持信息基本要素的相对稳定，便于管理者更便捷地使用报告信息。

（六）清晰原则

所谓清晰，一是指信息准确，二是指信息简单明晰，可理解性强。报告所提供的信息必须准确地反映与之相关的业务活动，否则就会导致决策失误。报告的信息应该简单明晰，避免使用过于技术性的会计术语，复杂的报表和细节可以略去或者放在附件备查。报告的设计能够让报告使用者付出最小的努力就掌握所有重要的情况。作为这一原则的延伸，随着管理者层级的提高，报告所提供的数据应该以更概要的形式提供。例如，车间主任和负责生产的副总经理都需要生产制造方面的信息，但负责生产的副总经理责任区域更大，故需要信息的细致深入程度也不同。不能为了创设管理会计报告这一管理工具，而人为将其复杂化。报告应尽可能简化，提供最少而不是最多的信息。对高层管理者的管理会计报告尤其如此，这种报告常以一个简单的摘要开始，其余部分包括大量的支持性细节作为备查，不一定非要报告使用者阅读。为了使报告简单明晰、便于理解，对于不那么直白易懂的内容，一般都会有一些解释性的评论。这些解释性的评论用来提醒报告使用者注意某些重要情况，简要解释发生某种状况的原因，指出已经采取的对策，提出未来可以采取的措施。

（七）成本收益原则

管理会计报告的使用收益要大于信息的制造、存储和使用成本。在不影响使用的情况下，片面追求报告外在形式的美观没有价值。对于常规性的定期报告，报告编制是一个程序化的过程，成本收益原则主要在初始设计时应用。对于涉及特殊情况的特别报告，是否提供报告、提供何种详略程度和准确程度的报告，都应考虑其成本和相关收益。

四、管理会计报告的基本分类

企业管理会计报告可以按照多种标准进行分类，包括但不限于以下几种分类：

一是按照企业管理会计报告使用者所处的管理层级可以分为战略层管理会计报告、经营层管理会计报告和业务层管理会计报告；

二是按照企业管理会计报告内容不同可以分为综合企业管理会计报告和专项企业管理会计报告；

三是按照管理会计功能可以分为管理规划报告、管理决策报告、管理控制报告和管理评价报告；

四是按照责任中心可以分为投资中心报告、利润中心报告和成本中心报告；

五是按照报告主体整体性程度可以分为整体报告和分部报告。

企业中存在着不同的管理层级，特别是在大型企业集团中，管理层级更是错综复杂。不同层级的管理者不仅需要的信息内容不同，而且需要信息的繁简程度、及时程度和报告形式也不同。因此，按照企业管理会计报告使用者所处的管理层级进行分类是最能体现不同管理、不同需要的基本分类。

（一）战略层管理会计报告

战略层是企业的最高决策层，其决策直接影响企业的成败。例如，企业的市场定位、重大投融资决策、商业模式选择、经营战略等。战略层关注企业如何进行资源配置，需要充分了解宏观经济环境和产业政策，把握行业未来发展前景，准确分析企业的资源优势。因此，战略层管理会计报告并不需要细微和局部的信息，而是需要全局性、综合性的信息。这些信息能够揭示企业未来发展前景、帮助企业制定各种战略，并对战略执行情况进行反馈，帮助企业进一步优化资源配置。关乎企业成败的战略决策不是一个日常活动，战略层管理会计报告的使用频率不像其他层级管理会计报告那么高，但由于其重要性，对报告的质量要求很高，应精炼、简洁、易于理解，报告主要结果、主要原因，并提出具体的建议。

战略层管理会计报告是为满足战略层进行战略规划、战略制定、战略执行、战略评价以及其他方面的管理活动提供相关信息的对内报告。该报告的对象是企业的战略层，包括股东大会、董事会和监事会等。战略层管理会计报告包括但不仅限于战略管理报告、综合业绩报告、价值创造报告、经营分析报告、风险分析报告、重大事项报告、例外事项报告等。这些报告可独立提交，也可根据需要整合后提交。

1.战略管理报告

战略管理报告的内容一般包括内外部环境分析、战略选择与目标设定、战略执行及其结果，以及战略评价等。战略管理报告一般是在SWOT分析、价值链分析等战略分析基础上，侧重于本企业与竞争对手的优劣对比，列示获取竞争优势的要素（如产品、市场份额、定价、成本、产量等方面的信息），依此制定企业竞争战略、设定竞争目标、规划战略执行的路径和方法、进行战略评价。

2.综合业绩报告

综合业绩报告的内容一般包括关键绩效指标预算及其执行结果、差异分析与其他重大绩效事项等。综合业绩报告是在设定竞争目标的基础上，基于获取竞争优势的要素确定关键绩效指标，依此编制战略预算（通常表现为企业的资本预算），在战略执行中对预算执行结果进行差异分析，并修定和完善战略。

3.价值创造报告

价值创造报告的内容一般包括价值创造目标、价值驱动的财务因素与非财务因素、内部各业务单元的资源占用与价值贡献，以及提升公司价值的措施等。

4.经营分析报告

经营分析报告的内容一般包括经营决策执行情况回顾、本期经营目标执行的差异及其原因、影响未来经营状况的内外部环境与主要风险分析、下一期的经营目标及管理措施等。

5.风险分析报告

风险分析报告的内容一般包括企业全面风险管理工作回顾、内外部风险因素分析、主要风险识别与评估、风险管理工作计划等。

6.重大事项报告

重大事项报告是针对企业的重大投资项目、重大资本运作、重大融资、重大担保事项、关联交易等事项进行的报告。

7.例外事项报告

例外事项报告是针对企业发生的自然灾害、管理层变更、股权变更、安全事故等偶发性事项进行的报告。

（二）经营层管理会计报告

经营层是指企业的中层管理人员，他们的决策是对企业整体战略的分解和落实，负责把战略层的宏大战略落实执行。经营层需要对接战略层，根据战略层的战略意图进行本管理层级的管理，保证其部门的顺畅运行和资源的合理使用。经营层的管理特点决定了其既需要概括性的总体信息，也需要细节性的信息，如有关成本、收入、资产、绩效、投资等方面的信息。这一层级的管理决策具有日常性，因此，经营层管理会计报告使用的频率较高，内容比战略层报告更为细致和详尽，应做到内容完整、分析深入。

经营层管理会计报告是为经营管理层进行规划、决策、控制和评价等管理活动提供相关信息的对内报告。经营层管理会计报告主要包括全面预算管理报告、投资分析报告、项目可行性报告、融资分析报告、盈利分析报告、资金管理报告、成本管理报告、业绩评价报告等，其报告对象是经营管理层。

1.全面预算管理报告

全面预算管理报告的内容一般包括预算目标制定与分解、预算执行差异分析以及预算考评等。

2.投资分析报告

投资分析报告的内容一般包括投资对象、投资额度、投资结构、投资进度、投资效益、投资风险和投资管理建议等。

3.项目可行性报告

项目可行性报告的内容一般包括项目概况、市场预测、产品方案与生产规模、厂址选择、工艺与组织方案设计、财务评价、项目风险分析，以及项目可行性研究结论与建议等。项目可行性报告通常由投资等业务部门编制，财务部门主要负责其中的财务评价、项目风险分析。

4.融资分析报告

融资分析报告的内容一般包括融资需求测算、融资渠道与融资方式分析及选择、资本成本、融资程序、融资风险及其应对措施和融资管理建议等。融资分析报告一般以企业为主体编制，也可以以工程或项目为主体编制。

5.盈利分析报告

盈利分析报告的内容一般包括盈利目标及其实现程度、利润的构成及其变动趋势、影响利润的主要因素及其变化情况。以及提高盈利能力的具体措施等。企业还应对收入和成本进行深入分析。盈利分析报告可基于企业集团、单个企业，也可基于责任中心、产品、区域、客户等进行，如上市公司的盈利预测就属于盈利分析报告的一种。

6.资金管理报告

资金管理报告的内容一般包括资金管理目标、主要流动资金项目（如现金、应收票据、应收账款、存货）的管理状况、资金管理存在的问题以及解决措施等。企业集团资金管理报告的内容一般还包括资金管理模式（集中管理还是分散管理）、资金集中方式、资金集中程度、内部资金往来等。

7.成本管理报告

成本管理报告的内容一般包括成本预算、实际成本及其差异分析、成本差异形成的原因以及改进措施等。

8.业绩评价报告

业绩评价报告的内容一般包括绩效目标、关键绩效指标、实际执行结果、差异分析、考评结果，以及相关建议等。绩效评价报告可以以企业或责任中心为主体编制，其关键绩效指标可以是利润、利润率、EVA等，编制方法可以基于财务指标也可以基于财务指标和非财务指标的结合（如平衡计分卡）。

（三）业务层管理会计报告

业务层是指企业的基层管理人员，其决策非常具体，即时性很强。这一层级的管理者最终执行了企业的各项政策和战略，真正决定了企业产品的销售、机器设备的利用、成本的耗费等，如车间主任、采购主管、销售主管等。业务层所面对的决策非常具体，所需要的信息也非常详细，甚至需要反映每个生产工人、每个销售人员、每条生产线、每台机器设备的详细信息。因此，业务层管理会计报告应做到内容具体，数据充分。

业务层管理会计报告是为企业日常业务或作业活动提供相关信息的对内报告。其报告的对象是企业的职能部门、业务部门以及车间、班组等。业务层管理会计报告应根据内部价值链进行构造，包括但不限于研究开发报告、采购业务报告、生产业务报告、配送业务报告、销售业务报告、售后服务业务报告、人力资源报告等。

1.研究开发报告

研究开发报告的内容一般包括研发背景、主要研发内容、技术方案、研发进度、项目预算等。研究开发报告通常由研究开发部门根据竞争战略、经营目标、对技术和产品的需要编制，主要负责研发背景、主要研发内容、技术方案、研发进度等技术层面的工作。财务部门主要负责基于技术发展的项目预算（按研发项目进度给予资金支持）和研发绩效评价。

2.采购业务报告

采购业务报告的内容一般包括采购业务预算、采购业务执行结果、差异分析及改善建议等。采购业务报告通常由采购部门编制，重点反映采购质量、数量以及时间、价格等方面的内容；财务部门主要负责基于业务部门的采购业务活动的成本计算和资金管理。

3.生产业务报告

生产业务报告内容一般包括生产业务预算、生产业务执行结果、差异分析及改善建议等。生产业务报告通常由生产部门编制，重点反映生产成本、生产数量以及产品质量、生产时间等方面的内容；财务部门主要负责基于生产部门的生产经营业务活动的成本计算和资金管理。

4.配送业务报告

配送业务报告的内容一般包括配送业务预算、配送业务执行结果、差异分析及改善建议等。配送业务报告要重点反映配送的及时性、准确性以及配送损耗等方面的内容，如妥投率就应该成为配送业务报告的关键绩效指标。

5.销售业务报告

销售业务报告的内容一般包括销售业务预算、销售业务执行结果、差异分析及改善建议等。销售业务报告通常由销售部门编制，重点反映销售的数量结构和质量结构等方面的内容；财务部门应重点关注应收账款周转率和销售收现率等指标的管理。

6.售后服务业务报告

售后服务业务报告的内容一般包括售后服务业务预算、售后服务业务执行结果、差异分析及改善建议等。售后服务业务报告重点反映售后服务的客户满意度等方面的内容。

7.人力资源报告

人力资源报告的内容一般包括人力资源预算、人力资源执行结果、差异分析及改善建议等。人力资源报告通常由人力资源管理部门编制，重点反映人力资源使用及考核等方面内容；财务部门应重点关注人力资源的效果评价。

五、管理会计报告的运用

（一）管理会计报告的形式

1.图表式报告

图表式报告比单纯的数字更直观，使得变化趋势或者数据之间的关系更为清晰易懂。图表可以让读者把握主要因素之间的关系，或者直接切中要害，但图表往往不能准确测定数据。如果希望报告阅读者对某个事件留下深刻印象或关注大的趋势，图表式报告是很好的选择。曲线图、折线图、柱形图、饼形图、鱼骨图等都是图表式报告的可能选择。

2.摘要式报告

在向战略层提供管理会计报告时，需要有针对性地选择他们关心的重要数据。虽然摘要式报告没有提供所有的细节，但保证了重要信息不被淹没在细节之中。例如，对公司董事会的摘要式报告，它针对某一会计期间，报告经营方面的几项重要指标：销售收入净额、营业利润、净利润和普通股每股收益，将实际与计划进行比较，以便董事会能够大体把握经营情况；同时，还提供了关于流动资产、流动负债、股东权益报酬率、每股市价等指标的计划与实际数据。

3.表格式报告

表格式报告集中于提供详细的数据，注重从数据出发来说明经营管理中的问题。它不追求直观，不停留于概要方面，而是通过详尽的数据来说明问题。

（二）管理会计报告的流程

管理会计报告流程包括报告的编制、审批、报送、使用等环节。管理会计报告由管理会计信息归集、处理并报送的责任部门编制。企业应根据报告的内容、重要性和报告对象等，确定不同的审批流程，经审批后报告方可报出。企业管理会计报告可以根据报告性质、管理需要逐级报送或直接报送。由于管理会计报告会比对外报告揭示更多的细节，为了保护商业机密，企业应建立管理会计报告使用的授权制度，报告使用人应在权限范围内使用企业管理会计报告。随着信息化、数字化的发展，企业应当充分利用信息技术，强化管理会计报告及相关信息集成和共享，将管理会计报告的编制、审批、报送和使用等纳入企业统一信息平台。

（三）非财务信息的报告

很多非财务信息对企业至关重要，比如关于企业创新、客户满意度的信息等。把这些信息排除在外无疑会影响管理会计报告的有用性。一方面，管理会计部门需要与其他职能部门相配合以获取相关信息；另一方面，管理会计师应该拓展自己的视野，不应仅仅停留在会计知识层面。如果不熟悉业务流程和管理重点，就无法很好地完成管理会计报告工作。下面是一些管理会计报告中常见的非财务信息：

1.客户方面

（1）每月新客户数量及变动趋势。

（2）新产品销售数量及变动趋势。

（3）主要客户购买份额及其变化情况。

（4）对客户提供服务的响应时间及与竞争者的比较情况。

（5）不同渠道获取客户的数量及变化趋势。

2.创新方面

（1）新产品开发所需要的时间及与竞争者的比较情况。

（2）开发新流程的时间。

3.市场方面

（1）市场份额及变动趋势。

（2）新客户（老客户）满意度及变动趋势。

（3）市场覆盖率及变动趋势。

在互联网大潮中，对于一些新兴的平台型企业，诸如平台注册用户数量、活跃用户数量、客户转化率等都是重要的非财务信息。

六、管理会计报告举例

企业的管理会计报告随业务活动的开展而进行编制。现以成本报告和责任报告为例来进行说明。

（一）成本报告

成本报告是成本管理报告的一种，反映成本执行结果，属于事后报告。其中，最重要的成本报告是企业根据日常成本核算资料及其他相关资料编制的，用以反映企业一定期间成本水平及构成情况的成本报表。成本报表主要用来满足企业内部管理需要，属于内部管理报表。企业可根据生产特点和管理要求，自行决定成本报表的设置种类、格式、指标项目、编制时间和报送范围，具有较大的灵活性。

1.商品产品成本表

商品产品成本表是反映企业在报告期内生产的全部商品产品成本的报表。

（1）按成本项目反映的商品产品成本表。

按成本项目反映的商品产品成本表是按成本项目汇总反映企业在报告期内发生的全部生产费用以及商品产品生产总成本的报表，见表11-8。

表11-8　商品产品成本表（按成本项目反映）

A公司　2022年12月　单位：元

项　目	上年实际	本年预算	本月实际	本年累计实际
生产费用				
直接材料费用	422 520	406 460	42 132	413 500
直接人工费用	172 450	192 370	16 300	182 600
制造费用	278 360	248 330	23 500	263 000
生产费用合计	873 330	847 160	81 932	859 100
加：在产品、自制半成品期初余额	41 100	38 520	35 170	31 100
减：在产品、自制半成品期末余额	30 400	31 600	40 200	40 200
商品产品生产成本合计	884 030	854 080	76 902	850 000

该表可以反映报告期内全部商品产品生产费用的支出情况和各种费用的构成情况，通

过该表可以对企业的生产费用进行一般评价。将该表本年累计实际生产费用与本年预算数、上年实际数相比较，可以分析和考核年度生产费用预算的执行情况以及本年生产费用相对于上年的升降情况，并据以分析影响成本升降的各项因素。

（2）按产品种类反映的商品产品成本表。

按产品种类反映的商品产品成本表是按产品种类汇总反映企业在报告期内生产的全部商品产品的单位成本和总成本的报表，见表11-9。

表11-9　　全部商品产品成本表（按产品种类反映）

A公司　　2022年12月　　金额单位：元

产品名称	产量（件）		单位成本				本月总成本			本年总成本		
	本月	本年累计	上年实际平均	本年预算	本月实际	本年累计实际平均	按上年实际平均单位成本计算	按本年预算单位成本计算	本月实际	按上年实际平均单位成本计算	按本年预算单位成本计算	本年实际
一、可比产品												
甲	50	500	84	82	83	81	4 200	4 100	4 150	42 000	41 000	40 500
乙	20	300	760	750	735	763	15 200	15 000	14 700	228 000	225 000	228 900
小计							19 400	19 100	18 850	270 000	266 000	269 400
二、不可比产品												
丙	8	70		125	128	126		1 000	1 024		8 750	8 820
丁	3	40		370	365	374		1 110	1 095		14 800	14 960
小计								2 110	2 119		23 550	23 780
全部商品产品成本								21 210	20 969		289 550	293 180

通过该表可以分析、考核各类产品和全部商品产品本月和本年累计成本预算的执行结果，并对各类产品成本和全部商品产品成本的节约或超支情况进行一般评价；也可以分析和考核各种可比产品和全部可比产品本月和本年累计成本相对于上年的升降情况；还可以了解哪些产品成本节约较多，哪些产品成本超支较多，为进一步的产品单位成本分析指明方向；对于有可比产品成本降低计划的产品，可以分析和考核其成本降低计划的执行情况，以便采取措施，降低产品成本。

2.主要产品单位成本表

主要产品单位成本表是反映企业在报告期内生产各种主要产品单位成本的构成及其变动情况的会计报表。该表是全部商品产品成本表（按产品种类反映）中某些主要产品成本的进一步反映，见表11-10。

表11-10 主要产品单位成本表

A公司 2022年12月

产品名称：甲 产品销售单价：450元

产品规格：T5K 本月实际产量：110件 本年累计实际产量：1 200件 金额单位：元

成本项目	历史先进水平	上年实际平均	本年预算	本月实际	本年累计实际平均
直接材料	235	237	234	231	232
直接人工	74	75	76.50	79.50	80
制造费用	26	28	26.50	25.50	24.50
生产成本	335	340	337	336	336.50
主要经济技术指标	耗用量	耗用量	耗用量	耗用量	耗用量
1.主要材料	8.2千克	8.1千克	8千克	7.4千克	7.5千克
2.…					

通过该表可以按照成本项目考核主要产品单位成本预算的执行结果，分析各项单位成本节约或者超支的原因；也可以按照成本项目将本月实际单位成本和本年累计实际平均单位成本与上年实际平均单位成本和历史先进单位成本进行对比，了解相对于上年的升降情况以及与历史先进水平是否有差距，据此分析单位成本的变化趋势；还可以分析和考核主要产品的主要技术经济指标的执行情况。

3.制造费用明细表

制造费用明细表是反映企业在报告期内发生的全部制造费用及其构成情况的报表，见表11-11。

表11-11 制造费用明细表

A公司 2022年12月 单位：元

项　目	本年预算	上年同期实际	本月实际	本年累计实际
工资及福利费	61 500	4 880	4 800	65 870
折旧费	40 800	3 300	3 080	31 090
修理费	27 510	2 400	2 020	25 700
办公费	31 000	2 230	1 940	24 000
水电费	36 500	2 580	3 160	30 800
机物料消耗	21 400	2 160	2 680	22 180
劳动保护费	31 200	2 875	2 430	30 160
在产品盘亏、毁损	—	1 455	—	13 750
停工损失	—	1 900	—	4 100
其他	38 420	3 800	3 390	15 350
合计	288 330	27 580	23 500	263 000

4.管理费用明细表、财务费用明细表和销售费用明细表

管理费用明细表、财务费用明细表和销售费用明细表分别反映企业在报告期内发生的全部管理费用、财务费用和销售费用及其构成情况，其格式分别见表11-12、表11-13和表11-14。

表11-12 管理费用明细表

A公司 2022年12月 单位：元

项 目	本年预算	上年同期实际	本月实际	本年累计实际
工资及福利费	49 412	4 800	5 000	49 000
折旧费	21 800	3 500	3 400	19 800
坏账损失	24 000	8 000	5 000	28 400
修理费	13 700	1 000	800	12 300
租赁费	12 400	1 200	1 500	12 000
保险费	14 600	2 400	2 300	14 000
机物料消耗	12 000	1 000	1 200	12 500
低值易耗品摊销	11 400	9 500	6 400	13 600
办公费	11 000	3 400	3 000	10 000
水电费	18 000	5 000	4 000	21 000
差旅费	13 200	3 000	2 000	12 000
工会经费	20 000	3 800	3 500	19 800
教育经费	31 000	3 500	2 800	32 000
税金	37 000	2 500	2 800	36 700
无形资产摊销	25 000	5 800	4 900	25 400
劳动保险费	24 000	1 200	1 000	23 900
材料产成品盘亏和毁损	—	800	1 200	21 500
其他	28 200	2 500	3 000	27 800
合 计	366 712	62 900	53 800	391 700

表11-13 财务费用明细表

A公司 2022年12月 单位：元

项　目	本年预算	上年同期实际	本月实际	本年累计实际
利息支出（减利息收入）	51 200	4 200	4 560	49 800
汇兑损失（减汇兑收益）	37 800	3 580	3 720	38 400
金融机构手续费	35 200	3 200	2 960	34 100
其他	21 200	1 820	1 710	19 900
合计	145 400	12 800	12 950	142 200

表11-14 销售费用明细表

A公司 2022年12月 单位：元

项　目	本年预算	上年同期实际	本月实际	本年累计实际
工资及福利费	20 800	7 880	7 600	21 030
折旧费	18 200	3 300	3 250	17 800
修理费	25 800	2 940	3 200	24 500
租赁费	34 800	3 100	2 950	34 000
保险费	21 200	1 800	2 000	20 800
包装费	27 300	2 860	2 800	27 800
展览费	28 100	2 280	2 500	27 900
广告费	35 800	3 560	3 450	35 600
差旅费	22 500	3 750	3 800	22 300
运输费	32 500	3 980	4 180	31 000
办公费	22 700	3 400	3 100	22 000
水电费	21 700	4 840	5 200	22 500
销售服务费	31 800	3 400	3 150	30 200
其他	14 500	1 380	1 500	14 300
合　计	357 700	48 470	48 680	351 730

制造费用明细表、管理费用明细表、财务费用明细表以及销售费用明细表所采用的分析方法基本相同，都可以采用对比分析法，按费用项目将本期费用与上期费用进行对比，以便了解费用的增减变化情况；也可以与本期预算对比，了解本期费用预算的执行情况，分析超支和节约的原因；还可以采用结构分析法分析各项费用的构成是否合理，比较各项

费用比重的增减变化，对所占比重较大以及增减变化较大的费用进行重点分析，找出其增减变化的原因，以便采取措施，减少不必要的费用发生。

（二）责任报告

责任报告又称业绩报告、绩效报告，是根据责任会计的有关记录编制而成，用来揭示责任预算与实际预算执行结果之间差异的内部会计报告。责任报告也是对责任中心进行业绩考核与评价的依据和基础。通过编制和分析责任报告，可以揭示预算与实际执行结果之间的差异、产生差异的原因及其承担的责任，从而有助于对各责任中心的业绩进行考核评价，有助于责任中心的上层管理者实现对其经营活动的及时了解、控制与调节，从而最大限度地提高责任中心的工作绩效。

责任报告的具体形式因责任中心的业务内容、业务性质、报告对象和使用情况的不同而不同。常见的责任报告形式有：书面报告、口头说明等。其中，书面报告既可以是报表，也可以是数据分析或文字说明。在实际编制过程中，企业往往将这几和形式的责任报告结合起来使用，由各个责任中心自下而上逐级编制、分析汇总而成。

责任中心所处的管理层级不同，责任报告的内容，尤其是报告的侧重点和详略程度也会有差异。一般而言，低层次责任中心的责任报告往往只涉及本身的可控成本，具体包括预算成本、实际成本、预算成本与实际成本之间的差异等。随着管理层次的提高，责任报告的内容有所扩展，不仅包括该层次责任中心的可控成本，而且还包括下属责任中心的可控成本。

当然，无论是哪个管理层级责任中心的责任报告，在将责任预算的执行差异及其原因和影响因素通过责任报告予以呈现时，需要遵循“例外管理原则”。对导致差异产生的关键因素而不是所有因素进行分析，以便将报告使用者的注意力吸引到那些严重脱离预算的重要原因或项目上，进一步提高责任报告的使用效率。

表11-15、表11-16和表11-17分别列示了2022年度A公司成本中心、利润中心和投资中心的责任报告。

表11-15　**2022年度成本中心责任报告**　价值单位：万元

项　目	预　算	实　际	差　异*
下属单位转来的责任成本			
甲车间	400	450	（50）
乙车间	400	380	20
成本中心自身的可控成本			
直接材料	900	910	（10）
直接人工	730	720	10
水电费	70	75	（5）
其他	20	25	（5）
小计	1 720	1 730	（10）
成本中心责任成本	2 520	2 560	（40）

*对企业有利的差异为正值，对企业不利的差异为负值，加括号表示。

表11-16　**2022年度利润中心责任报告**　价值单位：万元

项　目	实际	预算	差异*
批发收入	1 400	1 100	300
零售收入	1 000	800	200
销售收入小计	2 400	1 900	500
变动生产成本	1 500	1 300	(200)
变动销售及管理成本	350	300	(50)
可控成本小计	1 850	1 600	(250)
贡献毛益	550	300	250
固定生产成本	200	120	(80)
固定销售及管理成本	100	80	(20)
不可控成本小计	300	200	(100)
营业利润	250	100	150

*对企业有利的差异为正值，对企业不利的差异为负值，加括号表示。

表11-17　**2022年度投资中心责任报告**　价值单位：万元

项　目	实际	预算	差异*
销售收入			
甲产品	2 000	1 500	500
乙产品	1 500	700	800
小计	3 500	2 200	1 300
可控成本			
变动生产成本	1 580	980	(600)
变动销售及管理成本	770	430	(340)
小计	2 350	1 410	(940)
贡献毛益	1 150	790	360
不可控成本			
固定生产成本	580	460	(120)
固定销售及管理成本	210	160	(50)
小计	790	620	(170)
息税前利润	360	170	190
净资产平均占用额	3 000	3 000	0
投资利润率	12%	5.67%	3%

*对企业有利的差异为正值，对企业不利的差异为负值，加括号表示。

看一看

管理会计报告样例

德技兼修

“诚信为本，操守为重，坚持准则，不做假账”

——朱镕基

管理会计师伴随市场经济发展而产生，主要服务于企业内部管理需要，通过利用相关信息，有机融合财务与业务活动，在企业规划、决策、控制和评价等方面发挥重要作用。

2002年，在第十六届世界会计师大会上，时任国务院总理朱镕基表示，中国会计业是较早对外开放的领域之一，今后将进一步扩大开放。他欢迎世界各地的会计师和投资者到中国来施展才华，谋求更大的发展。朱镕基称，中国政府十分重视会计业的发展，在会计制度建设、审计准则制定和执业人员培训等方面做了不懈的努力。中国特别重视会计职业道德建设，加强会计业监督管理，要求所有会计人员必须做到"诚信为本，操守为重，坚持准则，不做假账"，恪守独立、客观、公正的原则，不屈从和迎合任何压力与不合理要求，不以职务之便谋取一己私利，不提供虚假会计信息。

2003年3月，财政部关于开展会计职业道德宣传教育工作的通知中指出，为了贯彻江泽民同志提出的依法治国与以德治国相结合的重要思想，落实朱镕基同志对会计工作提出的"诚信为本，操守为重，坚持准则，不做假账"的16字要求，加强会计职业道德建设，在全社会营造会计诚信的氛围。各级财政部门和中央会计从业资格管理部门要把会计职业道德建设作为一项重要工作来抓。要在全社会营造"爱岗敬业、诚实守信、廉洁自律、客观公正、坚持准则、提高技能、参与管理、强化服务"等会计职业道德意识和观念，树立良好的会计职业道德风尚，提高会计职业道德水平。

管理会计师在企业管理中扮演领导者、组织者、顾问、规划与整合专家等多重角色，在工作中更应自觉遵循会计职业道德规范，并不断提高自身的知识和技能，按照各有关法律、规章和技术标准，履行好管理会计师职责，发挥管理会计职能。管理会计师及其职业道德作为管理会计体系建设的重要组成部分，对规范管理会计行为、实现管理会计目标、整顿市场经济秩序、维系国家会计诚信具有重要意义。

资料来源　李扣庆，张各兴，蒋志明，等. 在高端会计人才培养中开展"大思政课"的探索与建议［J］. 财务与会计，2021（12）.

主要参考文献

［1］莫尔斯 W J，戴维斯 J R，哈特格雷夫斯 A L．管理会计：侧重于战略管理［M］．张鸣，译．3版．上海：上海财经大学出版社，2005.

［2］王积田，仪秀琴．管理会计［M］．北京：科学出版社，2009.

［3］余绪缨．管理会计［M］．北京：对外经济贸易大学出版社，2004.

［4］李天民．现代管理会计学［M］．上海：立信会计出版社，1996.

［5］朱海芳．管理会计学［M］．北京：中国财政经济出版社，2000.

［6］张华伦．管理会计［M］．西安：西安交通大学出版社，2009.

［7］谢琨．管理会计［M］．北京：清华大学出版社，北京交通大学出版社，2008.

［8］曹中．管理会计学［M］．上海：立信会计出版社，2007.

［9］王福胜．管理会计学［M］．北京：机械工业出版社，2009.

［10］盛明泉．管理会计［M］．上海：格致出版社，上海人民出版社，2008.

［11］孙茂竹，王艳茹，李朝晖．成本管理会计［M］．3版．大连：东北财经大学出版社，2017.

［12］杨公遂，何敏，高玉荣．战略成本管理会计理论与实务［M］．大连：东北财经大学出版社，2013.

［13］奥利弗．管理会计［M］．王满，译．大连：东北财经大学出版社，2012.

［14］徐哲，李贺，路萍．管理会计基础［M］．上海：上海财经大学出版社，2017.

［15］吴大军．管理会计［M］．6版．大连：东北财经大学出版社，2021.

［16］钱逢胜，徐锐．管理会计［M］．上海：上海财经大学出版社，2016.

［17］牛彦秀．管理会计［M］．北京：经济科学出版社，2015.

［18］李敏．管理会计学［M］．上海：上海财经大学出版社，2014.

［19］潘飞，陈振婷，文东华．管理会计［M］．上海：上海财经大学出版社，2014.

［20］蒋占华．管理会计［M］．北京：中国财政经济出版社，2014.

［21］张一贞．管理会计［M］．北京：中国财政经济出版社，2014.

［22］陶丘山．管理会计［M］．上海：立信会计出版社，2013.

［23］余恕莲，李相志，吴革．管理会计［M］．北京：对外经济贸易大学出版社，2013.

［24］郭晓梅．管理会计学［M］．5版．北京：中国人民大学出版社，2019.

［25］彭宏超．管理会计学［M］．杭州：浙江大学出版社，2019.

［26］孙茂竹，支小强，戴璐．管理会计［M］．9版.北京：中国人民大学出版社，2020.

［27］刘萍，于树彬，洪富艳．管理会计［M］．4版．大连：东北财经大学出版社，2019.

［28］周频，胡向丽，吴丹红．管理会计［M］．3版．大连：东北财经大学出版社，2022.

［29］魏厚寨，罗胜强．管理会计工具详解与应用案例［M］．上海：立信会计出版社，2021.

附 表

附表一 复利终值系数表

n	1%	2%	3%	4%	5%	6%	7%	8%	9%	10%	12%	14%
1	1.010	1.020	1.030	1.040	1.050	1.060	1.070	1.080	1.090	1.100	1.120	1.140
2	1.020	1.040	1.061	1.082	1.102	1.124	1.145	1.166	1.188	1.210	1.254	1.300
3	1.030	1.061	1.093	1.125	1.158	1.191	1.225	1.260	1.295	1.331	1.405	1.482
4	1.041	1.082	1.126	1.170	1.216	1.262	1.311	1.360	1.412	1.464	1.574	1.689
5	1.051	1.104	1.159	1.217	1.276	1.338	1.403	1.469	1.539	1.611	1.762	1.925
6	1.062	1.126	1.194	1.265	1.340	1.419	1.501	1.587	1.677	1.772	1.974	2.195
7	1.072	1.149	1.230	1.316	1.407	1.504	1.606	1.714	1.828	1.949	2.211	2.502
8	1.083	1.172	1.267	1.369	1.477	1.594	1.718	1.851	1.993	2.144	2.476	2.853
9	1.094	1.195	1.305	1.423	1.551	1.689	1.838	1.999	2.172	2.358	2.773	3.252
10	1.105	1.219	1.344	1.480	1.629	1.791	1.967	2.159	2.367	2.594	3.106	3.707
11	1.116	1.243	1.384	1.539	1.710	1.898	2.105	2.332	2.580	2.853	3.479	4.226
12	1.127	1.268	1.426	1.601	1.796	2.012	2.252	2.518	2.813	3.138	3.896	4.418
13	1.138	1.294	1.469	1.665	1.886	2.133	2.410	2.720	3.066	3.452	4.363	5.492
14	1.149	1.319	1.513	1.732	1.980	2.261	2.579	2.937	3.342	3.797	4.887	6.261
15	1.161	1.346	1.558	1.801	2.079	2.397	2.759	3.172	3.642	4.177	5.474	7.138
16	1.173	1.373	1.605	1.873	2.183	2.540	2.952	3.426	3.970	4.595	6.130	8.137
17	1.184	1.400	1.653	1.948	2.292	2.693	3.159	3.700	4.328	5.054	6.366	9.276
18	1.196	1.428	1.702	2.026	2.407	2.584	3.380	3.996	4.717	5.560	7.690	10.575
19	1.208	1.457	1.754	2.107	2.527	3.026	3.617	4.316	5.142	6.116	8.613	12.056
20	1.220	1.486	1.806	2.191	2.653	3.207	3.870	4.661	5.604	6.728	9.646	13.743
25	1.282	1.641	2.094	2.666	3.386	4.292	4.427	6.848	8.623	10.835	17.000	26.462
30	1.348	1.811	2.427	3.243	4.322	5.743	7.612	10.063	13.268	17.449	29.960	50.950

续表

n	15%	16%	18%	20%	24%	28%	32%	36%	40%	50%
1	1.150	1.160	1.180	1.200	1.240	1.280	1.320	1.360	1.400	1.500
2	1.323	1.346	1.392	1.440	1.538	1.638	1.742	1.850	1.960	2.250
3	1.521	1.561	1.643	1.728	1.907	2.097	2.300	2.515	2.744	3.375
4	1.749	1.811	1.939	2.074	2.364	2.684	3.036	3.421	3.842	5.062
5	2.011	2.100	2.288	2.488	2.932	3.436	4.007	4.653	5.378	7.594
6	2.313	2.436	2.700	2.986	3.635	4.398	5.290	6.328	7.530	11.391
7	2.660	2.826	3.185	3.583	4.508	5.630	6.983	8.605	10.541	17.086
8	3.059	3.278	3.759	4.300	5.590	7.206	9.217	11.703	14.758	25.629
9	3.518	3.803	4.435	5.160	6.931	9.223	12.166	15.917	20.661	38.443
10	4.046	4.411	5.234	6.192	8.594	11.806	16.060	21.647	28.925	57.665
11	4.652	5.117	6.176	7.430	10.657	15.112	21.199	29.439	40.496	86.498
12	5.350	5.936	7.288	8.916	13.215	19.343	27.983	40.037	56.694	129.746
13	6.153	6.886	8.599	10.699	16.386	24.759	36.937	54.451	79.371	194.620
14	7.076	7.988	10.147	12.839	20.319	31.691	48.757	74.053	111.120	291.929
15	8.137	9.266	11.974	15.407	25.196	40.565	64.359	100.712	155.568	437.894
16	9.358	10.748	14.129	18.488	31.243	51.923	84.954	136.690	217.795	656.840
17	10.761	12.468	16.672	22.186	38.741	66.461	112.139	186.277	304.913	985.260
18	12.375	14.463	19.673	26.623	48.039	85.071	148.024	253.338	426.879	1 477.890
19	14.232	16.777	23.214	31.948	59.568	108.890	195.391	344.540	597.630	2 216.800
20	16.367	19.461	27.393	38.338	73.864	139.380	257.916	468.574	836.683	3 325.260
25	32.919	40.874	62.669	95.396	216.542	478.905	1 033.590	2 180.080	4 499.880	25 251.000
30	66.212	85.850	143.371	237.376	634.820	1 645.504	4 142.070	10 143.000	24 201.400	191 750.000

附表二 复利现值系数表

n	1%	2%	3%	4%	5%	6%	7%	8%	9%	10%	12%
1	0.990	0.980	0.971	0.962	0.952	0.943	0.935	0.926	0.917	0.909	0.893
2	0.980	0.961	0.943	0.925	0.907	0.890	0.872	0.857	0.842	0.826	0.797
3	0.971	0.942	0.915	0.889	0.864	0.840	0.816	0.794	0.772	0.751	0.712
4	0.961	0.924	0.889	0.855	0.823	0.792	0.763	0.735	0.708	0.683	0.636
5	0.951	0.906	0.863	0.822	0.784	0.747	0.713	0.681	0.650	0.621	0.567
6	0.942	0.888	0.838	0.790	0.746	0.705	0.666	0.630	0.596	0.565	0.507
7	0.933	0.871	0.813	0.760	0.711	0.665	0.623	0.583	0.547	0.513	0.452
8	0.924	0.854	0.789	0.731	0.677	0.627	0.582	0.540	0.502	0.467	0.404
9	0.914	0.837	0.766	0.703	0.645	0.592	0.544	0.500	0.460	0.424	0.361
10	0.905	0.820	0.744	0.676	0.614	0.558	0.508	0.463	0.422	0.386	0.322
11	0.896	0.804	0.722	0.650	0.585	0.527	0.475	0.429	0.338	0.351	0.288
12	0.887	0.789	0.701	0.625	0.557	0.497	0.444	0.397	0.356	0.319	0.257
13	0.879	0.773	0.681	0.601	0.530	0.469	0.415	0.368	0.326	0.290	0.229
14	0.870	0.758	0.661	0.578	0.505	0.442	0.388	0.341	0.299	0.263	0.205
15	0.861	0.743	0.642	0.555	0.481	0.417	0.362	0.315	0.275	0.239	0.183
16	0.853	0.728	0.623	0.534	0.458	0.394	0.339	0.292	0.252	0.218	0.163
17	0.844	0.714	0.605	0.513	0.436	0.371	0.317	0.270	0.231	0.198	0.146
18	0.836	0.700	0.587	0.494	0.416	0.350	0.296	0.250	0.212	0.180	0.130
19	0.828	0.686	0.570	0.475	0.396	0.331	0.277	0.232	0.195	0.164	0.116
20	0.820	0.673	0.554	0.456	0.377	0.312	0.258	0.215	0.178	0.149	0.104
25	0.780	0.610	0.478	0.375	0.295	0.233	0.184	0.146	0.116	0.092	0.059
30	0.742	0.552	0.412	0.308	0.231	0.174	0.131	0.099	0.075	0.057	0.033

续表

n	14%	15%	16%	18%	20%	24%	28%	32%	36%	40%	50%
1	0.877	0.870	0.862	0.847	0.833	0.806	0.781	0.758	0.735	0.714	0.667
2	0.769	0.756	0.743	0.718	0.694	0.650	0.610	0.574	0.541	0.510	0.444
3	0.675	0.658	0.641	0.609	0.579	0.524	0.477	0.435	0.398	0.364	0.296
4	0.592	0.572	0.552	0.516	0.482	0.423	0.373	0.329	0.292	0.260	0.198
5	0.519	0.497	0.476	0.437	0.402	0.341	0.291	0.250	0.215	0.186	0.132
6	0.456	0.432	0.410	0.370	0.335	0.275	0.227	0.189	0.158	0.133	0.088
7	0.400	0.376	0.354	0.314	0.279	0.222	0.178	0.143	0.116	0.095	0.059
8	0.351	0.327	0.305	0.266	0.233	0.179	0.139	0.108	0.085	0.068	0.039
9	0.308	0.284	0.263	0.226	0.194	0.144	0.108	0.082	0.063	0.048	0.026
10	0.270	0.247	0.227	0.191	0.162	0.116	0.085	0.062	0.046	0.035	0.017
11	0.237	0.215	0.195	0.162	0.135	0.094	0.066	0.047	0.034	0.025	0.012
12	0.208	0.187	0.169	0.137	0.112	0.076	0.052	0.036	0.025	0.018	0.008
13	0.182	0.163	0.145	0.116	0.093	0.061	0.040	0.027	0.018	0.013	0.005
14	0.160	0.141	0.125	0.099	0.078	0.049	0.032	0.021	0.014	0.009	0.003
15	0.140	0.123	0.108	0.084	0.065	0.040	0.025	0.016	0.010	0.006	0.002
16	0.123	0.107	0.093	0.071	0.054	0.032	0.019	0.012	0.007	0.005	0.002
17	0.108	0.093	0.080	0.060	0.045	0.026	0.015	0.009	0.005	0.003	0.001
18	0.095	0.081	0.069	0.051	0.038	0.021	0.012	0.007	0.004	0.002	0.001
19	0.083	0.070	0.060	0.043	0.031	0.017	0.009	0.005	0.003	0.002	0.000
20	0.073	0.061	0.051	0.037	0.026	0.014	0.007	0.004	0.002	0.001	0.000
25	0.038	0.030	0.024	0.016	0.010	0.005	0.002	0.001	0.000	0.000	
30	0.020	0.015	0.012	0.007	0.004	0.002	0.001	0.000	0.000		

附表三 年金终值系数表

n	1%	2%	3%	4%	5%	6%	7%	8%	9%	10%	12%	14%
1	1.000	1.000	1.000	1.000	1.000	1.000	1.000	1.000	1.000	1.000	1.000	1.000
2	2.010	2.020	2.030	2.040	2.050	2.060	2.070	2.080	2.090	2.100	2.120	2.140
3	3.030	3.060	3.091	3.122	3.152	3.184	3.215	3 246	3.278	3.310	3.374	3.440
4	4.060	4.122	4.184	4.246	4.310	4.375	4.440	4.506	4.573	4.641	4.779	4.921
5	5.101	5.204	5.809	5.416	5.526	5.637	5.751	5.867	5.985	6.105	6.353	6.610
6	6.152	6.308	6.468	6.633	6.802	6.975	7.153	7.336	7.523	7.716	8.115	8.536
7	7.214	7.434	7.662	7.898	8.142	8.394	8.654	8.923	9.200	9.487	10.089	10.730
8	8.286	8.583	8.892	9.214	9.549	9.897	10.260	10.637	11.028	11.436	12.300	13.233
9	9.369	9.755	10.159	10.583	11.027	11.491	11.978	12.488	13.021	13.579	14.776	16.085
10	10.462	10.950	11.464	12.006	12.578	13.181	13.816	14.487	15.193	15.937	15.549	19.337
11	11.567	12.169	12.808	13.486	14.207	14.972	15.784	16.645	17.560	18.531	20.655	23.044
12	12.683	13.412	14.192	15.026	15.917	16.870	17.888	18.977	20.141	21.384	24.133	27.271
13	13.809	14.680	15.618	16.627	17.713	18.882	20.141	21.495	22.953	24.523	28.029	32.089
14	14.947	15.974	17.086	18.292	19.599	21.051	22.550	24.215	26.019	27.975	32.393	37.581
15	16.097	17.293	18.599	20.204	21.579	23.276	25.129	27.152	29.361	31.772	37.280	43.842
16	17.258	18.639	20.157	21.825	23.675	25.673	27.888	30.324	33.003	35.950	42.753	50.980
17	18.430	20.012	21.762	23.698	25.840	28.213	30.840	33.750	36.974	40.545	48.884	59.118
18	19.615	21.412	23.414	25.645	28.132	30.906	33.999	37.450	41.301	45.599	55.750	68.394
19	20.811	22.841	25.117	27.671	30.539	33.760	37.379	41.446	46.018	51.159	63.440	78.969
20	22.019	24.297	36.870	29.778	33.066	36.786	40.995	45.762	51.160	57.275	72.052	91.025
25	28.243	32.030	36.459	41.646	47.727	54.865	63.249	73.106	84.701	98.347	133.334	181.871
30	34.785	40.568	47.575	56.085	66.439	79.058	94.461	113.283	136.308	164.494	241.333	356.787

续表

n	16%	18%	20%	24%	28%	32%	36%	40%	50%
1	1.000	1.000	1.000	1.000	1.000	1.000	1.000	1.000	1.000
2	2.160	2.180	2.200	2.240	2.280	2.320	2.360	2.400	2.500
3	3.506	3.572	3.640	3.778	3.918	4.062	4.210	4.360	4.750
4	5.066	5.215	5.368	5.634	6.016	6.362	6.725	7.104	8.125
5	6.877	7.154	7.442	8.048	8.700	9.398	10.146	10.946	13.187
6	8.977	9.442	9.930	10.980	12.136	13.406	14.799	16.324	20.781
7	11.414	12.142	12.916	14.615	16.534	18.696	20.126	23.853	32.172
8	14.240	15.327	16.499	19.123	22.163	25.678	29.732	34.395	49.258
9	17.518	19.086	20.799	24.712	29.369	34.895	41.435	49.153	74.887
10	21.321	23.521	25.595	31.643	38.592	47.062	57.352	69.814	113.330
11	25.733	28.755	32.150	40.238	50.399	63.122	78.998	98.739	170.990
12	30.850	34.931	39.580	50.895	65.510	84.320	108.440	139.240	257.490
13	36.786	42.219	48.497	64.110	84.853	112.300	148.480	195.930	387.240
14	43.672	50.818	59.196	80.496	109.610	149.240	202.930	275.300	581.860
15	51.660	60.965	72.035	100.815	141.310	197.990	276.980	386.420	873.780
16	60.925	72.939	87.442	126.011	181.870	262.360	377.690	541.990	1 311.700
17	71.673	87.068	105.931	157.253	233.790	247.310	514.660	759.780	1 968.500
18	84.141	103.740	128.117	195.994	300.250	459.450	700.940	1 064.700	2 953.800
19	98.603	123.414	154.740	244.033	385.320	607.470	954.280	1 491.600	4 431.700
20	115.380	146.628	186.688	303.601	494.210	802.860	1 298.800	2 089.200	6 648.500
25	249.214	342.603	471.981	898.092	1 706.800	3 226.800	6 053.000	11 247.200	50 500.300
30	530.312	790.948	1 181.882	2 640.916	5 873.200	12 941.000	28 172.200	60 501.100	583 500.000

附表四 年金现值系数表

n	1%	2%	3%	4%	5%	6%	7%	8%	9%	10%	12%
1	0.990	0.980	0.971	0.962	0.952	0.943	0.935	0.926	0.917	0.909	0.893
2	1.970	1.942	1.914	1.886	1.859	1.833	1.808	1.783	1.759	1.736	1.690
3	2.941	2.884	2.829	2.775	2.723	2.673	2.624	2.577	2.531	2.487	2.402
4	3.902	3.808	3.717	3.630	3.546	3.465	3.387	3.312	3.240	3.170	3.037
5	4.853	4.713	4.580	4.452	4.330	4.212	4.100	3.993	3.890	3.791	3.605
6	5.796	5.601	6.417	5.242	5.076	4.917	4.766	4.623	4.486	4.355	4.111
7	6.728	6.472	6.230	6.002	5.786	5.582	5.389	5.206	5.033	4.868	4.564
8	7.652	7.326	7.020	6.733	6.463	6.210	5.971	5.747	5.535	5.335	4.968
9	8.566	8.162	7.786	7.435	7.108	6.802	6.515	6.247	5.995	5.759	5.328
10	9.471	8.983	8.530	8.111	7.722	7.360	7.024	6.710	6.418	6.145	5.650
11	10.368	9.787	9.253	8.761	8.306	7.887	7.499	7.139	6.805	6.495	5.938
12	11.255	10.575	9.954	9.385	8.863	8.384	7.943	7.536	7.161	6.814	6.194
13	12.134	11.348	10.635	9.986	9.394	8.853	8.358	7.904	7.487	7.103	6.424
14	13.004	12.106	11.296	10.563	9.899	9.295	8.746	8.244	7.786	7.367	6.628
15	12.865	12.849	11.938	11.118	10.380	9.712	9.108	8.559	8.060	7.606	6.811
16	14.718	13.578	12.561	11.652	10.838	10.106	9.447	8.851	8.313	7.824	6.974
17	15.562	14.292	13.166	12.166	11.274	10.477	9.763	9.122	8.544	8.022	7.120
18	16.398	14.992	13.754	12.659	11.690	10.828	10.059	9.372	8.756	8.201	7.250
19	17.226	15.679	14.324	13.134	12.085	11.158	10.336	9.604	8.950	8.365	7.366
20	18.047	16.351	14.878	13.590	12.462	11.470	10.594	9.818	9.129	8.514	7.469
25	22.023	19.524	17.413	15.622	14.094	12.783	11.654	10.675	9.823	9.077	7.843
30	25.808	22.397	19.600	17.792	15.373	13.765	12.409	11.258	10.274	9.427	8.055

续表

n	14%	16%	18%	20%	24%	28%	32%	36%	40%	50%
1	0.877	0.862	0.847	0.833	0.806	0.781	0.758	0.735	0.714	0.667
2	1.647	1.605	1.566	1.528	1.457	1.392	1.332	1.276	1.224	1.111
3	2.322	2.246	2.174	2.106	1.981	1.868	1.766	1.674	1.589	1.407
4	2.914	2.798	2.690	2.589	2.404	2.241	2.096	1.966	1.849	1.605
5	3.433	3.274	3.127	2.991	2.745	2.532	2.345	2.181	2.035	1.737
6	3.889	3.685	3.498	3.326	3.020	2.759	2.534	2.339	2.168	1.824
7	4.288	4.039	3.812	3.605	3.242	2.937	2.678	2.455	2.263	1.883
8	4.639	4.344	4.078	3.837	3.421	3.076	2.786	2.540	2.331	1.922
9	4.946	4.607	4.303	4.031	3.566	3.184	2.868	2.603	2.379	1.948
10	5.216	4.833	4.494	4.193	3.682	3.269	2.930	2.650	2.414	1.965
11	5.453	5.029	4.656	4.327	3.776	3.335	2.978	2.683	2.438	1.977
12	5.660	5.197	4.793	4.439	3.851	3.387	3.013	2.708	2.456	1.985
13	5.842	5.342	4.910	4.533	3.912	3.427	3.040	2.727	2.469	1.990
14	6.002	5.468	5.008	4.611	3.962	3.459	3.061	2.740	2.478	1.993
15	6.142	5.576	5.092	4.675	4.001	3.483	3.076	2.750	2.484	1.995
16	6.625	5.669	5.162	4.730	4.033	3.503	3.088	2.758	2.489	1.997
17	6.373	5.749	5.222	4.775	4.059	3.518	3.097	2.763	2.492	1.998
18	6.467	5.818	5.273	4.812	4.080	3.529	3.104	2.767	2.494	1.999
19	6.550	5.878	5.316	4.844	4.097	3.539	3.109	2.770	2.496	1.999
20	6.623	5.929	5.353	4.870	4.110	3.546	3.113	2.772	2.497	1.999
25	6.873	6.097	5.467	4.948	4.147	3.564	3.122	2.776	2.499	2.000
30	7.003	6.177	5.517	4.979	4.160	3.569	3.124	2.778	2.500	2.000